U0060490

世界公民叢書

未來的，全人類觀點

一個猶太人的反省

以色列與巴勒斯坦烽火

Israel and Palestine
Out of the Ashes

作者◎馬克・艾里斯 Marc H. Ellis

譯者◎梁永安

【相關書評】

愛德華・薩依德（文化評論家，前哥倫比亞大學教授）

「馬克・艾里斯是一位文采洋溢的作家，具備思想深度以及勇敢的心靈。他突破愚蠢與不思反省之傳統束縛，特別觀照巴勒斯坦民族、以色列人，及散居全球各地猶太人所負的道德責任，運用優美的文字使我們產生更深刻的後大屠殺理解。他是一位值得吾人懷著敬仰之心諦聽的知識份子。」

諾姆・杭士基（麻省理工學院語言學暨哲學研究所教授）

「在長年從事重要工作的過程中，馬克・艾里斯展現絕大的勇氣、正直的人格與洞察力。他的志業足以啓發吾人。」

「艾里斯為吾人面對少數僅餘的棘手難題之一提供非常重要的解決參考。」

——迪斯蒙德・圖圖（南非大主教暨諾貝爾和平獎得主）

「馬克・艾里斯繼承兼具榮耀與困擾的猶太先知思想與行動傳統。這是一本具有深刻宗教意義的著作，我們卻在苦難中忽略它的存在。」

——約翰・葛拉德溫（吉爾福特主教暨「基督教救援組織」主席）

「馬克・艾里斯以這本著作為不同宗教信仰的人們提供協助。他秉持熱情與渴望祖國和平的心情寫就本書。我希望，更多願意深入而清楚地了解以色列／巴勒斯坦悲劇的人們有機會讀到本書。」

——**尼可拉斯・富雷林牧師（柴契斯特學院院長）**

「在污濁不堪的激烈爭論中，一名自重的美籍猶太裔神學家使我們感受到一股清新的氣息。」

——**艾菲夫・沙菲艾赫（巴勒斯坦駐英國暨教廷總代表）**

一個猶太人的反省：以色列與巴勒斯坦烽火

（舊版書名：遠離煙硝）

【目錄】本書總頁數共336頁

自序

大屠殺成了猶太生活的避風港；
猶太人因它而可以自稱獨一無二、清白無辜和享有特權。

我們是來自大屠殺之後、來自以色列建國之後的，
但弔詭的是，兩個事件卻仍然活在我們記憶中和受到利用。

我們該怎麼對待猶太人的歷史與猶太人的現在呢？
我們怎樣才能自稱擁有一種忠於過去和現在的猶太品性？
在這個猶太人把一切揮霍於瘋狂競逐國家權勢的時代，
我們又要怎樣見證猶太歷史上有過的價值觀和連綿不斷的奮鬥？

儘管已有的一些轉變會繼續發揮作用，但在可預見的未來，以巴地區的「地圖」①基本上將會維持今貌。巴勒斯坦人的建國也許是無可避免的，但這不但不會動搖我此說，反而會加強它。因爲即使巴勒斯坦人建國，從台拉維夫到約旦河一片地域的控制權仍將掌握在以色列手中。以色列不只已經征服了該區，還會透過直接管轄和代理人繼續控有它，而且會對那些沒有多少巴勒斯坦人口的土地進行佔領、屯墾與開發。

對於這種征服，除以色列內外有少數猶太人會發出異議外，猶太社群將不加批評地接受。在以色列和美國兩地，猶太社群將會繼續重申他們是世界歷史上的一個主要民族，擁有各種歷史、政治、文化和宗教上的權利。儘管猶太民族人數不多（世界六十億多人口裡只佔一千四百萬），它還是會繼續宣稱猶太教是世界主要宗教之一。猶太歷史與倫理將會繼續被教導給猶太人與非猶太人，繼續被說成是一神信仰的發源者，因此是世界值得學習的楷模。納粹大屠殺將會繼續被猶太人說成是獨一無二的事件，是眞正大苦大難的象徵：它是無可比擬的，只有大屠殺受難者的後代子孫能了解其深重程度。

因爲對世界有過種種貢獻和經歷過重大苦難，猶太人將會在其大權在握的情況下繼續深信自己清白無辜。儘管以色列的權勢多年來備受爭議，但其權勢大得足以讓它不理會批評，繼續保護和投射大屠殺作爲猶太人、猶太教和猶太世界主要認同對象的角色。

大屠殺成了猶太生活的避風港；猶太人因它而可以自稱獨一無二、清白無辜和享有特權。諷刺的是，這個避風港雖然被反覆搬出來和受到公開紀念，但大屠殺的恐怖所帶給猶太人的心理創傷卻並未因此得到撫平。這是因爲此避風港是以向國家與權力同化爲本質的，是以向摧毀與殘暴同化爲本質的，也因此是與大屠殺留給後人的每一個警告、每一個教訓唱反調的。當體現這個警告的民族利用大屠殺的教訓來壓迫其他民族時，大屠殺事件的意義就會被矮化。

我相信，整個猶太民族的歷史如今已經因猶太人對巴勒斯坦人的征服而被矮化。身爲猶太人，我們是來自大屠殺之後、來自以色列建國之後的，但弔詭的是，兩個事件卻仍然活在我們記憶中和受到利用。我們這種生活在**之後**的處境，讓二十一世紀猶太生活的困難性和可塑性變得格外突出。

我們該怎麼對待猶太人的歷史與猶太人的現在呢？我們怎樣才能自稱擁有一種忠於過去和現在的猶太品性（**Jewishness**）？在這個猶太人把一切揮霍在瘋狂競逐國家權勢的時代，我們又要怎樣見證猶太歷史上有過的價值觀和連綿不斷的奮鬥？

在本書中，我嘗試建構一個敘事性的論證，希望它可以指出一個值得我們留給子孫的未來。然而，落實這個未來的工作，我（就像我們所有人一樣）只能留給後代子孫去做，只能希望他們可以見證到猶太教和猶太生活目前正在消失中的一面。

在把此書呈獻給廣大讀者時，我意識到書中的調子是參差的。有些部份是用第一人稱寫的，要藉我的個人經歷作爲一些困難問題的引子。有些部份是分析性的，利用「地圖」和「公共政策」去戳破神話和說明議題。有些部份是哲學和宗教性的，會詮釋一些觀念和《聖經》中的主題，把它們應用到當代世界，特別是應用在後大屠殺和後以色列時代的猶太身份認同的問題。

本書的調子參差也反映出一件事。與猶太身份認同相關的各種議題極少是可以單獨透過個人經歷、觀念或政治的領域爬梳的。相反地，任何想釐清這些議題的作品都必須進行經驗與思想的複雜綜合，而即使它這樣做了，得到的解決方案仍是權宜性的。

在世界上當猶太人牽涉到一種讓人目迷的複雜性，它有時會讓人氣餒，但常常也輸入了幹勁。因爲別人對猶太人的看法，加上猶太人內部對猶太品性問題的關心，讓一個猶太人很少可以有沈默的時候。整個猶太歷史都體現出，當猶太人是件全職的工作，會帶來巨大的內部和外部後果。我們貧窮和被壓迫時是如此，今天我們已經變富裕、被接納和擁有權力時也是如此。

我感激所有陪伴過我，給予我力量摸索一個不同於今日的猶太未來的人。我把本書獻給太太安妮，爲她多年來對我的愛和穩定支持。我也要特別感謝拉森（Matthew Larsen）在這本書出版過程中給我的技術和編務上的協助。

未來會帶來什麼，只有時間才能分曉。我始終相信，猶太生活和猶太教是可能在世界上開闢出一條合乎倫理道德的道路的。儘管我不低估實現這個願景的困難度，但我仍然強調這個願景的重要性。在我看來，投身這種困難任務正是猶太人之所以爲猶太人的理由。這就是我的忠誠（fidelity）。

註釋

①〔譯註〕「地圖」（map）是本書作者常用的字眼，但它指的不是實際的地圖，而是現實中的態勢。以以巴問題來說，以巴「地圖」指的是以巴雙方現實中的強弱形勢，如以色列佔有以巴地區多少土地、哪些土地、闢有多少屯墾區、對巴勒斯坦人居住區構成多大的包圍形勢等。使用「地圖」一詞是爲了凸顯一般人在談以巴問題時只是「空談」。

導言

基督城的蠻牛

A Bully in Christchurch

ISRAEL AND PALESTINE
OUT OF THE ASHES
MARC H. ELLIS

・身為猶太人，我們是否已經成為一個壓迫他人的民族？我們是否已經忘卻自己一再努力宣揚的大屠殺教訓？難道我們日以繼夜用武裝直昇機、火箭威嚇甚至攻擊巴勒斯坦城鎮，為的是給後代子孫建立榜樣？

・以色列不斷擴張的事實，它的領土已經從台拉維夫延伸到約旦河而其中包含三百萬巴勒斯坦人的事實，都是大部份美國人與猶太人所不知道的。

・猶太人在二十世紀對巴勒斯坦人伸出援手，意義將等同於異教徒在納粹時期對猶太人伸出援手。

不久前，我自澳洲雪梨搭機轉往紐西蘭的基督城（Christchurch）①——我的「追尋公義」全球巡迴演說之旅的最後一站。在此之前，我陸續在英國、德國、印度等地，針對不久前爆發的阿克薩抗暴運動②發表演說，最後兩站是澳洲和紐西蘭。我想要提醒世人以色列侵犯巴勒斯坦人之人權與民族權的事實。

身為在美國出生的猶太人，我與同世代的其他後大屠殺時代猶太人一樣，自幼接受公平正義的價值觀薰陶，眼見以色列一再變本加厲的好戰姿態，深感沮喪。以色列動用武裝直昇機對付不設防的巴勒斯坦城鎮、村落、難民營的行徑使我憤怒。我無法保持沈默。

的確，我開始明白，唯一用途只是摧毀與殺人的武裝直昇機已經成為當代猶太生活的界定者。在腦海裡，我看到約櫃裡的《托拉》（*Torah*）經卷③——它代表的是上帝、正義與和平——已經被挪走，取而代之的是代表力量與權勢、不問道德不問是非的武裝直昇機。畢竟，行為就是信仰的反映。

於是，我有了這趟巡迴演說之旅。在短短兩個月內，我向每場數以十計的聽眾抒發個人有關這個問題的看法，只有少數幾個人試圖打斷演說。事實上，演說之旅給我一個強烈印象：各地的人們非常擔心以色列政府的舉動。他們對發生在巴勒斯坦人身上的一切同樣深以為憂。

在這趟旅途中，我曾經向幾個猶太團體發表演說，其中包括英國的自由派猶太教拉比團體、墨爾本的猶太團體，以及雪梨新南威爾斯大學的猶太研究班。此外，我也會晤了一些猶太人，包括以色列的猶太人。他們的憂慮和我相同：身爲猶太人，我們是否已經成爲一個壓迫他人的民族？我們是否已經忘卻自己一再努力宣揚的大屠殺教訓？難道我們日以繼夜用武裝直昇機、火箭威嚇甚至攻擊巴勒斯坦城鎮，爲的是給後代子孫建立榜樣？

這樣的巡迴演說是費時又費力的，趕路時間多，睡眠時間少。不過卻也値得。我經常和其他猶太同胞進行深入的感性討論，也曾經和熱愛聖地的非猶太人討論一些問題，當然也曾和身家性命捲入其事的巴勒斯坦人相互討論。

雖然此行收穫豐富，但我記得最淸楚的卻是一些刺耳的音調，一些言語性與非言語性的對峙，而對方往往是猶太人；他們總不忘提醒我：以巴衝突攸關猶太歷史的核心與前途。

我在基督城的坎特伯雷大學就有過一次這樣的經驗。在到訪的第一天，接待者邀我旁聽以色列籍的猶太訪問學者兼政治活躍份子尤塞・歐莫特（Yossi Olmert）的演講。在演講結束後，我和他共進午餐。當天晚上，我被安排和他共同出席一個以以巴衝突爲主題的座談會。

我稍後得知，原來尤塞・歐莫特博士是耶路撒冷市長艾胡德・歐莫特（Ehud Olmert）的兄弟。兩人都是民族主義者，政治立場傾向於比金（Menachem Begin）、納坦雅胡（Benjamin Netanyahu）和夏隆（Ariel Sharon）的右派陣營。以色列駐紐西蘭大使館函請他來訪，做爲他亞太訪問行程的一站。他亞太行的目的是反駁國際社會批評以色列武力鎮壓阿克薩抗暴運動的聲浪。

在上午的演講中，歐莫特首先談及要把以巴衝突放在中東地區這個更大的背景來檢視。他正確地指出，想要了解較小的以巴地區，就得先了解較大的中東地區。而這個較大脈絡的有趣之處——至少歐莫特是這樣認爲的——是它的毛病多多。根據他的說法，中東地區的幾個主要問題包括人口過多、低度發展、缺少民主和伊斯蘭教基本教義派高張。這些因素的糅合助長了惡性的暴力循環：一九八〇年代的兩伊戰爭、伊拉克一九九〇年代初入侵科威特，以及不斷盤旋上升的軍備競賽皆是明證。

歐莫特對這些事實感到難過，指出暴力與戰爭是一種只會帶來動亂的浪費。不過令我感到訝異的是，他的分析相當浮面。他把中東地區籠統視爲一整體，對它提出一些抽象的概括，對中東各國的差異性幾乎隻字不提。在他對細節的省略中，甚至在他的抽象概括中，在在讓人覺得阿拉伯國家都失敗得可以，而走向不穩定、獨裁和恐怖主義則是它們的宿命。

隨後他把焦點移到以巴衝突本身。歐莫特不諱言自己是民族主義者和右翼主義者，他認爲以色列的國土不只應該包含耶路撒冷，還應該包含約旦河西岸——他稱之爲「猶太與撒瑪利亞」（Judea and Samaria）④。歐莫特事實上是要主張一個大以色列，而他認爲這是於《聖經》有據的。至於巴勒斯坦人長久以來住在這地區的事實，歐莫特認爲沒什麼大不了的，頂多只會對落實大以色列的目標構成小小不便。巴勒斯坦人以此提出的土地權利主張，是完全無法與猶太人提出者較量的。

至於耶路撒冷，他指出猶太人在兩千多年流離的歲月裡，未嘗有一天不爲失去它而哀痛，未嘗有一天不祈願可以回到這聖城。所以，現在猶太人對耶路撒冷的主權主張是沒有商量餘地的。巴勒斯坦人有權在耶路撒冷的清眞寺做禮拜，但也僅止於如此。夏隆政府曾坦承，暗殺巴勒斯坦人確實是其政策之一，方法包括利用手機引爆炸彈、出動武裝直昇機等等。歐莫特認爲，這些都是針對以色列平民承受的恐怖攻擊所採取的報復。它們不但站得住腳，而且應該延續甚至加強。

值得吃驚的並不是歐莫特的觀念。他的論述——一種把對阿拉伯世界的浮面分析和猶太人對以巴地區主權主張過簡肯定加在一起的論述——過去幾十年來一直就是以色列國內民族主義右派圈子裡的老生常談。雖然歐莫特小心翼翼把自己和拉賓

（Yitzhak Rabin）遇刺事件畫清界線（他稱此事件是「令人不恥的」），我卻認爲，他的觀點和兇手艾米爾（Yigal Amir）相當接近。也就是說，艾米爾對阿拉伯人與巴勒斯坦人的看法和歐莫特的看法無大不同。

演講進入發問階段後，歐莫特的情緒愈來愈高昂，概括的言詞更加鋪天蓋地。他以更加否定性的措詞形容阿拉伯人與穆斯林，同時奚落包括紐西蘭與美國在內的中東事務局外人（當然包括住在以色列之外的猶太人），竟然膽敢越以色列代俎，提出以道德選項作爲今日應對之道。他說這些「局外人」批判以色列是容易的，因爲他們並不住在以色列，也不用付出血淚代價。他認爲應該讓以色列人與巴勒斯坦人自行解決問題，至於「以色列應該接受國際法的約束」和「以色列迄今仰仗美國財政與軍事支援」之說，他皆嗤之以鼻。

隨著晚間座談會的時間愈來愈接近，我開始擔心，座談會不會變成他的獨腳戲，而對猶太教來說具有核心性的正義和道德原則會不會被他形容爲烏托邦和奚落爲愚蠢。或是他會說堅持這些原則只會爲以色列和居住其中的猶太人帶來災難。

因爲，不管以色列在中東地區破壞了多少秩序和禮節，但如果阿拉伯人得勢，他們不是會做一樣的事，不是會把猶太人趕到大海裡去嗎？難道這不就是街上每一個阿拉伯人和每一個阿拉伯政府從今直到永遠想做的事嗎？難道爲巴勒斯坦人請命的道德論證不是虛矯的，只會帶來另一次大屠殺？這樣，我和其他批判以色列的人，不是只在助長一場暴力和復仇的風暴，而這風暴會帶給猶太人的災難，將不亞於甚至超過他們在二十世紀所遭受的集體屠殺？

不幸的是，我對座談會完整性的擔憂果然應驗。歐莫特主控全部的討論過程，彷彿這只是一場獨白的說教。他的發言時間不但超過規定，甚至多次抗拒旁人請他打住的提醒。隨著發言的時間愈來愈長，他的情緒更加激動、高昂。

歐莫特一提再提一九六七年以阿戰爭之前的年代，說當時約旦佔有東耶路撒冷，任由古代猶太聖殿的最後一處殘跡哭牆淪爲各種動物便溺和人們堆積垃圾之所。當然，今天的猶太人已經控制這個地區，並允許穆斯林享有在這裡禮拜的權利。然而，當我們問他以色列爲什麼禁止住在耶路撒冷以外的巴勒斯坦人接近耶城，爲什麼有系統地把老人逐出（這些政策都是歐莫特的市長哥哥執行的）？如此一來，穆斯林究竟還有什麼自由可言，歐莫特只是以更堅定的語氣重申，阿拉伯人一再褻瀆猶太聖地。

在晚間的座談會結束後，我返回住宿的地方，反覆回想座談會的發言內容，幾乎覺得自己受到肉體侵犯一般。我是不是因爲歐莫特展現與許多擅於言詞激昂的以色列人一樣的辯論技巧而感到痛苦？我是不是在言詞交鋒方面敗下陣來，只能無奈地自怨自艾？

到了翌日上午，我對前一個晚上又產生另一種不同的感覺。我覺得，歐莫特並未以他的辯論技巧或就事論事的態度主控全場，而是以強詞奪理的方法主控。這種對於他或擁有武力優勢地位的以色列之理解令人聯想到懦夫的行爲，並使我在想到以色列及它的未來前途時，油然興起更濃厚的傷感。以色列人並非全部都是恃強凌弱或強詞奪理，問題是，以色列大使館爲何出面邀請他踏上這一次的巡迴演說之旅？爲什麼以色列大使館的一名女性官員會出現在會場？爲什麼歐莫特的談話內容會使她顯得那麼高興？

歐莫特在致結語時再次強調，住在以色列之外的猶太與非猶太異議者的言行只會對以色列帶來破壞作用和負面效果。他又以蔑視的語氣談到我的批評。在他的批評中，有一句話讓我印象特別深刻：「他甚至不是講我們的話的。」

這話讓我很受傷——不過只是在剛開始的時候。因爲後來仔細一想，他此語比他自己所以爲的還要正確。年輕時我就學過禮儀用的希伯來語，能讀和寫這種希伯來語。在猶太歷史的大部份時期，希伯來語就是那樣的語言——一種美麗而深刻的禮儀用語言。隨著以色列建國，希伯來語變成了一種現代口語，帶有許多變異與採借。就像大部份住在以色列之外的猶太人一樣，我並不會說這種口語。在歐莫特看來，這一點讓我對猶太教與猶太生活的置喙資格產生疑問。顯然，他認爲貨眞價實的猶太人都是住在以色列的，而且會主張和他一樣的立場。

但我相信，要是座談會上有任何進步派（progressive）的以色列猶太人在座，他從歐莫特得到的對待一定會和我得到的如出一轍。因爲就在同一天，以色列的進步派猶太和平組織「和平集團」（Gush Shalom）才呼籲國際社會派出和平部隊監督佔領區的情況和保護巴勒斯坦人。難道這個團體的成員的猶太成份會比歐莫特少嗎？這些猶太人雖然操現代希伯來語，但歐莫特會認爲他們是講「我們」的話嗎？⑤

我好奇歐莫特講的語言到底是以希伯來語還是以強詞奪理爲本質。現代希伯來語會有這個創新的方面，是因爲它被從禮儀的領域移植到民族國家的領域嗎，是因爲它不再那麼常用來讚美上帝而是用來投射國家權力的關係嗎？這種原來謙遜的語言現在受到一種瀆武主義的徵召，配合武裝直昇機去教訓一個沒有抵抗力的民族。

我確實不是和歐莫特講同一種語言，我也不想講他的語言。我懷疑，世俗化而又把猶太教誡命（一些以道德與正義爲導向的誡命）拋諸腦後的歐莫特，是否代表操希伯來語的異教徒已經降臨人間。而我是不是一群不講希伯來語的猶太餘民（remnant）之一，追求的是猶太人與巴勒斯坦人之間的相互扶持，是彼此權利的互相承認？「我們」那種暴烈的語言——一種代表權力與權勢的語言——是不是標誌著猶太人已經重回隔都（ghetto）的心靈狀態⑥，唯一不同只是這一次已經擁有核子武器？⑦

我和歐莫特交手僅僅一個月後，紐約和華府就驚傳九一一恐怖攻擊事件。在很多人看來，這攻擊只是印證了一個以色列人知之已久的道理：阿拉伯人都是恐怖份子。有些人認爲，歐莫特想要教給我們的一課，現在我們「親自」上到了。另一些人則相信，我們現在需要採取的是一種暴力與復仇的語言，因爲這是「他們」聽得懂的唯一語言。

然而，我卻覺得那個「基督城的蠻牛」有如一扇窗，可以讓人看見猶太世界**過去幾十年來已經發展變化成什麼樣子**。隨著以色列國家力量的擴張以及美國猶裔菁英勢力的急劇膨脹，全世界的猶太生活已經動員化（mobilized）與軍事化。

不過，這種變化的軌跡卻經常被誤判，被解釋成是猶太基本教義派和在耶路撒冷四周或約旦河西岸屯墾的右翼宗教性猶太人所煽的風、點的火。然而，儘管這些人不是沒有責任（他們顯然讓本來難解的局面雪上加霜）但猶太基本教義派在以色列和猶太世界裡其實是後來者（latecomer）。

歐莫特是猶太基本教義的同路人，不過他同樣是後來者。事實上，離開了一種自由派—歐洲脈絡—世俗性的猶太論述（liberal-European-secular Jewish narrative），以色列的持續擴張是無法理解的，也正是這種論述讓作爲民族國家的以色列得以創建和鞏固。

這種論述結合了一個歐洲的脈絡和一種被發展出來的後大屠殺意識。所謂歐洲的脈絡，是指十九世紀晚期和二十世紀初期，作爲少數民族的歐洲猶太人意識到，他們想要在現代歐洲過上安樂日子即便不是不可能，也是困難重重。後大屠殺意識則是指一九六七年以阿戰爭之後，世人（特別是美國人）開始紀念大屠殺，並把以色列視爲對猶太苦難的補償和猶太人存續的維繫者。如果我們把歐洲的猶太脈絡簡稱爲「錫安主義」（Zionism）⑧，把美國的猶太脈絡簡稱爲「大屠殺／以色列認同」（Holocaust/Israel identification），那我們就掌握住了以色列得以建國和維持的基本動力。

顯然，「錫安主義」和「大屠殺／以色列認同」兩者的內容無論在最初或後來都是複雜和分歧的。歷史地說，錫安主義有許多種，包括主張復國的錫安主義、主張建立家園的錫安主義，以及兩者中間許多程度各異的折衷版本。「大屠殺／以色列認同」在五〇和六〇年代都不強，但在六〇年代後期和七〇年代則轉趨強勁。今天，隨著美國猶裔經濟和政治菁英的節節得勢，「錫安主義」已完全爲「大屠殺／以色列認同」蓋過。

讀者需要知道很重要的一點是，在歐洲和美國，「錫安主義」和「大屠殺／以色列認同」的動力全然是世俗性的，儘管那是一種猶太式的世俗性。其內容包括對猶太民族的忠誠奉獻，把《聖經》解讀為一種持續上演中的歷史敘事，以及對國家與民族有一種歷史命運感。

另一方面，「錫安主義」和「大屠殺／以色列認同」的發展應該放在一個自由派的架構下理解，這架構有時帶有社會主義的成份，而且常常帶有非宗教或反宗教的情感。以色列的創建者都是徹底的世俗主義者和進步主義者。他們的動力來自一種最廣義的猶太倫理：他們自視為追求人道主義大業的國際主義者。那些在美國率先推動「大屠殺／以色列」論述的人也是自由派，擁護民權和一個對所有人開放的社會。

他們會提出這種論述，是因為知道正統派猶太教對美國的猶太社群殊少意義，這一方面是美國生活的現代化所致，另一方面是大屠殺衍生的宗教難題所致。雖然反思大屠殺的人對上帝在大屠殺期間或之後是否臨在（presence）的問題意見不一，但卻一致同意，大屠殺之後猶太人的主要宗教任務在於記住大屠殺和建立以色列國。一九六八年，加拿大猶裔哲學家法根海姆（Emil Fackenheim）在作品中重申這種觀點，並稱之為第六一四條誡命（614th commandments），認為它可以補充甚至取代猶太教本來的六百一十三條誡命。⑨

另一件我們必須知道的事情是，在一九六七年的以阿戰爭之後，隨著主張復國的錫安主義的勝利與「大屠殺／以色列認同」在美國的熱烈化，兩件次要（但愈來愈重要）的事情之基礎被奠定了：一是宗教性的屯墾運動，一是世俗性的極端民族主義。要從這時候起，也就是在以色列佔領、兼併了東耶路撒冷和在約旦河西岸推行屯墾政策開始，如今被稱爲猶太基本教義派才開始欣欣向榮。

耶路撒冷對宗教猶太人和世俗猶太人⑩兩者的重要性都不言而喻，然而，在以色列獲得戰爭勝利後的那些歲月，耶路撒冷被強調的是它宗教方面的意義。就像耶路撒冷一樣，被宗教猶太人稱爲「猶太與撒瑪利亞」的約旦河西岸也包含許多古代的宗教遺址。耶路撒冷擁有古代聖殿西牆的殘跡，約旦河西岸則擁有亞伯拉罕、撒拉（Sarah）、拉結（Rachel）⑪等人的墓穴。對憧憬在應許之地重建猶太生活的猶太人來說，這些遺址具有非凡的宗教與歷史意義。

然而，軍事上的勝利和隨後展開的屯墾計畫卻讓圍繞耶路撒冷的宗教運動無用武之地。在緊接六日戰爭之後那段關鍵時期，以色列政府基於政治、經濟和軍事上的考量，決定兼併和擴大耶路撒冷，並在其四周建立屯墾區，以資防護。由於基本教義派在當時還不能左右以色列政府，所以，兼併耶路撒冷和在約旦河西岸實施屯墾之舉，應該被視爲是出於國家經過盤算後制定的擴張政策。

就像今日一樣，以色列的擴張與美國的外交政策脫不了關係。雖然美國官方從未承認以色列兼併耶路撒冷與在約旦河西岸屯墾之舉是合法的，然而，要是沒有美國資金與軍事上的支援，以色列的擴張將窒礙難行。

美國幫助以色列也不是出於宗教情感。相反地，美國的動機——雖然有時嘴巴說得動聽——是保持對中東的霸權。另外，來自美國國內猶太團體、猶裔民選代表、猶裔政治活躍份子亦對這種政策起著推波助瀾的作用。

在美國的猶太代言人都是主流猶太人，換言之是溫和派和自由派猶太人，政治上以民主黨人爲主。値得一提的是，在美國尋求支持以色列而大獲成功的，都是些訴諸大屠殺情感和道德語言的人。相反地，使用任何類似正統派、右翼民族主義或屯墾者語言的猶太人，能夠在美國取得可觀支持者寥寥無幾。

多年來在美國宣傳「大屠殺／以色列」意識最不遺餘力的當然就是威塞爾（Elie Wiesel）。他在猶太圈內外都極具份量，曾獲「總統自由獎章」、美國國會的金章、一九八六年諾貝爾和平獎，也是美國「大屠殺紀念館」的主要推手之一。他是雷根與柯林頓這樣立場迥異的總統的好友，經常受邀在全國性電視節目中談倫理道德議題，並經常受邀出席美國總統國情咨文演說之類的重要場合。他集猶太教信仰與自由派普世主義於一身，對亟欲建立後大屠殺猶太身份認同的猶太人與想要懺悔歐洲反猶太主義罪行的基督徒，同樣具有巨大吸引力。⑫

在威塞爾的作品和公開講話裡，他不會提說根據《聖經》，猶太人享有「猶太與撒瑪利亞」的主權，也不會談屯墾區與屯墾者或聖蹟聖地。談到耶路撒冷的時候，他的說法抽象而神祕，談到六日戰爭也是如此，就像是那些以色列士兵都是清白無辜，只是情勢所迫，才不得不對阿拉伯世界開戰。

由於略去佔領和屯墾，在威塞爾的論述中，以色列成了被迫害的歐洲猶太人與大屠殺倖存者的家園。猶太人在苦難和強化（empowerment）中都是清白無辜的⑬。以色列是道德的十字軍，是全人類都應起而聲援和支持的。在威塞爾口中和筆下的以色列是看不見政治與軍隊的，也看不見巴勒斯坦人。美國會支持以色列，是因爲美國人和以色列人一樣，是清白和善良的。就連基督徒本質上也是清白和善良的，只要他們能夠從大屠殺革面自新，就一定會用支持以色列作爲對大屠殺的回應。

很多方面，威塞爾力挺以色列的發言都是沒有「地圖」和政治的。美國本身的情況亦復如此。在美國，幾乎從未有過公開和全國性的討論，理性而實質地探討以色列的行徑。以色列不斷擴張的事實，它的領土已經從台拉維夫延伸到約旦河而其中包含三百萬巴勒斯坦人的事實，都是大部份美國人與猶太人所不知道的。

要怎樣打開這僵局是個難之又難的問題。在後面的篇幅，我嘗試去揭發猶太人、猶太教和猶太生活面臨的問題一些隱密的面向。在第一章，我會追溯「記憶」在猶太思想和宗教中所扮演的角色，分析這記憶是如何既照亮又掩蓋了歷史上與現今猶太生活的一些面向。被我們論及的會有研究「猶太記憶」的歷史學家葉魯夏爾米（Yosef Yerushalmi）和羅斯基斯（David Roskies），神學家法根海姆，以及評論家歐席克（Cynthia Ozick）和柯普費雷茲（Irena Klepfisz）。

總的來說，這些猶太知識份子贊成把大屠殺視作對當代猶太生活具有界定作用的事件，然而又自覺或不自覺地指出猶太人應該走向一個超越大屠殺的未來。例如，羅斯基斯所說的「臨難儀式」（liturgy of destruction），固然可以被理解爲猶太人的專利，也因此應該不惜一切手段防止同樣的苦難再次發生。另一方面，它又可以是讓猶太人對世界敞開的方式，讓他們願意把巴勒斯坦人和巴勒斯坦人的苦難納入猶太歷史，以終結巴勒斯坦人的苦難作爲打開猶太人未來的鑰匙。

相似地，法根海姆所說的「尋常禮節的修復」（*tikkun* of ordinary deceny）——「尋常禮節」指的是一些非猶太人在納粹時期冒險幫助猶太人的義舉——在昔日和今天都代表著大屠殺帶來的破裂有可能在本體論上和歷史上獲得療癒。但這種「修復」有兩個可能的移動方向。法根海姆本人固然認為，它應該體現為基督徒對以色列斬釘截鐵的支持，然而，它未嘗不能透過猶太人對巴勒斯坦人表現出「尋常禮節」而得到體現。

巴勒斯坦所受到的壓迫意味著天地間和歷史裡還有一個破裂猶待修復。在這個意義下，猶太人在二十世紀對巴勒斯坦人伸出援手，意義將等同於異教徒在納粹時期對猶太人伸出援手。這引出一個更根本的問題：猶太人有可能透過犧牲另一個民族所獲得的權勢來療癒猶太民族的歷史創傷嗎？還是說只有在巴勒斯坦人流離和受羞辱的創傷得到療癒的前提下，大屠殺帶給猶太人的創傷才可望療癒？

第二章從記憶和神學的問題轉至以巴地區的形勢問題。這形勢今天是怎樣的，在可見的未來又會是怎樣？記憶、身份認同、神學甚至意識形態常常都企圖超越世界的現實。在超越的領域，一切都是有可能的，甚至可以在清白無辜已經轉為罪咎的地方認定清白無辜的存在。從台拉維夫延伸至約旦河這張以色列控制著的以巴「地圖」，在猶太圈子裡鮮少被人討論。那個由政府發起、由官僚執行的系統性屯墾政策亦復如此。

總的來說，猶太人談到以色列的時候，都彷彿它不是一個民族國家，或把它說成一個沒有控制和擴張慾望的國家。然而，當代猶太生活的一大特徵就是它以最大的幅度涉入到民族國家體系裡。這一點，固然最明顯地體現在以色列，但同樣成功而具侵略性地體現在美國猶太社群的行為上。我認為，以一個得勢而討好的群體的身份捲入民族國家梯隊的上層，意味著猶太生活在知性、政治和文化上都有了一個方向上的大轉彎。

這些領域與宗教領域的猶太領袖，現在都在與西方的非猶太建制中進行一場普世主義和政治的交易。我稱之為一種君士坦丁式的交易（Constantinian deal），因為在這交易中，猶太人的希望、記憶、才智、財富與宗教全都為了強化以色列的國家權力而被動員起來，情形一如公元四世紀時的基督徒為教會與國家的君士坦丁式綜合而動員。

因此，我們今天正目睹一種君士坦丁式猶太教的崛起，它服務的對象是國家與權力。可以說，猶太人正經歷猶太歷史上最徹底的一次同化⑭。雖然目前看來，這種同化幾乎是無可避免的，但以巴地區的「地圖」卻在在提醒我們，這同化的代價有多麼高昂。它讓猶太人失去了自己的道德基礎，換言之是失去了聖約（covenant）⑮所肯定的那個價值體系——幾千年來，猶太人與猶太教對這個價值體系都不失不忘。

現在，以色列已經征服了耶路撒冷。這個征服，既是猶太權勢的代價的試金石和警告，但也提供了選擇另一條道路的可能性。因爲如果能把耶路撒冷視爲一條破碎中線（broken middle），讓猶太人與巴勒斯坦人能完全分享它，把公民權的重要性高舉在宗教或種族身份之上，那耶路撒冷在二十一世紀就眞能變成一個猶太人和巴勒斯坦人的希望燈塔。

分享耶路撒冷和在以巴地區朝公民權至上的方向前進，乃是一條離開政治與宗教的君士坦丁主義的道路——這種主義業已嚴重威脅到猶太歷史的心與魂。透過這種舉動，另一張「地圖」將會浮現在我們的意識中，那就是，作爲猶太人，我們是來自大屠殺與以色列之後的，而想要有向前走的路，我們就必須體認到，我們遭苦難時的清白無辜並不能轉化爲握有權利時的清白無辜。

在第三章，我主要探討猶太教中的先知傳統。幾千年來，這傳統經歷了多次的迂迴曲折，但迄今仍是猶太人對世界最傑出的貢獻。只有先知才能奠定批判權力與清白無辜的基礎，甚至只有先知才能奠定各種一神信仰的基礎。不過，各種一神信仰的傳統固然會揭示先知，但又會企圖用儀式化的方式來約束和封起（seal）先知。猶太教、基督宗教和伊斯蘭教都曾經具備先知性格，批評過不義的權力，但又一一淪爲權力背書的同化主義者。

當代世界的先知聲音往往與自詡繼承古代先知聲音的傳統牴觸。也因爲如此，那些呼應或體現先知召喚的人往往過著流亡天涯的生活，勇於爲以巴地區正義代言的猶太人尤其如此。由於聖約是先知的核心，又由於聖約與先知都不是任何思想或宗教體系——特別是利用無辜與握權掩飾不義與罪咎的體系——裝載得住的（contained within），以致聖約與先知經常呈現移動狀態，在受壓迫者與追求正義者之間流轉。

在二十一世紀，一個跨越地域、文化、宗教背景的群體正環繞著先知傳統逐漸形成，並以將聖約確立爲更大的信仰及奮鬥傳統爲職志。在這個更大的傳統下，一群流亡者與難民又逐漸締結成爲另一個以抵抗及抗爭爲職志的新群體。在這個新群體演進的同時，先知與聖約的意義也會與時俱進。

猶太生活裡一直有一個異議傳統，有些異議份子甚至是錫安主義者。這傳統大致上已被遺忘，或者被刻意埋沒。現在只有少數的猶太人知道，希伯來大學首任校長馬格內斯（Judah Magnes）、知名聖經學者及神學家布伯（Martin Buber），以及專研心靈與人類處境的哲學家鄂蘭（Hannah Arendt）均曾反對在巴勒斯坦建立一個猶太國家。他們主張兩民族共存，成立一個猶太人與阿拉伯人共同組成的聯邦國家。

對於這些問題的回應竟是驚人的互有關連。當然，這些回應也具有爭議性，未來五十年肯定會得到解答。本書的第四章以如下的方式發問一個問題：今天的以色列邊界，亦即君士坦丁階段的猶太生活邊界，是否就是猶太人命運的邊界？我的問題是，這是不是猶太歷史的終點？一個經常承受苦難，但卻不斷奮鬥、具有創造力的小群體是否會被國家與權力同化，俾在歷史的盛衰榮枯中求生存？今天的先知之音與聖約是否只能掩飾權力，使有罪者相信自己無辜？

我試著在這個前提下探討，如果目前的同化進程未受到任何干擾，以巴地區和美國兩地的猶太教、猶太族群，其未來將會是如何。在本書的結語部分，我會提出另一種可能的「未來」，它存在於少數就流亡捨共謀的猶太人的地平線上。

因爲那是我們的希望，永遠可供我們選擇：在一個帝國的世界裡以另一種方式當猶太人和當人。那個曾經首倡群體道德的民族如今竟拒絕把該道德施於另一個民族（這不啻是放棄自己首倡者的地位），不能不說是人類歷程的反諷本質之一部份。如何面對這個根源與這個反諷將決定我們的忠誠哪怕這忠誠往往看似微不足道。無論是勝是敗，這是我們該留贈給後代子孫的遺產，讓他們與先知話語和聖約同其一道，繼續奮鬥。

註釋

①〔譯註〕紐西蘭的第三大城市，南島的第一大城市。

②〔譯註〕迄今巴勒斯坦人有過兩次大起義（抗暴運動），一次是在一九八七年，一次是在二〇〇〇年。後者稱爲阿克薩抗暴運動，因爲那是以色列鷹派領袖夏隆強行走訪巴人聖地阿克薩清眞寺而引起。以色列對兩次起義的反應都是強烈鎮壓。

③〔譯註〕《托拉》即《舊約聖經》中的前五卷，又稱《摩西五經》，是猶太人基本律法的從出處。它一向被猶太人奉在稱爲「約櫃」的櫃子裡。

④〔譯註〕「猶太與撒瑪利亞」是古代猶太人對約旦河西岸的稱呼，歐莫特用古稱是爲了凸顯此地自古就是猶太人的領土。

⑤與此同時，「和平集團」也發表了一份名爲「新和平陣營的八十點主張」的宣言，企圖要重新省思以色列人對以色列和巴勒斯坦人兩者的歷史的理解。見 *Tikkun* 16（July/ August 2001）, pp.17-23。先前也有近三百五十名學界人士與以色列公民聯名呼籲同樣的國際干預行動。見同上書，p.16。

⑥〔譯註〕從中世紀起，一些歐洲國家在城市裡畫出專區，強迫猶太人集中居住，稱爲「隔都」。這裡的「隔都的心靈狀態」指一種提心弔膽、疑神疑鬼、一肚子氣的心理。

⑦「操希伯來語的異教徒降臨人間」這個提法首見於 Akiva Orr, *Israel: Politics, Myths and Identity Crisis*（London: Pluto Press, 1994）。

⑧〔譯註〕「錫安主義」一般譯爲「猶太復國主義」。「錫安」的本意是「錫安山」，是古代猶太大衛王及其子孫的宮殿和神殿所在地，引申爲耶路撒冷、天國、理想之國、以色列、猶太民族、猶太教等。而錫安

主義所追求的是在巴勒斯坦重建猶太王國。但出於策略上的考量，錫安主義者在第二次世界大戰前的對外宣傳中，一般把他們追求的目標解釋爲在巴勒斯坦建立「猶太人家園」（Jewish homeland），而不提「猶太國家」（Jewish state）。加上本書作者後面指出的，有些錫安主義者是反對建立猶太國家的。爲了照顧這種區分，本書一概譯爲「錫安主義」。

⑨法根海姆是大屠殺神學家之一，有關這一批神學家，我稍後會論及。法根海姆主張建立第六一四條誡命這一點，我是從 Charles F. Deems 一九六八年在紐約大學的講演得知。這些講演後來收錄在 *God's Presence in History: Jewish Affirmations and Philosophical Reflection*（New York: New York University Press, 1970）。

⑩〔譯註〕宗教猶太人是指信仰猶太教的猶太人，世俗猶太人是指不依猶太教生活方式生活的猶太人。

⑪〔譯註〕撒拉爲亞伯拉罕之妻，拉結爲雅各第二個妻子。

⑫就像法根海姆一樣，威塞爾一直是大屠殺記憶與對以色列自由派支持相互關係的主要角色，但他對西方的猶太人和基督徒的吸引力要比法根海姆強烈和持久。對威塞爾作品一個長篇的批判研究，見 Mark Chmiel, *Elie Wiesel and the Politics of Moral Leadership*（Philadelphia: Temple University Press, 2001）。

⑬〔譯註〕指威塞爾認爲猶太民族在被納粹迫害屠殺時是無辜的，而現在雖然強大起來，一樣是清清白白，即便使用武力也是出於自衛，是不得已而爲之。

⑭〔譯註〕這裡的「同化」指同化於國家與權力。

⑮〔譯註〕猶太人相信他們是上帝從萬國中揀選出來的一個特別民族，相信上帝與猶太先祖亞伯拉罕曾訂立契約，確立猶太人與上帝的特殊關係。這種關係後來經摩西在西奈山上與上帝再次確認，而其內容則體現在上帝授與摩西的律法中。基於這一契約，上帝會以慈父般的關懷照顧祂揀選的子民，但猶太人也必須遵守契約，履行上帝賦予的職責，若違背契約將會招致懲罰，即民族遭受苦難。

1

後大屠殺時代的猶太記憶

Jewish Memory in the Post-Holocaust Era

ISRAEL AND PALESTINE
OUT OF
THE ASHES

·如果記憶是猶太生活的核心，那麼失憶不啻是災難。

·猶太人與巴勒斯坦人的複雜歷史也是猶太人集體記憶的一部份。

·任何民族曾經失去的尋常生活都是值得追懷的。

·猶太歷史的下一個階段說不定會是從一種體會開始：流離和死亡的循環只有在分享同一塊土地，也因此是分享同一段歷史才有可能終結。

在猶太生活裡，很少觀念像「記憶」、「傳統」與「聖約」三者那麼緊密相連。當代猶太學者花了相當多力氣，想釐清它們在後大屠殺時代的關連性。

然而，反思過大屠殺及其意義的人卻發現，記憶、傳統與聖約三者都問題叢生。在大屠殺之後的我們應該如何記憶？以誰的名義記憶？大屠殺之前與之後的傳統是否具有連續性？還是說大屠殺已經使記憶與傳統變得破碎？如果記憶與傳統都出了問題，聖約能倖免嗎？聖約本身是否也已經破碎？許多大屠殺的反思者發現，由於存在著這種破碎的現象，他們的主要職責便是重新思考這三個在猶太歷史中佔有中心地位的觀念。

就在這種重新思考進行的同時，猶太生活一個新的中心已經形成：以色列。納粹集中營解放之後不過三年，以色列就建國了。一九六七年以阿戰爭落幕之後，許多猶太思想家與活躍份子宣稱：以色列就是對破碎現象的解答。

可是，接下來數十年的歲月卻讓這個判斷蒙上陰影，因為以色列的各種政策——特別是有關巴勒斯坦人的政策——已經導致猶太社群的內部分歧。一些分歧在猶太人之間畫出楚河漢界，導致向心力的式微與方向感的南轅北轍。問題的癥結都可歸結到以色列政策；這些政策的參照點往往是納粹大屠殺。而大屠殺與以色列的孿生關係又為一個對猶太人來說既外在又內在的議題——巴勒斯坦人——平添複雜性。我個人認為，二十一世紀初葉的猶太人、猶太教與猶太生活是來自大屠殺與以色列之後的，而巴勒斯坦人的局外人／局內人身份則是猶太生活破碎化的根本原因——另一方面又是讓猶太生活重獲新生機的樞紐。

以下，我們將會考察好幾位猶太思想家解讀破碎現象與尋找新生機的嘗試。這樣做，我們至少可以為下一世代的使命起個頭。這使命就是：記取死者，以此作為忠誠於猶太歷史與猶太生活的方式。①

對猶太人而言，後大屠殺時代的生活千瘡百孔。簡化的回應與論證——特別是使用憤怒與質疑他人忠誠作為武器的回應與論證——只會讓猶太人身份認同（identity）在今後數十年更加難以形成。這些問題絕不簡單，只能假以時日來解決。大屠殺與以色列建國迄今已五十年，擺在前面的是下一個五十年。在接下來的五十年，許多問題將會得到解答，或者至少得到回應。那麼就現在來看，猶太人與猶太教是否仍有未來可言？在猶太歷史中佔有中心地位而過去五十年備受爭論的聖約，對大屠殺及以色列建國之後的世代又有何相干？

記憶是有關過去的，但它的憶起（recovery）卻總是發生於現在。兩者都指向未來，屆時，一度遭遺棄的正義將再度被擁抱。這種模式肇始於出埃及的時代（Exodus），當時，上帝因為記起猶太人所受的不義對待和祂在聖約中的應許，遂許猶太人一個以靠記憶去實現的正義未來。記憶與正義的相連性一直是猶太生活的核心——雖然大屠殺模糊了這種相連性，甚至在兩者間創造了一道無法跨越的鴻溝。

但猶太思想家不肯放棄。其中一位是紐約哥倫比亞大學猶太歷史、文化與社會講座的教授葉魯夏米爾（Yosef Hayim Yerushalmi）。一九七七年，他休假前往耶路撒冷，在希伯來大學的「猶太研究學院」發表演講，談十六世紀的猶太史學。講題雖然定在十六世紀，但他卻從中得到靈感，後來又進行一系列演講，談猶太記憶以及它在猶太生活中的關鍵角色。②

葉魯夏米爾在《聖經》中找到猶太人得以存續與保持身份認同的關鍵。在《聖經》裡，上帝要求猶太人培養一種歷史性與神話性的記憶。勸誡猶太人不可遺忘的話為數眾多，而且被當成針對整個民族而發的飭令。這種聲音在〈申命記〉（Deuteronomy）與各先知書最爲強烈，它們追述上帝爲以色列民族顯現的各種神蹟，並要求以色列人牢記敵人加諸過他們的一切。猶太歷史上最關鍵的記憶時刻亦可在《聖經》找到：「毋忘汝等曾在埃及爲奴……」③

當然，記憶這回事也是問題重重。記憶可以作爲正義的力量，但也可能會起蒙蔽甚至戕害作用。以色列人承擔的記憶義務是選擇性的，連結到上帝在歷史中的干預行動，還有以色列人相應的正面或負面回應。記憶可以在儀式與經文唸誦中找到，因此以色列的論述既是儀式性質也是歷史性質。以色列的使命雖然連結於上帝，但卻是透過追溯歷史而找到：聖約是上帝與歷史之間的一道橋樑，並體現爲以色列自身。記憶是聖約的關鍵，也是上帝與以色列關係之穩固性的關鍵。

如果記憶是猶太生活的核心，那麼失憶不啻是災難。失憶會帶來深重的焦慮，因爲它會讓以色列或世界與上帝的關係有被切斷之虞。葉魯夏米爾對記憶一個奇特而革命性的見解是：上帝也有記憶的義務。因爲就像以色列一樣，上帝也受聖約的約束。宗教儀式與經文唸誦不只是人記憶上帝的方式，也是提醒上帝的一種方式，因提醒祂：盟約是雙方締結的，雙方都有把聖約內容在歷史中落實、彰顯的責任。因此，唱讚美詩可以是記憶的一種方式，但如果上帝的許諾沒有兌現的話，那質疑甚至指控也可以是記憶的一種方式。④

貫穿猶太人的歷史，特別是在流離與受苦的歲月，猶太民族都緊抱著記憶。然而，記憶在當代猶太生活中的角色卻出了大問題。過去，猶太記憶的危險面（例如相信猶太民族是被揀選的子民和獨享救贖）總是和它的其他方面（例如相信猶太人與上帝息息相關和上帝在苦難中保護他們）並存在一起。然而，在當代的猶太生活（特別是在歐洲解放、大屠殺與以色列建國之後），記憶的這兩面卻走上分道揚鑣之路。

歐洲和美國猶太人的解放，以及以色列的建國讓猶太人完全再度重返歷史主流。然而誠如葉魯夏米爾所說，「他們對於自身如何走到此一地步，對於現今自身處境的認知，其神話成份往往多於現實成份。」如果說神話與記憶是行動的基礎，那就有些神話值得保存與重新詮釋，有些神話具有誤導作用，必須加以重新界定。還有些神話充滿危險性，必須揭露並丟棄。⑤

葉魯夏米爾並未在演講中特別說明哪些神話值得保存，或者哪些具有危險性。除了追溯世俗文化（一種以現代科學眼光看歷史的態度）的興起過程和因此而來的猶太記憶的式微之外，他並沒有特別說明猶太生活面臨哪些危險。他固然覺得猶太歷史在大屠殺與以色列建國後已走到一個危險的節骨眼，但卻似乎認爲這只是猶太生活的庸俗化（vulgarization）與過簡化（oversimplification）有以致之，也就是說，是猶太生活的膚淺化趨勢有以致之。

「一種強大有力的彌賽亞信仰曾浸染猶太人的過去與未來，賦予猶太生活一貫性與意義感。它迄今未被取代，大概也沒有任何事物能夠取代。事實上，人們愈來愈懷疑，猶太歷史能否屈從於任何要求全體共識的組織原則。」葉魯夏米爾寫道。他在這裡擔心的危險已經不只是庸俗化與膚淺化，而更是被同化（assimilation）的動向。也許這三種趨勢有一天將匯聚合流。葉魯夏米爾坦承，對於自己所舉出的問題，他目前還看不出解決之道。⑥

不管葉魯夏米爾的論證有多麼複雜，也不管他對猶太人未來該怎麼走的建議多具摸索性，我們還是忍不住會覺得他忽略了當代猶太生活的一個重要面向，忽略了一個猶太記憶該記住而沒記住的重要事項。儘管葉魯夏米爾的第一次演講是在耶路撒冷進行，也儘管他認定民族主義是當代猶太經驗的重要部份，但他完全未提及，猶太人與巴勒斯坦人的複雜歷史也是猶太人集體記憶的一部份。

如果說猶太記憶已變得抽象，無法橋接神話與現實，或無法爲今日的猶太民族形塑一個有一貫性的中心，那麼，有沒有可能，這種失憶——這種對猶太歷史中巴勒斯坦成份的忘卻——正是導致葉魯夏米爾所述各種問題的因素之一？他忘了，在他演講的那個城市裡，有一段猶太人與巴勒斯坦人之間的歷史是需要去寫下、記誦，甚至加以儀式化的。如果這段歷史沒有被記下或提及，猶太生活大概還會進一步分裂。

葉魯夏米爾在耶路撒冷演講時，似乎全然無視於發生在他週遭的歷史，包括那些被以色列宰制的人的掙扎。這也許是由於他所受的學術訓練框架讓人無法觀察到這些方面或表達這些方面。但不管是觀察力不夠還是表達能力不足，他的這種「留白」不正是對猶太生活的庸俗化、膚淺化甚至被同化趨勢的一種助長嗎？把巴勒斯坦人納入猶太記憶，眞的會危險到把猶太生活的傳統架構推翻的程度嗎？而如果不把巴勒斯坦人納入記憶，猶太人又如何判定哪些神話值得保存、哪些神話有危險性應該加以丟棄？

葉魯夏米爾並非唯一有此思慮不周的學者。如今對猶太生活具有界定作用的「大屠殺記憶」同樣複製了這種空白。事實上，被發展出來的大屠殺紀念文化的一大特徵就是巴勒斯坦人的**闕如**。美國「大屠殺紀念館」前館長、重要的大屠殺神學家葛林伯格（Irving Greenberg）在《猶太之道：過猶太人的節日》（*The Jewish Way: Living the Jewish Holidays*）一書中，以大屠殺爲中心，幾乎完全改訂了猶太人的歲時年節。

在題爲〈大屠殺紀念日〉（Yom HaShoah）的一章中，葛林伯格主張應該在猶太教曆裡加進一天節日，用來紀念大屠殺。他承認，在大屠殺之後要維持對救主上帝的信念是困難的，而要在當代世界擁抱聖約也因此是困難的，但他主張，猶太人應效法生活在聖殿被毀⑦之後的古代拉比（rabbis）：他們將上帝的隱退視為一種召喚猶太人承擔更重大責任的方式。「在聖殿被毀之後，以色列人民由聖約的部份參與者轉變為完全合夥人；」葛林伯格寫道，「在大屠殺之後，猶太人民被召喚去當救贖任務的執行合夥人。」⑧

這份歷史責任還及於上帝在大屠殺中飽受褻瀆的形象。因為除大屠殺遇害者的後代子孫之外，還有誰能夠重新擦亮上帝的形象？在葛林伯格看來，大屠殺之後的首要宗教任務在再創造上帝的形象。該如何做呢？「在一個上帝隱退的時代，關於上帝存在最可信的證明就是創造一個上帝的形象——透過自己的形象默默而有力地向上帝指出，祂的形象是誰的形象。⑨」葛林伯格寫道，「這個召喚包含『量』方面的要求：增加猶太人的人口數目，增加猶太生活在世界上的能見度。這個召喚也包含『質』方面的要求：將人視為無限寶貴的存在來對待。餵飽一個挨餓的小孩，治癒一個病人，呵護培養一個為人妻或為人夫者的獨特性——凡此都是本質上神聖的行為。」⑩

透過擴大猶太人在世間的責任，猶太記憶被賦予了極大的意義——大到可以恢復上帝的可信性的程度。這個任務又引出猶太人在大屠殺之後的另一項重大宗教任務：掌握權力。葛林伯格將猶太人的握權（empowerment）——尤其是在以色列的握權——視爲一種「對於神聖召喚的回應，藉此去實現完成聖約各種目標的責任。」⑪

然而就像葉魯夏米爾一樣，葛林伯格對於巴勒斯坦人和他們的希望與夢想幾乎不提一字。他只行禮如儀地照搬「猶太人在大屠殺中受苦而在以色列得到重生」這套說法，卻把巴勒斯坦人當成不存在似的。他似乎不認爲猶太人的責任及於巴勒斯坦人，而他美好的勸勉——「將人視爲無限寶貴的存在來對待」——也因爲抽離於當代的猶太歷史而流爲空談。

諷刺的是，葛林伯格的書於一九八八年出版時，正逢巴勒斯坦人第一次抗暴運動的高峰。新聞媒體呈現以色列士兵毆打和殺害手無寸鐵的巴勒斯坦人的畫面——後者是爲了重振自身尊嚴而奮鬥，是在履行追求自身自由的責任，並且願意爲此受苦受難。然則，照葛林伯格的說法，他們不是正在提出「上帝存在最可信的證明」，正在向上帝指出「祂的形象是誰的形象」嗎？⑫

雖然大部份猶太學者都未談到，但我們不禁懷疑，猶太記憶的第三個範疇已經被創造了出來。毋忘上帝在歷史中顯現的神蹟是第一個要求，毋忘敵人對猶太人的加害是第二個要求，而現在則來了第三個要求：毋忘猶太人對別人的加害。就如同遺忘前兩項要求會帶來猶太歷史的破裂，遺忘猶太人加害過別人或假裝沒發生過這樣的事將會帶來猶太歷史的進一步破裂，會讓一些危險神話（諸如猶太人淸白無辜或獨享救贖之類）橫行無阻。能夠平衡歷史的因子——它就許多方面而言都是聖約的本質——遂爲之式微。

隨著聖約愈來愈被神話化，上帝也變得愈來愈抽象，甚至退居到人們生活的邊緣位置。聖約這個猶太生活的中心——同時也是肯定⑬與反抗的所在——開始喪失其力量，人們在各種理念主張之間漂移，到最後只有權力或者冷漠能夠吸引他們。宗教的與世俗的正統派會成爲主流，正因爲兩者都拒絕接受上帝與歷史之間的張力。

由於人們對一段神話化歷史的情感依附，大屠殺與以色列遂在這個「眞空」中取得了一個恰如其份和複雜的位置。站在遠處和以非批判的觀點來看，大屠殺與以色列也許會失去其歷史地位，變成一個「眞空」的神話性保護者。

同樣需要修正的還有猶太的臨難儀式（liturgy of destruction）。猶太神學院（Jewish Theological Seminary）教授羅斯基斯（David Roskies）從大屠殺時期猶太作家與藝術家的行爲探討了記憶的問題。羅斯基斯發現，在大屠殺的腥風血雨中，不管是宗教或世俗的猶太作家與藝術家，都不約而同利用猶太的記憶傳統去表達他們對所處困境的悲苦與憤怒。

透過利用一些古老的猶太文化原型（如「上帝的應許」、「揀選」、「以色列的使命」、「以色列在萬國中的地位」），並拿這些原型與當下的處境對照，猶太作家與藝術家一方面能夠找到自己在猶太苦難歷史中的定位和納粹終將失敗的應許，另一方面也能夠針對猶太聖約的問題與上帝進行一場超越性的論辯。神話與歷史的交互作用在此處全速運轉。

一種完全投入現實並深刻根植於過去的敘事，於焉出現。歷史幾乎完全被他們解讀為一種儀式（liturgy）——當然是一種臨難的儀式，但同時也是一種抵抗的儀式。例子之一就是世俗詩人卡茨尼爾森（Yitzhak Katzenelson），他在華沙猶太區被封鎖的同一天籌辦了一個公開的聖經朗讀會。此舉是為了彰顯一個民族在歷史中的連續性，而非對上帝的信仰。同一時期，宗教存在主義者柴特林（Hillel Zeitlin）開始將《聖經》中的〈詩篇〉譯為意第緒語（Yiddish）⑭，而當他的公寓被包圍時，他披上祈禱披巾（prayer shawl）、帶著經匣（tefillin），從容走向遣送地點⑮。

如果說臨難儀式在大屠殺時期能夠讓猶太人完全了解神話與歷史最深層的相互作用，提供了一種身份認同，一種力量，一個反抗的架構，一場意義的追尋，那麼它同時也提供了一個儀式與經文唸誦相互作用的空間。記憶在這裡形同整部歷史的復原，以生機勃勃的方式涵蓋了神話、歷史、儀式與唸誦。

在臨難儀式中，集體意識在個體中被喚起，用羅斯基斯的話來說，它把「集體的災難轉化爲個人的哀悼儀式，又將個人的行爲轉化爲一種集體犧牲的模式」。還有什麼比體認到有一段共同歷史是猶太民族生命力更大的見證呢？這段歷史多彩多姿、百家爭鳴、瀰漫著苦難與反抗，集體與個體可以在其中找到定位和爲民族的延續——哪怕是在最暗的暗夜——播下種子。

臨難儀式也是殉道者爲自己創造的儀式，以此來連結過去和連結殉道者無法得見的未來。他們的殉道是忠誠於歷史與當下的表現，也是忠誠於岌岌可危的聖約和會從他們的犧牲中誕生的未來的表現⑯。

臨難儀式遍見整個猶太歷史，大屠殺時期的作家與藝術家是這個傳統的繼承者，又是它的創新者。大體而言，當代猶太思想家都是這項儀式的述說者，復原並命名歐洲離散猶太人的眾聲喧嘩。這些思想家讓目前一代猶太人能夠見識到傳統的延續——儘管傳統看似即將支離破碎。

說來弔詭，傳統的失落也召喚著傳統的承續，而後大屠殺世代對它的擁抱，也證明其重要性與活力。後大屠殺時代的作家與藝術家廣泛觸及「亞伯拉罕獻子」（Akedah）、「出埃及」、「西奈山上領受聖約」、「聖殿被毀」以及「大屠殺」（pogrom）等等傳統猶太文化的原型，並把它們放入到激進而具顛覆性的脈絡之中。

問題在此浮現。如果想把猶太的臨難儀式和文化原型傳給下一代，我們需要做些什麼？若誠如羅斯基斯所云，大屠殺浩劫賦予了猶太作家與藝術家「史無前例的權威」，而在「傳統的救贖與補償之說已無法撫慰人心的今天，猶太苦難的視覺意象（visual icons）已成為猶太人永續不絕力量的表述」，那麼，這些象徵與結構能賦予已經安全穩定的猶太生活什麼意義與目的感？例如，巴克（Samuel Bak）畫作《一座紀念碑的構想》（*Proposal for a Monument*）裡的破碎石版[17]或是《猶太人之城》（*City of Jews*）裡那片荒涼破敗的城市景貌（石版也出現在這場景中）能對今日的猶太人有什麼啟發？

在《猶太人之城》中，唯一的生命跡象只是一座冒煙的煙囪；城市本身在上帝誡命的重大壓力下沈陷，「在它的被揀選性（chosenness）的象徵物[18]之下奄奄一息」。羅斯基斯認為，巴克對於猶太歷史命運的「詮釋」（midrash）如下：

> 要以猶太人的身份活著意味著要堅守聖約（哪怕它已遭褻瀆），要同時活在永恆（eternity）的陰影和被毀滅的邊緣。除非經由維爾紐斯（Vilna）與波納爾（Ponar）[19]，否則猶太人無從返回十誡。石版已經被打碎——為的是讓它們有一天也許可以重新拼合。人們只能在廢墟上重建石版。神聖的象徵雖然遭到玷污，卻是唯一遺留下來的事物。[20]

大屠殺本身已經成爲一個猶太原型，一個未來的參照點。可是，大屠殺原型雖然強而有力，卻也曖昧模糊。《猶太人之城》代表一種挑戰未來的毀滅，它要求於未來的是深層的回憶與重建，而這種回憶與重建是「現在」所無法承受的。人們不能忽略「在自身的被揀選性之下奄奄一息」的象徵意義，因爲那代表一種大屠殺經驗的深刻呈現。

我們也不能對企圖「遺忘」大屠殺經驗的人側目以對。因爲一個人怎麼可能在「憶起」這座城市（它代表猶太人的集體經驗）的同時，不會渴望將它忘記？人總是有辦法同時既記憶又遺忘，從而將大屠殺微末化（trivialization）——哪怕嘴巴裡說的還是從大屠殺抽繹出來的修辭。

羅斯基斯看到的危險主要是大屠殺的普及化（universalization），而這個問題又是肇因於「大屠殺」（holocaust）一詞本身。holocaust這個拉丁詞雖然見於《聖經》（在《聖經》中指「燔祭」），但基本上是個外來詞，難以在猶太歷史與論述中找到迴響。用這個外來詞稱大屠殺，固然可以縮減非猶太社群的理解距離，增加它的文化接受度，但另一方面，這也使得非猶太社群可以自行定義和再定義這事件的意義，甚至在自行定義的框架下拿大屠殺與自身的經驗比較。㉑

羅斯基斯擔心的危險是大屠殺恐怖感的淡化和特殊性的喪失。那場浩劫「本來是猶太人最私人的關懷，如今卻成爲公共事物」，衍生的問題是「外在觀看取代了內在實感」，是「使用借來的辭彙與原型去解釋這場毀滅的意義」——不只對異教徒解釋這場浩劫的意義時如此，對猶太自家人解釋時亦復如此。㉒

在這裡，我們再度看到一種對膚淺化、微末化與同質化的恐懼心理。羅斯基斯最害怕的是同質化。他指出，猶太生活的內在節奏已受到外來象徵入侵的挑戰。特別要不得的是基督釘十字架這個基督宗教的意象，它出現在夏卡爾（Marc Chagall）的畫作和威塞爾（Elie Wiesel）的著作中。羅斯基斯語帶譏諷地說，基督宗教象徵體系成功越界進入猶太生活，可稱得上是一種「眞正的突破」。

羅斯基斯認爲，把猶太人的苦難比喻爲釘十字架，某個意義等於承認基督宗教擁有它自詡擁有的普世性格，此舉同時也無視於猶太社群面對毀滅的宗教儀式以及兩大群體之間具敵意時的內在對話與歷史。不過，羅斯基斯有所未見的是，利用耶穌的形象也可以是一種抵抗的形式，例如尤里・葛林堡（Uri Zvi Greenberg）反對耶穌和基督徒的宣言就是寫成十字架的圖形。另外，利用耶穌的形象也可以是對基督徒說話的嘗試：用一種他們聽得懂的語言對他們說話，藉此迫使他們反省自身的罪咎。

儘管如此，想要讓非猶太世界接受猶太人對於大屠殺的招魂，仍需要一番自我審查，對特定的猶太象徵與內在對話加以刪削取捨。爲了讓非猶太世界理解，猶太人有關大屠殺的作品和藝術品就得依賴一些對猶太經驗而言全然陌生的詮釋。

這樣的情形發生在天主教作家莫里亞克（François Mauriac）爲威塞爾作品所寫的序中，他把威塞爾與大屠殺受難者視爲基督被釘十字架的象徵。而在書中，威塞爾對存在主義式的懷疑（existential doubt）和戰後個人的孤立感這兩個主題的強調，要更多於呼籲世人對抗想把大屠殺一筆抹煞的反猶太主義者。羅斯基斯認爲，威塞爾會這樣做，是因爲「一九五○年代的西方文化界沒有人願意聽大屠殺倖存者說教，他便拿存在主義式的懷疑來權充勇氣。」㉓

但在羅斯基斯看來，這種「勇氣」的代價十分高昂。這是因爲，大屠殺主題對猶太人感情的特殊性在於它可以撫慰倖存者，讓猶太人看見希望和連續性的訊息；反之，存在主義式懷疑的主題則只留給倖存者普遍的放逐感，並中斷了東歐作家與其猶太讀者之間的對話。以非地方性的訊息取代特殊訊息，也將讓大屠殺的訊息被化約爲「完全的絕望」。羅斯基斯相信，當威塞爾等人略去猶太人在大屠殺中體現的共同勇氣不談，而把論述焦點放在個人遭遇的可怕苦難，他們無形中等於擁抱了一種文化上的**和解**（rapprochement），並切斷自己與猶太臨難儀式的關係。

他沒明說的是，這些人其實是把個人成就與文化接受度的重要性放在忠於大屠殺中被毀滅的家庭與社群之上。不管出於有意或無意，猶太人自身所推動的大屠殺「普及化」乃是異化的一種表現，是在進一步疏離因大屠殺而瀕臨毀滅的猶太精神。

還有一點是羅斯基斯沒有明說的：大屠殺會受到世人的普遍關注，固然主要是拜夏卡爾與威塞爾等人有能耐把這事件的恐怖性傳達給非猶太世界所賜，然而，這種普遍的關注卻也許會加速猶太人自身對大屠殺意義理解的喪失，留下的只是最庸俗和膚淺的理解。㉔

但羅斯基斯有所未見的是，夏卡爾與威塞爾等人會嘗試橋接猶太人與基督徒的鴻溝，為的也許不是出於個人成就或文化接受度的考量，而是因為他們體認到，十誡石版的粉碎也代表了傳統猶太論述的粉碎，體認到如果不用一個更大的架構來詮釋猶太文化與儀式，它們將有消失之虞。也許正因為對大屠殺的危險性有切膚之感，他們才會把安全的重要性放在憤怒之上；如果要讓下一世代記住大屠殺，不再經歷類似的事件，那麼和解將是必要之舉。要是大屠殺再次發生，即使它的規模遠小於在歐洲發生過的那一次，但仍可能意味著猶太人的末日。

這種橋接社群鴻溝的嘗試，也可能是反映出從事此舉的作家與藝術家仍然對「他者」（other）的人性保持信心，相信透過讓基督徒明白他們對猶太苦難的罪愆，會使基督宗教得到「轉化」（conversion）。這種希望竟是發自大屠殺的受害者——最沒有理由懷抱這種希望的一群人——不能不說是不可思議。會不會，那碎裂的石版和上帝揀選的沈重飭令竟眞的是可以突破人類歷史的暴力與毀滅的最後憑藉？

但還有一種可能。上述的作家與藝術家會想擴大有關大屠殺的對話，可能是因爲他們體認到，此舉對於戰後的西方猶太人是不是可以在西方社會安身立命，**以及**對於以色列是不是可以爭取到西方的支持，事關重大。從大屠殺結束到以色列建國，中間不過三年時間；後大屠殺文學會在以色列崛起之時出現，並不是偶然的。

儘管葉魯夏米爾與羅斯基斯都對這一類整過容（reconfigured）的「詮釋」有著含蓄的批評，但他們自己的作品其實多少也是這種「詮釋」的表現。就算撇開這種對「詮釋」祕而不宣的依賴不談，他們對大屠殺神學的批評（指責它們膚淺化、庸俗化，甚至同化主義化）仍然是懸空的。一旦要尋找一種深度生命的失落環節，這種批評就會變得支支吾吾。對這兩位作者探討的那些世界而言，已無後退之路。

然而前路在哪裡？退一步問，我們要探索哪些小徑才可能找到前路？要透過哪些小徑，我們才可望創造出一個既不負過去而又能傳之久遠的猶太架構？猶太歷史的神話有可能融入歷史的動態發展，讓猶太人在世界上追求的目標能夠紮根於現實嗎？臨難儀式有無可能被轉化爲療癒與創造的儀式？

也許這些問題的答案，我們可以從直面一些被猶太世界所忽略或壓抑的歷史事件中找到。猶太人應該很清楚，在清白無辜和救贖的另一面，是一些被迫流離失所、被變得看不見和被遺忘的人們㉕。說不定，還原這段歷史，乃是對治葉魯夏米爾與羅斯基斯所擔心的那些危險的關鍵。

即使記憶這回事有時靠不住，有時會害人不淺，但它是不是同時也具有一種爆炸性的力量，足以轉化一個正在追求生存與身份認同的民族？被苦難記憶糾纏的猶太人是不是有朝一日可能因爲憶起他們施加於巴勒斯坦人的苦難而得以解脫？當猶太人憶起他們不是清白無辜之後，他們是不是會起而尋找一種超越受害者或加害者身份的生活？這種記憶的復原大概可以遏阻今日幾乎已是猶太生活一部份的內部分裂現象。說不定它也可以讓猶太人與「敵人」取得和解——這種和解又往往是自己與自己取得和解的先聲。

雖然大屠殺的創傷在今日被記憶、複述和儀式化的程度遠甚於猶太歷史上任何一個時期，但這些活動有讓猶太人得到療癒嗎？一個必然會隨之而來的問題就是：猶太人在西方世界與以色列的得勢，有讓被後大屠殺時代作家與藝術家描繪得淋漓盡致的猶太人恐懼、憤怒與茫然得到療癒嗎？

我們很難相信猶太人已經靠紀念活動和權勢而將奧斯威辛（Auschwitz）㉖的陰影揮去。我們懷疑，奧斯威辛仍然是猶太人（至少在內心深處）預期會重臨的事情的一部份，換言之，他們現在的重生乃是籠罩在未來會被毀滅的陰影之下。

猶太人與巴勒斯坦人彼此療傷止痛，是否能成爲大屠殺之中與大屠殺之間的一座橋樑？這種療傷止痛是不是可讓今日陷入分裂對立的猶太意識恢復整全？與巴勒斯坦人共同打造一個新的家園——一個奠基於公民權而非種族或宗教認同的雙民族（bi-national）國家——是不是一種永誌不忘大屠殺教訓的方法？

有一點相當重要而值得注意的是，多位不同背景的猶太思想家——除了葉魯夏米爾、羅斯基斯之外，還有艾蓮娜・柯雷普費茲（Irena Klepfisz）、辛西婭・歐席克（Cynthia Ozick）與法根海姆（Emil Fackenheim）——都不約而同指向這個方向。

艾蓮娜・柯雷普費茲是散文家兼詩人，她父親米沙烏・柯雷普費茲（Michal Klepfisz）當年是「猶太社會主義運動」（Bund）的活躍份子，也是華沙猶太區（ghetto）的「猶太戰鬥組織」（Jewish Fighters Organization）一員。一九四三年初，米沙烏將妻女偷偷送出華沙猶太區，又將武器與武器原料偷運進來，準備起義㉗。起義的第二天，也是他三十歲生日後的第三天，米沙烏爲掩護其他猶太戰士逃走而犧牲。大戰結束之後，一九八八年四月，艾蓮娜與母親蘿絲（Rose Perczykow Klepfisz）移民瑞典，後轉往美國定居。

戰爭歲月的艱苦，對亡父的思念，陪伴倖存的母親生活——艾蓮娜一路走來可說相當不容易。她與以巴問題的格鬥一樣不容易。但是到頭來，這個問題卻爲她對大屠殺之後個人和社群的療傷止痛之道帶來新的觀照。去過一趟波蘭和以色列之後，一九八八年四月，艾蓮娜創立了「終結約旦河西岸與迦薩地帶佔領行爲猶太婦女委員會」（Jewish Women's Committee to End the Occupation of the West Bank and Gaza），這個組織很快就展開每週一次的守夜行動，地點選在紐約市的「美國各大猶太人組織主席聯誼會」（Conference of Presidents of Major American Jewish Organizations）門外。

這個組織要求以色列停止鎮壓巴勒斯坦人的抗暴運動，呼籲召開國際和平會議，並主張「兩國家解決方案」（two-state solution）㉘。這些訴求經常招來敵意反應。有些猶太人堅稱，發生過的大屠殺已經排除了這些政治行動的可能性。一名猶太男子當面詛咒艾蓮娜，說希望她就像他雙親一樣，當年死在波蘭的集中營。有些猶太人表示希望看到另一場大屠殺降臨在這些示威者身上。此外還有些人認爲，示威者的行動將會導致包括他們自己在內的所有猶太人「再度陷入萬劫不復」。

艾蓮娜與委員會的示威者遭人以各種方式指控爲叛徒，被說成是納粹的同謀。艾蓮娜寫道：「有人說，允許巴勒斯坦人建國形同讓希特勒獲得最終勝利，說我們的所作所爲褻瀆了四〇年代的大屠殺，並會招致九〇年代甚至八〇年代的大屠殺」㉙。

不難體會這些攻擊帶給艾蓮娜的複雜感受：羞辱、恐懼與憤怒。身爲華沙猶太戰士之女與一名倖存者，她一生都在體驗這些情緒。但是她依然堅定不移：「知道世人對六百萬名猶太人遇害的反應是消極與冷漠之後，我認定消極與冷漠是最大的罪惡。在我看來，那些袖手旁觀的人都是道地的德國共犯，我不想當共犯。」艾蓮娜一九八七年在耶路撒冷認識了一名巴勒斯坦婦女，對方的告誡讓她念茲在茲：「寫下妳所看見的，寫下我們所經受的。」

反思巴勒斯坦問題的挑戰時，艾蓮娜也反思了猶太人在大屠殺的遭遇與巴勒斯坦人的遭遇之間令人困擾的相似性：「『它讓妳想起什麼？』我問母親，並爲她讀了一篇《新聞日報》（*Newsday*）上的報導：以色列警察在路佛斯（Rufus）圍住幾名巴勒斯坦人，命令他們臉朝下趴在地上。『我知道它讓我想起什麼。』母親如此回答，之後不發一語。」

艾蓮娜認爲，有鑑於一些歷史畫面在猶太民族的集體意識裡銘刻得如此深，實在讓人想不透這件事怎麼可能**沒有**讓猶太人想起大屠殺：

我們一直要求每個人記住的是什麼？難道不是波納爾㉚和數以十計猶太村鎮遭遇的無名田野嗎？這是我們發過誓永誌不忘的。現在，難道因為路佛斯的巴勒斯坦人只被以色列人毆打而沒有被殺害，我的心裡就會好過一些？難道只要巴勒斯坦人不是數百人成群遭到槍殺，而只是被以色列一天殺掉一個，我們猶太人就不必擔心道德與正義的問題？難道在猶太的標準裡，要夠得上納粹規模的暴行才叫邪惡，因此任何行為只要不是納粹暴行的完全翻版，就是道德上可接受的？難道這就是大屠殺帶給猶太人的道德意識嗎？㉛

一九八八年四月是華沙猶太區起義四十五週年，艾蓮娜在紀念大會上致辭時拓展了上述的思路。她首先談論「哀悼」這個概念，並問聽眾他們哀悼的是什麼？她舉安妮・法蘭克（Anne Frank）㉜爲例：大家所哀痛於安妮的，難道不是她被奪去成爲傑出作家的機會，被奪去發展各種內在天賦、探索週遭世界的機會，被奪去「正常成長、自由摸索和體會成功之樂或失敗之苦」的機會嗎？

在艾蓮娜看來，猶太人應該哀悼安妮的是她被奪去「尋常、無名的人生」（ordinary, anonymous life）。這種尋常性的失落經驗是一個提醒，而且終極而言會關連到現在：「我現在相信，尋常性是我們最珍貴的事物，而當年華沙猶太人奮起抗爭的，爲的也是這個。我談的不是什麼高貴或抽象的理論，只是主張，人有權繼續過一種有目的感、有自我價值感的生活——一種尋常的生活。我們今天齊聚在這裡哀悼的就是這種尋常性曾經有過的失落。」

接下來，艾蓮娜話題一轉，談到巴勒斯坦人的問題。她認爲，華沙猶太區戰士看到同胞平凡的生活遭摧毀時「義憤塡膺」，應一體適用於巴勒斯坦人。她呼籲猶太人每當看到以下這些巴勒斯坦人日常生活被破壞的遭遇時，應該切齒憤怒：

> 一個母親為她被射殺的十幾歲兒子傷心得歇斯底里；一家人站在被摧毀的家門前，呆若木雞；一個家庭被迫分開，流離失所；不義的法律武斷規定學校校門與商店店門開關的時間；刻意羞辱一個民族，將其文化視為低等和異類；讓一個民族無家可歸，沒有公民地位；逼迫一個民族接受軍事統治。㉝

在這篇動人的演說中，艾蓮娜把大屠殺記憶的意義詮釋爲對尋常生活的神聖性的記取，而透過呼籲把巴勒斯坦人納入猶太記憶中，她暗示出一個猶太社群迄今未體會的道理：無論這場衝突最後如何解決，哪怕最後達成了符合正義與公平原則的協議，猶太人對巴勒斯坦人有過的荼毒已經成爲猶太歷史的一部份，不容忘記。

儘管艾蓮娜沒有明說出一個必然結論，但顯而易見的是，在她的想法裡，巴勒斯坦人的抗暴運動與華沙的猶太人起義在精神上是相通的，都是在為保護平凡尋常生活的尊嚴而戰。這意味著，猶太歷史不僅要記住猶太人對巴勒斯坦人生活有過的侵犯，也要記住巴勒斯坦人對該侵犯有過的捍衛。

同理，那些曾經試圖捍衛巴勒斯坦人的猶太人也應該在同一個儀式時刻被追懷，甚至在追懷華沙猶太區英勇鬥士的同一儀式中被追懷。艾蓮娜進一步指出，任何民族曾經失去的尋常生活都是值得追懷的，而猶太人如今對這種生活的破壞，將有可能危及猶太人對自身尋常生活受過破壞一事的記憶。因此，為記住猶太苦難而戰，與為減輕甚至扭轉巴勒斯坦人的苦難而戰，乃是一體的兩面。

艾蓮娜的論述中並沒有提及上帝。她的見證——至少從理論與神學的層面來看——要比威塞爾的更遠離上帝言語（God-language）。大屠殺神學家都是在與上帝進行一場尖銳、深沈與憤怒的對話；在許多第二代的人之中，這種對話已經停止，不是受到壓抑就是變得含糊朦朧。但我們好奇，主動尋求與巴勒斯坦人修好，會不會就是對這種對話無形的再次肯定，是一種前神學行動（pre-theological action），代表一種想創造一個讓談論上帝變得再次可能的架構的直覺性渴望？

這種修好是否代表了奧斯威辛的一個對應見證（counter-testimony），一個猶太世界沒有想過也大概無法接受的見證？這個見證應可開啓在大屠殺中被冒瀆得無以復加的上帝形象的契機。

在這個問題上，法根海姆（他與威塞爾同爲猶太人反思大屠殺的奠基者）的見解相當重要。在他早期的作品中，法根海姆指出大屠殺之後信仰上帝的困難與追求猶太人認同感與團結性的必要。就像威塞爾一樣，他認爲即使上帝與世界的決裂依然持續，以色列仍然是猶太人團結性之所繫。

法根海姆明白，由大屠殺衍生的有關上帝與世界的迫切問題，在目前是無解的。然而猶太民族的動員無法等待，因爲這些問題的答案都極複雜，只能假以時日和在一個挺得住大屠殺餘波的穩定架構中尋找。依法根海姆之見，猶太社群面對的威脅迄今並未消失，讓問題的探索不得不暫緩進行。只有在猶太人的存續——又特別是在以色列的存續——獲得保障的前提下，才有一個足供這種探索進行的實體與心理架構。㉞

法根海姆後期的作品相當重要，因爲它們探討了源於大屠殺的決裂是否可能彌合。法根海姆認爲，「奧斯威辛的敦促之聲」（Commanding Voice of Auschwitz）已取代了過去一度在西奈山（Sinai）說話㉟但後來又在納粹集中營裡沈寂下來的上帝之聲。「奧斯威辛的敦促之聲」敦促的是猶太人要活下去。事實上，法根海姆甚至假設，一條新的誡命可以從這敦促之聲中引生出來：第六一四條誡命。㊱它規定猶太人（尤其是以色列的猶太人）不得拒絕爲生存下去而不擇手段，以免讓希特勒得到死後的勝利。法根海姆主張，這種要求雖然依然有效，但今天必須照顧到猶太人對療傷止痛的需要。法根海姆用一個希伯來字表達這種需要的內容：*tikkun*。這個字意謂著修補、修復。

他進而提出「修復世界」（*Tikkun olam*）的觀念。世界需要修復，是因爲大屠殺的恐怖是空前和無窮無盡的，而世界之所以可能修復，則是因爲有過一小群猶太人與基督徒曾起而抵抗大屠殺，他們這種行爲所能引起的驚奇是空前和無窮無盡的。在猶太人一邊，抵抗者來自多方面：既有爲捍衛傳統也因此是捍衛自身尊嚴的虔信猶太教徒，也有華沙猶太區鬥士那樣的世俗猶太人。在基督徒的一邊則有堅守原則的抗議者，例如德國哲學家胡伯（Kurt Huber）與天主教教士李希騰伯格（Bernard Lichtenberg），他們分別爲了高舉「人的理念」與「基督話語」而不惜犧牲性命。

然而法根海姆又認爲，不抱什麼崇高理念但卻幫助猶太人的基督徒要更難能可貴，是更偉大的見證者。他們的行爲，換成在別的環境中都只會被視爲尋常禮節（ordinary decency）：「在大屠殺的時代，一個異教徒如果對猶太人表現出義行，他將會落到比罪犯還不如的田地——就像猶太人一樣被當成不受法律保護的人、被當成害群之馬。當他甘冒生命危險和甘願犧牲生命救助猶太人時，他爲的不是別的什麼，而只是因爲這是尋常禮節。」法根海姆將由此而來的「修復」稱爲「尋常禮節的修復」（*tikkun* of ordinary decency）。㊲

雖然法根海姆認爲，這種修復並不意味「尋常禮節」已經承受地土㊳，然而，「尋常禮節」就像大屠殺本身一樣，具有本體論上（ontological）的地位。事實上，猶太人與基督徒對於侵犯尋常性的抵抗，正代表對於決裂的療癒，並且成爲後大屠殺時代思想與活動的終極根據。因此，在法根海姆看來，這些「修復」爲「第六一四條誡命」與「奧斯威辛的敦促之聲」的道德必要性提供了本體論上的根基。

人道主義者、猶太人與基督徒的忠誠（fidelity）孕育了一種未來的哲學、未來的猶太教和未來的基督宗教。儘管未來的可能性因過去的忠誠而得以存在，後大屠殺時代的思想仍只能寄寓於絕望與絕對信心這兩個極端之間。對法根海姆而言，本眞（authentic）的「修復」要在絕望與信心之間的張力中尋求，要能夠擁抱一種不完整並充滿風險的「片段性」（fragmentariness）。㊴

値得注意的是，法根海姆認爲「修復」會把本體層面與尋常層面連接起來這一點。準此，「尋常禮節」乃是一種雙重越界（dual crossing of boundaries）。大屠殺造成的破裂具有本體論的意義，它創造出一道界線，讓生命的尋常流動遭到貶抑、污衊和停滯。因爲如此，「尋常禮節」遂成爲跨越歷史之內的界線與歷史之外的界線的行爲。那是一種深深人性的行爲，但意義又不止於此。

我們也許可以稱這種對尋常的肯定爲一種奇蹟，因爲它是在生命遭到系統摧毀之時對生命勇於說「是」。越界之舉是爲了保存生命中的尋常層面，越界者是冒著生命危險這樣做的，他不但得不到群體中多數人的支持，甚至還會遭到他們反對。因此，越界者乃是爲他人而將自己的整個生命投入一個危機四伏的未知未來——終極而言，這個未來就是人類的未來。在一個極端恐怖的情境之中，尋常禮節可以將本體層面與人的層面連結起來。

法根海姆談的「決裂」、「界線」與「修復」，既發生在猶太教與基督宗教各自內部，又發生在猶太人與基督徒之間。這三個觀念同時也表現在猶太人與基督徒對以色列的承諾上。其實，歸根究柢，法根海姆認爲「修復」就體現在以色列自身，它是猶太人未來生活所寄之地，也是基督徒落實對猶太人承諾之地。

然而，考慮以色列的面積、國力的有限，以及它在猶太裔公民中間推動猶太文化或強烈猶太認同的力不從心，可知這種「修復」仍是片斷的、有限的。法根海姆認爲以色列的敵人是死硬派，一心只想讓以色列的猶太居民再度流亡。另一方面，猶太人內部的流亡狀態也繼續存在，而這是因爲他們拒絕承擔一項責任：以推動猶太色彩更強烈的猶太生活來回應大屠殺。

法根海姆並沒有把這番分析用於巴勒斯坦人，而且一定會（就像威塞爾一樣）反對別人這樣做。但我們好奇，如果法根海姆分析的流亡現象會因爲猶太人與巴勒斯坦人之間的進一步決裂而繼續存在，那麼這種決裂不是也需要「修復」嗎？有可能，這種「修補」也是兼及本體論層面與尋常層面的，而在這個試煉的時代，只有肯定「尋常義行」才能夠修補當代世界——一種法根海姆無比渴望的修補。

會不會，那些聲援巴勒斯坦人的猶太人只是在延續大屠殺中猶太人與基督徒的「修復」，而這樣做的同時，也爲兩個民族的未來鋪了路？巴勒斯坦人會不會有朝一日追記正義的猶太人，就像法根海姆追記正義的異教徒那樣？

這種尋常但空前的「修復」是追尋一個聖約架構的契機。它追尋的是一個把「尋常禮節」置於政治實效性之上和願意忍受片段化張力的聖約架構，是對一個一直被動搖有時甚至被摧毀的根基的肯定。顯然，這些越界行爲雖然不完整和充滿風險，但仍代表著一種對「修復」的追尋，而那是猶太世界迄今規避的。

艾米爾暗殺拉賓是想藉此阻擋終結奧斯威辛時代㊵的運動。他和戈爾斯德泰因（Baruch Goldstein）㊶一樣，感到猶太人與巴勒斯坦人修好之舉威脅到讓他們舒適自如的大屠殺世界觀。

就連重建尋常性的初步試探，也會被這一類人看成是從根本背叛了「奧斯威辛的敦促之聲」。戈爾斯德泰因與艾米爾認爲政治妥協侵犯了奧斯威辛的界線，而巴勒斯坦人是新納粹。在他們看來，奧斯威辛時代必須延續下去，以免猶太人掉以輕心，讓眞正的奧斯威辛再度出現。延續奧斯威辛時代即是遵循上帝的意志——祂更新過的聲音迴響在屯墾區中。

在評論拉賓遭暗殺事件時，猶太小說家與保守派評論家辛西婭·歐席克主張必須讓宗教的聲音靜默。她反對把以巴問題置於某種超越的、烏托邦式的架構中思考，認爲世界可變得完美（perfectibility）這種彌賽亞主義只會導致毀滅與死亡。辛西婭認爲，目前的局面正是一種追尋完美的「共同傲慢」所致：「這塊土地有太多的先知，太多的烏托邦主義者。有太多對伊甸園的夢想，不管是來自左派或右派、信徒或俗衆的。有一位總理遭謀殺並不會提升以色列的神聖。能建立一個國家也不保證巴勒斯坦人從此快樂無憂。」

辛西婭是對的，應該追求的不是彌賽亞式的世界完美。要解決以巴問題的關鍵在於聖約的要求是否被履行。把政治從千福年狂想中移走，並不意味我們不能從宗教的基礎上尋找倫理與政治判斷。

暗殺事件發生之後，倫理學家與自由派評論家沃澤（Michael Walzer）也像辛西婭一樣，嚮往以色列能出現一個沒有宗教外衣的公共平台，在其中，政治是「細心規劃與節制有度的」，而「沒有上帝、沒有神話與幻想、沒有永恆敵人、沒有神聖大業的政治」會凌駕宗教性的政治。㊷

事實上，猶太敘事內的所有競爭黨派莫不是訴諸猶太歷史與聖約（無論如何詮釋的）來尋求對現今的理解與未來的道路。這種做法有其道理，因爲以色列確實代表了猶太歷史一種戲劇性的、困難的、曖昧性的展開。拉賓與阿拉法特的會面對艾米爾造成衝擊，也無疑對大多數猶太人造成衝擊，因爲兩人第一次勉強的握手所代表的意義絕不只有政治上的。

這一次的面對「他者」（other）——猶太歷史中新出現的「他者」——被咸認爲是猶太歷史的契機。應該把這一次與「他者」的會面放在大屠殺與一九六七年戰爭的脈絡中來看，視之為終結一個歷史時代的可能性。拉賓與阿拉法特的握手代表了終結苦難與暴力循環的可能性——猶太人曾經是這個循環的受害者，現在卻成了它的維持者。當拉賓談到他想終結這個循環時，我們不能不感到有一個出口打開了，它通向的是奠基於歷史與希望的責任感。

這個出口本來可以是苦難與暴力之歷史的終點和治療猶太民族歷史創傷之起點——這創傷先前並沒有因為以色列的握權大而治癒，反而因為猶太人征服另一個民族而加深。

羞辱巴勒斯坦人（這種行為讓許多猶太人回想起猶太民族在歷史上遭受過的羞辱）當然不可能治癒猶太民族的歷史創傷。治癒之道只能是透過聖約理念的體現。但是，猶太人在大屠殺之後的動員化和軍事化卻使得終結苦難與暴力循環的可能性——連帶治癒猶太民族歷史創傷的可能性——變得黯淡。

如果聖約——它曾經由上帝交付，後來毀棄，然後又被猶太人在「奧斯威辛敦促之聲」中再度發現——被去動員化和去軍事化，將會對猶太人的身份認同、防衛、主張與權力產生何種影響？那樣的聖約是否能對猶太人做出應許並為猶太人所接受？走過漫長艱苦歷史的聖約，現在可不可能藉由與應許之地上另一個民族的分享而得到更新？

猶太歷史的下一個階段說不定會是從一種體會開始：流離和死亡的循環只有在分享同一塊土地，也因此是分享同一段歷史才有可能終結。**聖約的新挑戰就是，透過對這塊經常被稱為聖地的土地的分享，找尋猶太人的被揀選性**（choseness）。

說來弔詭，辛西婭在多年前所寫的文章〈略論如何發現正確的問題〉（Notes Toward Finding the Right Question）中，就已經爲這種體會奠定基礎。雖然這篇文章談的是女性主義的議題，主張應該將猶太女性在男女平等的基礎上納入猶太教，所以是屬於社會學而非神學的領域，但文中觀點仍然可以用於討論將巴勒斯坦人納入猶太生活中。辛西婭首先強調，對於猶太教的貢獻無論是來自男性抑或女性，都應該一樣珍惜。辛西婭看出這種納入的要求不是來自猶太女性主義的興起，而是來自大屠殺的教訓：

> 這個時間點很重要，因為目前這個世代面對猶太歷史的立足點迥然不同於以往。我們是誕生於那場浩劫之後的。我們與全部的後來世代都是猶太失落的見證者。猶太人在歐洲浩劫中失落的不只是猶太人的過去，還有猶太人的一大部份未來。我們永遠無法擁有安妮·法蘭克來不及寫的小說。我們失去的不只是一位優秀的民族知識份子，更是失去一項潛在的民族資

產。㊸

因爲這種失落以及因之而生的悲傷話語（諸如「失去了這麼多事物、這麼多人」），對猶太人而言，這世上已經不存在任何「不相干的問題」。然而卻有一堵「醜行厚牆」（thick wall of scandal）把猶太人與聖約分隔開，而且照辛西婭的說法，這種醜行是一體兩面：它一方面不讓一個幾乎遭滅絕的民族接受女性的貢獻，哪怕這貢獻是不可欠缺的；另一方面，這種不義也否定女性在猶太歷史中應有的地位，特別是在大屠殺之後應有的地位。

辛西婭對於不義的討論相當重要：「什麼是不義？我們不需要界定它。必須去界定與重新界定的是正義，不義則無此需要。矯正某個錯誤需要成熟的思慮，通常還需要巧思。但要發現錯誤則只需要用肉眼看。不義是即時就能被直觀到、感受到、察覺到和加以反應的。」

認出不義會讓人產生「少了什麼」的感覺。辛西婭認爲，這就是爲什麼希伯來聖經中的成文律法後來要以《塔木德》（*Talmud*）的口傳律法加以補充。成文律法與口傳律法加在一起就成了一部擴大了的《托拉》㊹與聖約，隨時隨地「教誨人們必須對不知節制、犧牲他人和違背人性說『不』。」

當《托拉》對不義保持沈默，不義就會質疑《托拉》：「那條可以仲裁世界的失落誡命在哪裡？」涉及女性的問題時，它的質疑會特別強烈：「**『不可貶抑女性的人性』**——這條從開天闢地到現在要求於人的誡命在哪裡？」㊺

當《托拉》對不義保持沈默，它就無法仲裁，只會與世界「唱和」。聖約所需要做的是尋找上述的失落誡命，只有找到這些誡命，它才能恢復它在這世上的正確角色，才能拆除那道把它與人民分隔開，把人民與人民分隔開的「醜行厚牆」。自古以來，猶太人對抗不義的方法都是透過尋找新的誡命來強化聖約。誠如辛西婭指出，想要強化《托拉》就要去「對抗不義、創造正義；其方法不是教義辯證（*pilpul*）的片斷累積，而是淨化正義觀念的本身。」㊻

辛西婭將猶太教誨與生活的展開——即聖約的展開——連繫到對於失落誡命的追尋。當這些誡命一旦被找到並付諸實行，它們就會被認定是衍生自聖約自身。因此，那條關於女性的誡命，雖然從前沒有人提過，迄今也未被加入到《托拉》之中，但它本已涵蘊於《托拉》之中。聖約會隨著新問題的出現與解答而不斷展開：換言之，聖約的內容會隨著猶太人在歷史中的旅程而不斷擴大。接下來必須採取的行動是對不義作出回應，因爲如果容許不義繼續存在一段長時間，聖約就會被扭曲。一道堅實的「醜行厚牆」已然樹立，想要克服它，首要之務是不讓《托拉》再與之唱和——這種唱和事實上就是厚牆最初會樹立起來的原因。

有多少猶太人聽到過這道諴命：「**不可貶抑巴勒斯坦人的人性**」？拉賓的士兵不忍執行把巴勒斯坦人驅逐出利達（Lydda）與藍勒（Ramle），是否就是因爲聽到這道諴命？拉賓會在回憶錄中記下此事，是否就是因爲聽到這道諴命？以色列的出版檢查官員禁止拉賓的回憶錄出現這段文字時，是否聽到這道諴命？拉賓會在一九九三年九月簽署第一份協議，說不定就是再度記起巴勒斯坦人與猶太人一樣，都是生而爲人：「我們和你們一樣，都是一個民族——一個想要打造家園的民族。想要種一棵樹、想愛——想與你們共同生活。活得有尊嚴，彼此爲對方設身處地。活得像人，自由的人。」㊼

七〇年代後期與八〇年代早期的黎巴嫩戰爭期間——以色列打過的最有爭議性的一場戰爭——有省思力的以色列軍人與猶太詩人聽到了這道諴命。它透過大屠殺的透鏡而折射到他們的意識裡。鑽研大屠殺文學與回憶錄的歷史學家楊格（James Young）發現，在黎巴嫩戰爭期間，大屠殺的意象發生了倒置。有史以來第一次，有猶太人把本民族看成不是受害者而是加害者。㊽

楊格指出，以色列的詩人並沒有援引傳統的猶太文化原型來詮釋以色列士兵的死亡或他們家人的失親之痛，更常見的是「援引一些意象來呈現其他人的死亡與苦難，尤其是阿拉伯兒童的死亡與苦難。」例如，詩人塞登（Efraim Sidon）就用大屠殺的記憶來質疑黎巴嫩戰爭的正當性：

> 我指控錫登（Sidon）與泰爾（Tyre）兩地的兒童
> 他們的死亡人數尚未清點
> 三歲大的、七歲大的，還有其他年紀的——
> 我指控他們犯了與恐怖份子為鄰的罪。
> 孩子們，如果你們不曾住在他們近旁，
> 你們今天就會是學生。
> 所以，你們必須受懲。

接著塞登以反諷的筆調，指控每個黎巴嫩人都要爲納粹大屠殺負責：

> 我指控黎巴嫩的居民——全部的人
> 必須為納粹在大戰時對我們的殘酷迫害負責。
> 因為世世代代，我們每個人都必須

自以為
正在對付希特勒
永遠，永遠
這正是比金（Begin）正在做的。

我指控你們全部的人！
因為我永遠永遠
是天經地義的受害者。㊾

在巴勒斯坦人第一次抗暴運動期間，也就是大屠殺意象倒置得更加強烈期間，也有猶太人聽到這道誡命。有兩個故事可以把巴勒斯坦人與猶太歷史連接起來。

第一個故事發生在一九八八年元月，其時巴勒斯坦人起義已經歷時一個月。當時，一名以色列上尉奉命率員去納布盧（Nablus）郊區的哈瓦拉村（Hawara）抓人。以軍逮捕無辜的巴勒斯坦平民在當時稀鬆平常，但是這位軍官接獲的進一步命令——逮捕這些巴勒斯坦人之後如何處置——卻令他不安。他的良知使他認爲，除非是親自接到命令，否則他無法這麼做。這位上尉直接受令之後，帶著連上四十位官兵，搭乘一部民用巴士，在晚間十一點抵達哈瓦拉村。

當地的村長拿到逮捕名單後遵命逮人，十二名巴勒斯坦人犯被帶到村子中央，他們坐在人行道上，毫無抵抗。薩菲德（Yossi Safid）描述了後來的情況：

士兵們把十二個人雙手反綁，帶上巴士。巴士行駛了兩、三百公尺之後，在一處果園旁邊停下來。十二個人被趕下車，三個一組，逐一帶進果園，每一組都有一名軍官伴隨。在黑暗的果園中，士兵將那些哈瓦拉村民拷上腳鐐，讓他們躺在地上。軍官督促士兵「趕快辦完，我們就離開並忘掉這回事。」接著，士兵將絨布塞入這些阿拉伯人口中，使他們無法大叫，巴士駕駛也踩下油門，讓引擎聲可以掩蓋慘叫聲。接下來士兵們忠實地執行接獲的命令：打斷犯人的手腳；避免打到犯人頭部；打完之後除去手銬腳鐐，把犯人留在原地；留一名犯人只打斷手不打斷腿，讓他可以回村求助。

這些命令被確實執行；以軍毆打的力道非常大，以致大部份棍棒都折斷。記述此事的文章遂題爲〈棍棒斷裂之夜〉（The Night of Broken Clubs）。㊿

哈瓦拉村毆打事件之後幾個月，第二個故事發生。當時一位名叫李文（Marcus Levin）的醫師以後備軍人身份被徵召到「安薩爾二號」（Ansar 2）囚犯營報到。李文到營後遇見兩位同事，向他們探問勤務的工作內容，得到的回答是：「你主要是負責在偵訊前與偵訊後爲囚犯做身體檢查。」李文驚訝地反問：「偵訊後？」對方告訴他：「沒什麼大不了的，囚犯有時候會在偵訊後骨折。就像昨天，他們送來一個十二歲的男孩，他兩條腿都斷了。」李文隨即要求見營區指揮官，並告訴他：「我的名字是李文，不是門格爾（Josef Mengele）⑤①，基於良知，我拒絕在此地執勤。」當時也在場的另一名醫師試圖安撫李文，他說：「剛開始你會覺得自己像門格爾，不過幾天之後就會習慣了。」因此後來一篇記述這事的文章題爲〈你會習慣變成門格爾〉（You Will Get Used to Being a Mengele）。⑤②

如前所述，辛西婭說過，矯正某個錯誤需要「成熟的思慮，通常還需要巧思。」也許拉賓已聽到「不可貶抑巴勒斯坦人的人性」這道誡命，但他的思慮沒有成熟和巧妙到足以落實它。也許這道誡命的力量——一旦落實的話——太驚天動地了，以致於它的落實必然落後於對不義的察覺。因爲如果在察覺不義之後馬上執行它，將會讓人民產生恐懼：害怕一切化爲烏有，害怕隨權力而來的一切會失去。這樣，不但不能製造一種穩定的目的感，反而會讓困惑感和憤恨感瀰漫。會不會，拉賓就是因爲知道這道誡命極具震撼性與爆炸性，才會在爲自己與人民尋找它的過程中，試圖平衡希望與害怕的力道？

從《托拉》與聖約的角度來看，艾米爾暗殺拉賓等於是踐踏了兩者。艾米爾認爲藉由殺害拉賓，他就可以廢棄「不可貶抑巴勒斯坦人的人性」的誡命。他害怕這道誡命的涵蘊：聖約只有在猶太人了解他們與巴勒斯坦人是命運共同體之後才可能展開，屆時剩下的問題只在於雙方要如何共享人性與命運。艾米爾謀殺拉賓之舉事實上是要謀殺聖約本身。

從這個觀點來看，大部份譴責艾米爾的評論家——包括歐茲（Amos Oz）與沃澤之類的自由派評論家，他們主張猶太人與巴勒斯坦人應該「分家」（divorce）——事實上都是在片面化兇手的罪行，讓那繼續浮現中的失落誡命隱而不彰。可以說，艾米爾與沃澤各以不同的方式成爲一種只會「唱和」的聖約的捍衛者；前者是透過赤裸裸的宗教語言，後者則是透過完全丟棄宗教語言。

辛西婭並沒有分析失落的誡命要怎樣找到、誰最有可能找到，找到之後又要如何落實。如果不義是明顯到肉眼就看得見，那它何時才會被看見？是不是到了某個階段之後，本來要靠後見之明才看見的不義會變得在現前就看得見？會是人民先看見不義嗎，還是領導者比人民先看見不義？

我們還好奇，看見不義的一代會同時找到失落的誡命嗎？還是要再等上一代？參與落實這誡命的領袖會這樣做，是因爲別有動機，還是因爲他們已明白自己曾參與協助創建或維持的秩序是不義的？失落的誡命被找到後，它會不會再度失落，還是說它在被找到以後就會產生自己的動力，擁有自己的生命？

同樣重要的問題是在尋找新誡命的過程中，受害者應該做些什麼？他們該是坐等過程的結束，然後爲猶太人的自承罪愆歡呼鼓舞嗎？受害者該是在被壓迫的過程中默默學習，認識自己的潛力，好等歷史的風向轉彎後，站起來報仇雪恨嗎？還是說，對抗不義就是一條發現失落誡命的道路，因此對於受害者與加害者的歷史同樣重要？

最後這項事實點出加害者與受害者的相互依賴性。「他者」藉由所受的壓迫和對壓迫的反抗而掌握了鑰匙，掌權者想要找到向前走的路，就必須將「他者」納入自己的歷史中。

因此，受害者永遠是加害者的一個提醒：提醒他們有多麼不義。受害者也永遠是加害者的一個評斷：評斷他們是否已落實找到的誡命。「**不可貶抑巴勒斯坦人民的人性**」——這道誡命將不斷提醒猶太人，並對猶太人的過去、現在與未來作出評斷。

阿克薩抗暴運動提供了另一次實現這條誡命的機會，然而猶太社群卻再度坐失良機。尤有甚者，猶太領導階層傾全力動員，否定任何關於猶太人與巴勒斯坦人有共通性的言論。他們非但不肯承認持續佔領行為的罪責，反而怪罪巴勒斯坦人「拒絕」和平的可能性。

以色列當局刺殺巴勒斯坦領導人的政策，旨在使巴人無法擁有未來的領導者，是一種以羞辱為本質的武力展示。以色列再度佔領巴勒斯坦地區，以戰車包圍位於拉姆安拉（Ramallah）的巴勒斯坦自治政府總部，形同對阿拉法特進行囚禁，以及不許他前往伯利恆（Bethlehem）參加耶誕宗教活動——這些作法都不只是安全防範措施，而是企圖進一步貶抑巴人在猶太人、全世界甚至巴人眼中的地位。

但是，卻有部份以色列軍人拒絕在佔領區執勤，有部份以色列民間團體陸續發表聲明，以不同的陳述方式要求以色列政府正視巴勒斯坦人的尊嚴與民族自決的權利。

二〇〇一年六月，「以色列佔領區人權資訊中心」（B'Tselem, Israeli Information

Center for Human Rights in the Occupied Territories）發佈一份報告，詳細記錄了以色列軍方違反人權的惡行劣跡。報告涵蓋的主題包括以色列的暗殺政策、巴勒斯坦平民遭到的圍困，以及一張詳細的佔領區地圖，上面標明了以色列屯墾區、繞越道路（by-pass roads）與安全區。

「以色列佔領區人權資訊中心」的報告如此評論以色列的暗殺政策：

這些殺戮事件是一項公開政策的一部份，要暗殺疑似涉及以暴力侵犯以色列人民的巴勒斯坦人。這絕不是新現象，以色列當局執行暗殺任務已經有三十年以上的歷史。在前一次巴勒斯坦抗暴運動期間，以色列的便衣組織也在佔領區暗殺「遭通緝」的巴勒斯坦人……暗殺政策侵犯了生命權，這是所有人權之中最根本的權利，受到國際法與以色列法律的保障……一個想要加入民主法治國家之林的國家，不可能如此明目張膽地違反法律原則與基本人權價值。㊸

在此同時，以色列民間和平運動組織「和平集團」撰擬並發布了一項名為〈新和平陣營的八十點主張〉（80 Theses for a New Peace Camp）的宣言，其動力來自一種觀點：

巴勒斯坦人關於流離與毀滅的歷史論述，不僅對巴勒斯坦人有意義，對以色列人與猶太人同樣有意義。這種對於巴勒斯坦人與猶太人歷史的重新評價，強調兩者在歷史上與未來的息息相關，以不具宗教意味的方式來尋求第六一五條誡命。

「和平集團」認爲，以色列的談判代表與決策階層無法理解巴勒斯坦人的觀點，終於導致馬德里—奧斯陸和平進程胎死腹中。「和平集團」主張：

・馬德里—奧斯陸和平進程之所以失敗，原因在於雙方尋求實現的目標相互牴觸。

・雙方的目標衍生於自身的基本民族利益，由雙方的歷史敘事、對一百二十年來衝突的歧異觀點形塑而成。以色列的民族歷史版本與巴勒斯坦的民族歷史版本格格不入，就整體與每一項細節而言都是如此。

・以色列的談判代表與決策階層完全不顧巴勒斯坦的民族敘事；就算他們有真誠善意要解決問題，也注定徒勞無功，因為他們無法理解巴勒斯坦人民的民族渴望、傷痛、恐懼與希望。雖然雙方的情況並不對等，但是巴勒斯坦這一方也有類似的心態。

・唯有雙方都能理解對方的精神—民族世界，願意以平等的心態互相對待，由來已久的衝突才有化解的可能。冷漠、高傲、專橫的態度絕對無助於找到雙方均可接受的解決方案。

這就是爲什麼成立之初受到殷切期待的巴拉克（Barak）政府最後會一事無成，以及爲什麼舊的和平陣營會隨巴拉克下台而瓦解。「和平集團」認爲，以色列新的和平陣營應著力於終結虛假的神話，終結對於衝突的簡化、片面看法。它指出：

·這並不意味要完全揚棄以色列的論述，然後無條件接受巴勒斯坦人的論述。而是以開闊的心胸聆聽並理解對方在這場歷史衝突中的立場，以便橋接雙方的論述。

·捨此以外的任何方式只造成永無止盡的衝突，表面平靜與和解的時期會反覆被以巴雙方或以阿兩個世界的突發衝突打斷。有鑑於大規模毀滅性武器研發快速，更多的敵對可能導致衝突各方同時毀滅。㊴

必須將「以色列佔領區人權資訊中心」與「和平集團」的文件放在猶太人記憶的脈絡中觀察，我們才能充分了解其意義。可是，這兩個組織在面對國家權力時都脆弱無力；在以色列與世界各地的猶太社群中，他們也幾乎是默默無聞。如果說這兩個團體鮮爲人知，那麼它們提出與代表的主張就更鮮爲人知了。有多少猶太人知道有過一些以色列軍人因爲良知而拒絕在佔領區執勤？又有多少猶太人知道這些士兵因而被判刑多久？

二〇〇二年元月，以色列《國土報》（*Ha'aretz*）刊登了一群拒絕在佔領區執勤的後備役官兵的共同聲明，連署的一共有五十二人。聲明值得全文引述：

我們是以色列國防軍的後備役官兵，在錫安主義薰陶下成長，自幼接受犧牲小我、完成以色列大我的教誨。我們都曾經服役，站在最前線，身先士卒執行各種簡單或艱鉅的任務，一心只想捍衛以色列並讓它更為強大；

我們這群戰鬥軍官與士兵，每年都為國家服役好幾個星期，不惜付出個人生活的高昂代價。最近我們在佔領區執行後備勤務，但接獲的命令和訓示皆與國家安全毫無關係，唯一的目標就是要延續我們對巴勒斯坦人民的控制；

我們都見識過佔領行動讓雙方付出的血腥代價；

我們現在已經了解，佔領的代價就是讓以色列國防軍人性盡失，讓以色列整個社會為之腐化；

我們知道佔領區的土地並不屬於以色列，所有屯墾區到最後都必須撤離；

我們謹此鄭重聲明，我們不會再參加這場「屯墾區戰爭」；

我們不會為了宰制、驅除、羞辱一整個民族，而繼續在一九六七年確定邊界以外的地區作戰；

我們鄭重聲明，我們會繼續為防衛以色列安全的國防軍效力；

但佔領與鎮壓的任務並不合乎保衛以色列的目標，我們將不再參與。㊺

同樣令人困擾而且大部份猶太人都渾然不覺的問題是：媒體操弄危機的手法已影響到猶太歷史最深刻的層面。在阿克薩抗暴運動爆發不久，以色列政府發言人夏伊（Nachman Shai）向巴拉克總理的國家安全顧問亞托姆（Danny Yatom）做了一次簡報；夏伊在簡報中特別強調，必須在美國好好打一場媒體戰，他認爲以色列目前在這場戰役中落居下風。

爲反制關於以色列鎮壓抗暴運動的負面報導，夏伊成立了一個由十到二十名以色列人士組成的委員會，策劃在美國進行的媒體戰略。夏伊向亞托姆報告：「我告訴他們，我們正在這場媒體戰中節節敗退，現今的任務就是要把你們每個人都送上電視節目，宣稱巴勒斯坦人全是騙子。我們必須先打贏媒體戰，才能打贏規模更大的戰爭。」裴瑞斯（Shimon Peres）的高階幕僚與已故總理拉賓的人馬都被賦予重任，要全力扭轉這場媒體戰役的情勢。夏伊特別點名雇用了兩名巴勒斯坦裔記者的美國有線電視新聞網（CNN），指它正在進行反以色列宣傳。夏伊試圖向CNN施壓迫使其撤換兩名巴勒斯坦裔記者，代之以「願意聽取我方說法的親以色列記者」。㊱

就在這個時候，以色列國防軍的一名下士士官長羅森堡（Eyal Rozenberg）本著良知做出一項決定，從此改變他的一生。他決定拒絕繼續為以色列國防軍效力，並在一封寫給指揮官夏哈爾（Shaul Shahar）的信中說明原委。信中，羅森堡勾勒了以色列自建國以來對待巴勒斯坦人的方式所引起他的內心掙扎。

大部份猶太人會認爲羅森堡的指控過於極端，然而這些指控卻揭露了一個大部份猶太人都渾然不知的猶太歷史層面。他以近乎詩意的手法，描述他與軍方的爭執：

這支軍隊為屯墾區的建設與維持提供支援，並在面臨當地人民反抗時加以鎮壓；這支軍隊強徵人民服役，將抗命者下獄；這支軍隊贏得的每一場戰役都為下一場戰役埋下種子；這支軍隊利用國民的勞力來與可疑人士做買賣，其交易規模大得驚人；這支軍隊的軍官可以無視上級的命令，也不必擔心部屬可能採取的法律行動；雖然如此胡作非為，這支軍隊仍自詡為「國防軍」，宣稱謹守「武裝的純潔」，假冒是「人民的軍隊」。任誰都不應該加入這種軍隊！

羅森堡向另一名軍官吐露這些想法，對方的回應令他難忘。軍官告訴羅森堡，每一天結束時，他都會面對鏡子，直到能夠接受鏡中的自己爲止。羅森堡則回應說，鏡中的影像令他難以接受：「如果我繼續與你並肩工作，看著你殺戮一個被征服的民族，那麼我就是活在謊言之中，我將在鏡中看到這個謊言。」羅森堡最後結論道：「我的性格也許不夠堅強，但是我可以斬釘截鐵地宣示：我再也不會爲以色列軍隊效命，不會因爲可能下獄、遭拘押、騷擾恐嚇、拷打或其他懲罰而有所畏縮。」⑰

隨之而來的是幾個弔詭。在以色列的猶太人掌控國家權力的時代，某些猶太人以**身體力行**的方式不惜作出重大犧牲，承認巴勒斯坦人有伸張正義的權利，從而見證了他們的人性。這份見證是一種同情的舉動，撼動了猶太人自詡的團結共識，撼動了猶太人對於巴勒斯坦人抵抗的沈默。

嚴格來說，是巴勒斯坦人對以色列權力的抵抗刺激出一些猶太人對以色列權力的抵抗，後者又成爲了猶太歷史的反省契機。這些猶太人或是記錄以色列違反人權的案例，或是以一種歷史的新意識起草宣言，或是拒絕對被壓迫的民族行使武力——凡此都是未來可以寄託希望的形式。那是一種新記憶的基礎，關涉到猶太人的奮鬥與受苦、大屠殺與以色列建國的事件，並與那些感受到猶太記憶力量壓迫的人們，形成一種新的緊密連結。

不過問題仍然存在：有誰會記住這種演化中的記憶？有誰會記錄或儀式化這些「尋常禮節的修復」？有誰會在猶太會堂或節日與一家人用餐時，講述這種移除圍繞聖約的「醜行厚牆」的嘗試？這些證言與見證會不會從猶太記憶與歷史中抹煞殆盡？如今已涵蓋巴勒斯坦人在內的「臨難儀式」，會不會只留在那些參與過這些事件的猶太人與巴勒斯坦人的記憶中？

一九九〇年，研究錫安主義的歷史學者維陀（David Vital）寫了一本引人入勝的作品：《猶太人的未來：走到十字路口的民族》（*The Future of the Jews: A People at the Crossroads*）。維陀在書中主張，有史以來頭一遭，猶太人正在經歷恐怕已是無法挽回的民族分裂：分裂爲以色列與離散地（diaspora）[58]。維陀列舉的原因之一是以色列人的國家經驗與離散地（尤其是美國）的猶太人迥然不同，以致這兩群猶太人的共通性少之又少。這種分歧確實存在，但維陀的說法太過一刀切。

維陀提出的第二個理由更爲有力。在他看來，猶太社群彼此的地緣差異，並不如它們思想感情與對未來看法的差異來得大。簡言之，猶太人之間的分歧不那麼是對傳統律法或儀式看法上的分歧（過去離散地的猶太人很執著於傳統律法與儀式，以之作爲一種抗爭方式），更多是在對「猶太人集體行動的目標、方法甚至合宜性」看法上的分歧。根據維陀的說法，不同猶太社群的人生觀與世界觀都愈來愈不同[59]。

十年之後的今天，這個問題似乎變得更爲急迫。維陀說對了：猶太人正在分裂，其原因與其說是以色列與美國兩地經驗的不同，不如說是因爲前者認爲應該做的事，後者基於良知、基於猶太歷史與記憶而認爲不應該做。地緣與文化的問題並沒有造成分裂，引起這場「內戰」的是良知。因此這一點並非巧合：以色列猶太異議者的意見是由進步派猶太刊物《修復》（*Tikkun*）傳播到美國去的；這份刊物要尋找的是不被「醜行厚牆」包圍的聖約。

儘管許多人將這場猶太「內戰」視爲一場政治鬥爭，但事實上，眞正爭執的重點是猶太記憶的內容及這記憶在今日對猶太人有何召喚。異議者當然會有孤立感，覺得飽受攻擊、遭誤解，無論何時何地都被另眼看待，總是離新的迫害只有一步之遙——這些感受本來就是猶太記憶的一部份。

但是，追求相互扶持，追求正義與道德，追求一些看似達不到的目標，也是猶太記憶的一部份。隨著這種追求奮鬥而來的是（它們再一次是根植於記憶之中的）

劫後餘生感、被迫害感，但同時又是新的開始。一些猶太人會與巴勒斯坦人攜手抗爭，其最深的因由也許可以在此找到。有良知的猶太人會尋求讓這種另類的歷史保持生命力，這對猶太人的身份認同非常重要。

然而，同樣也是事實的是，蠱惑著猶太當權派的「記憶」，顯然也蠱惑著它的另外一方。阿克薩抗暴運動爆發後，許多猶太溫和派甚至猶太左派紛紛向後退，響應猶太人應團結一致的呼籲。事實上，建立新和平陣營的呼籲本身就已經反映出猶太和平運動政治與組織的固有問題：在為巴勒斯坦人說話的時候，他們有時會表現出施恩的心態，有時則會越庖代俎，為巴勒斯坦人設定什麼權利是他們應得的。

大部份和平陣營中的猶太人之所以為巴勒斯坦人爭取自由，其動機都是想恢復猶太人的清白無辜，好讓我們猶太人可以心安理得繼續覺得自己是善良的人；他們也把猶太人對巴勒斯坦人的壓迫視為一時之過，而不是因為猶太人與以色列深具侵略性。有一個過去兩千年我們都沒有遇過和想過的可能性就是，猶太權力與猶太社群是有可能被動員起來，去追求一些不只是一時之過而且是大錯特錯的目標的。

我很好奇，當以色列征服巴勒斯坦人的過程一旦完成，猶太人的身份認同會發生什麼變化。大部份進步派猶太人都主張用「兩國家解決方案」來保障巴勒斯坦人的自由，雖然這方案劃給巴勒斯坦人的土地還不到他們原有的三〇%。但如果連這種不平等的方案都無法得到尊重，如果耶路撒冷沒有被拿出來分享，如果屯墾區、繞越道路與安全區永遠維持下去，後果會是什麼？如果巴勒斯坦人在自己國家裡只有管理自己的自由，沒有土地與資源可以發展繁榮，後果會是什麼？如果全世界大部份人（包括許多猶太人）終於明白，以色列所惠允於巴勒斯坦人的未來，只是一種如種族隔離般、隔都化（ghettoized）的生存形態，後果會是什麼？

因此在這個要面對大屠殺後遺症、以色列興起、巴勒斯坦反抗以色列強權的世代中，更為困難的問題還沒有表述出來。葉魯夏米爾、羅斯基斯、法根海姆與辛西婭都無視於這些可能性，**就好像以為猶太人不可能永遠征服另一個民族**。「以色列佔領區人權資訊中心」與「和平集團」雖然奮力反抗這種永遠的征服，但是他們在政治上過於弱勢，無法改變以色列的路線。

猶太傳統大概是無法處理這種可能性的。但顯然有少數猶太人思考過這種可能性，並認真考量可能衍生的各種後果。

儘管作為一個民族，我們猶太人是有瑕疵和侷限性的，但我很懷疑，少了正義，猶太教還可不可以叫猶太教。當武裝直昇機盤旋在猶太生活的中心時，我們猶太人還能叫猶太人嗎？當猶太人的語言和儀式已經被暴力所污染，當猶太人的道德感已經因為壓迫另一個民族而永遠蒙塵，我們猶太人還能叫猶太人嗎？

這些都是必須提出的問題，但會不會太晚了？

日積月累的證據顯示，恐怕眞是太晚了。在阿克薩抗暴運動期間，前任耶路撒冷副市長班文尼斯提（Meron Benvenisti）情感激盪地寫道：

〔看到抗暴運動爆發，〕任何讀過歷史浩劫記載的人都會有一種熟悉的感受：深切的悲哀與無能為力的憤怒，憤怒於領袖的短視、傲慢、愚昧、懦弱、無關宏旨的考慮和草率的決策，讓災難一步一步接近。讀者會錐心刺骨——預警已經出現、跡象如此昭彰、後果不出所料，但浩劫居然仍會發生，委實令人難以置信。

接下來這位讀者——事實上即爲整個民族——要尋求解釋。當前的僵局果眞無法避免？班文尼斯提質問。到底以色列的領導階層應該另闢蹊徑還是因循舊路？有沒有任何方法可以逆轉這種解體與毀滅的過程？[60]

班文尼斯提呼籲停止暴力與羞辱的政策。他更早的作品《神聖的地景：一九四八年以來被埋沒的聖地史》（*Sacred Landscape: The Buried History of the Holy Land Since 1948*）分析了影響延續至今的以色列政策。在此書引人爭議的一章「種族淨化」中，班文尼斯提指出，錫安主義運動在一九四八年完成建國使命之後，面臨的是一個改變了的環境。此章的主題之一就是錫安主義者——以及日後一般的猶太人——並不了解，要打造正常國家，就必須對意識形態與權力採取一種不同的關係。結果就是，猶太人與阿拉伯人之間的戰爭在以色列宣佈建國之後進入了另一個境地。從奮鬥爭取獨立到取得國家權力的進程，需要的是觀點與政策擬訂的轉變。

可悲的是，這種轉變始終沒有出現。一如班文尼斯提指出的，錫安主義在建國之前的政策——包括他們對於阿拉伯社群的象徵與觀點——必須隨著政權的建立而改變、擴充，然而這個過程並沒有發生：

> 以色列的國家首領與其部屬應該要學習分辨，沒有國家權力的族群首領的行為與國家首領的行為是不同的：前者對其他族群發動戰爭時，並無政府批准的執行手段可資運用；後者卻能夠制定各項法律，並運用服從其絕對權威的常設軍隊來執行。

雖然兩者的行爲內容可能無分軒輊，同樣都造成受害者的苦難，但該負的道德責任是不同的。班文尼斯提認爲「沒有主權的少數族群首領的義務與權利，完全不同於國家首領，何況這個國家還自認是民主與自由的國度，聲稱要恪遵普世通行的規範。」[61]因此，對於一九四八年六日戰爭之前和之後的巴勒斯坦「地景」的破壞，不能等而觀之。例如，巴勒斯坦人在一九四八年五月之前的出亡是主動的，但後來的出亡卻是以色列政府事前策劃的結果，是班文尼斯提所謂的「種族淨化」政策的結果。班文尼斯提認爲，以色列政府逼巴勒斯坦人離開他們地理與文化上的家園，是爲了創造一個新地景，來滿足猶太人的需求與夢想；這是以色列政府推動的政策，是一個「不斷發展、相互關連的過程」——在戰事停止許久之後仍然持續進行[62]。

班文尼斯提指出，這過程持續至今，而之所以要在耶路撒冷與約旦河西岸建立屯墾區（同樣也是「不斷發展、相互關連的過程」的一部份），其政策目標就是淨化地景與族群。

這讓我們再一次回到後大屠殺時代猶太記憶的問題。猶太人當然是大屠殺與以色列建國之後誕生的，但這二次的**誕生**卻從一開始就沾滿迫使別人流離和行使暴力的罪惡，最後還可能會因爲永遠佔領別人的土地而罪上加罪。身爲猶太人，我們是誕生於一段在以巴地區持續上演的歷史中的，而這歷史卻站在猶太歷史本身的中央提出指控。

猶太記憶因此既染上別人施加於我們的苦難，又染上我們施加於別人的苦難。

至少從聖經時代開始，猶太歷史從未面臨這種難題。如果這份記憶最後無可避免需要被儀式化，會以罪咎取代無辜，以暴力取代道德，那麼我們要這份記憶何用？

二〇〇二年二月，希伯來大學社會學教授齊默林（Baruch Kimmerling）以動人的筆觸寫出以下的指控：

我指控夏隆不但正在激化以巴雙方的流血衝突，甚至可能引發一場區域戰爭，並且使「以色列土地」內的阿拉伯人遭到部份或幾近完全的種族清洗。

我指控現政府每一名勞工黨（Labor Party）的部長同流合污，正在落實右翼極端份子與法西斯主義者的以色列「遠景」。

我指控巴勒斯坦領導階層，尤其是阿拉法特，短視至極，以致成為夏隆政策的幫兇。如果出現另一次「納卡巴」（Naqba）⑥③，這個領導階層難脫干係。

我指控軍方以軍事專業之名，在政府高層授意下，煽動民意，欺凌巴勒斯坦人。以色列從未有過這麼多現役、退役將領以及前任軍方情報人員（有時偽裝成「學者」）參與對公眾進行洗腦的工作。哪一天調查二〇〇二年災難的司法委員會成立，這些人必須和文職罪犯一起接受調查。

我指控以色列電子媒體的高階主管，他們允許不同的軍方發言人透過其媒體進行侵略性的好戰宣傳，近乎完全把持公論。軍方不但控制了傑寧（Jenin）與拉姆安拉[64]，也控制了以色列的電台與電視。

我指控那些下令燒殺擄掠和執行這些不法命令的人，無論其官階高低。已故哲學家雷波維茨（Yeshayahu Leibovitz）說得對，佔領行為已經徹底破壞以色列社會賴以生存的光明面與道德基礎。我們應該要停止這種愚昧的行徑，重新建立一個不具好戰主義、沒有剝削其他民族現象的新社會。

我指控每一個看到、知道這些事情，但卻袖手旁觀的人。若是和已經發生和正發生在我們身上的事情相比，薩卜拉（Sabra）與夏蒂拉（Shatila）[65]的事件根本是小巫見大巫。我們必須挺身而出，不只要走到市鎮廣場，還要走向軍方檢查哨。我們必須在戰車與運兵車中的官兵進入巴勒斯坦城鎮、引發死傷無數的城市戰之前說服他們——就像當年俄羅斯人民說服受命攻佔紅場的官兵一樣。

最後，我指控自己，明明知道這一切，但是大聲疾呼的時間太少，保持沈默的時間太多。[66]

註釋

①我的這種立場在 *O'Jerusalem: The Contested Future of the Jewish Covenant*（Minneapolis: Fortress, 1999）有更詳細的說明。我最近在另一本書談到猶太學術與政治領袖繼續拒絕直面這些問題，會有什麼後果。那就是會導致那些不能忍受這些問題懸著的猶太人的自我放逐。這本書的名字是 *Practicing Exile: The Religious Odyssey of an American Jew*（Minneapolis: Fortress, 2002）。

② Yosef Hayim Yerushalmi, *Zakhor: Jewish History and Jewish Memory*（Seattle: University of Washington Press, 1982）.

③同上書，pp.9-10。

④同上書，pp.5, 11。

⑤同上書，pp.99-101。

⑥同上書，p.95。

⑦〔譯註〕猶太人的第二聖殿在公元前七十年被羅馬人摧毀，猶太人從此四散各地，為了維繫猶太民族的精神命脈，拉比們編成了猶太教的基本法典《塔木德》。

⑧ Irving Greenberg, *The Jewish Way: Living the Holidays*（New York: Summit, 1988）, p. 320.

⑨〔譯註〕即以自己的行為彰顯上帝的形象。

⑩ Greenberg, *The Jewish Way*, p.321.

⑪同上書。

⑫ Irving Greenberg 'The Ethics of Jewish Power', *Perspectives*（New York: National Jewish Center for Learning and

Leadership, 1988）.

⑬〔譯註〕指聖約對正義價值肯定。

⑭〔譯註〕德系猶太人（中歐和東歐猶太人及其後裔）的語言。意第緒語用希伯來字母書寫。

⑮ David Roskies, *Against the Apocalypse: Responses to Catastrophe in Modern Jewish Culture*（Cambridge, MA: Harvard University Press, 1984）, pp. 198, 197.

⑯同上書，p.35。

⑰〔譯註〕指十誡石版。據《聖經》記載，上帝在西奈山上頒給摩西的十誡是刻在兩塊石版上的。

⑱〔譯註〕應是指十誡石版。十誡象徵著猶太人是上帝「揀選」的子民。

⑲〔譯註〕維爾紐斯爲立陶宛首都，波納爾爲其郊區，二次大戰期間納粹在此槍殺了五萬猶太人，屍體丟入坑中掩埋。以色列畫家巴克（1933-）生於立陶宛，其祖父母、外祖父母和父親都是在波納爾被殺。

⑳同上書，pp.275, 305。

㉑〔譯註〕指有遭遇過屠殺的社群會拿猶太人的遭遇與自己的作比較。

㉒同上書，p.262。羅斯基斯認爲，希伯來語的 *Shoah*（意指「災難」、「毀壞」）和意第緒語的 *der driter khurbm*（指「第三次毀滅」）用來指大屠殺時都有不對勁之處。見他在 pp.261-2 的討論。

㉓同上書，pp.263, 268, 301。

㉔同上書，p.302。

㉕〔譯註〕指巴勒斯坦人。意謂猶太人目前得到的「救贖」是靠犧牲巴勒斯坦人而來。

㉖〔譯註〕納粹集中營之一。

㉗〔譯註〕一九四三年，波蘭被納粹德國佔領，波蘭猶太人爲反抗被運往集中營而舉行起義，史稱華沙猶太

區起義（在希特勒時代，凡是德軍佔領的地方都建立猶太區，把猶太人看管起來準備處決）。起義從四月十九日開始，經過二十八天戰鬥，德軍死傷幾百人，約一萬三千名猶太人犧牲，華沙猶太區不復存在。

㉘〔譯註〕即主張讓巴人建國，讓巴勒斯坦國與以色列兩國並存。

㉙ Irena Klepfisz, *Dreams of an Insomniac: Jewish Feminist Essays, Speeches and Diatribes*（Portland, OR: Eighth Mountain, 1990）, pp. 124-6。艾蓮娜・柯雷普費茲的作品是西爾弗曼（Hilda Silverman）介紹我讀的。

㉚〔譯註〕見註⑲。

㉛ Klepfisz, *Dreams of an Insomniac*, pp.130-1.

㉜〔譯註〕荷蘭猶太女孩，十三歲那年爲躲避納粹搜捕而與家人藏身密室，長達兩年，後被捕，死於集中營。她躲藏期間所寫的日記後來出版，名聞世界，被認爲深具作家潛力。

㉝ Klepfisz, *Dreams of an Insomniac*, pp.134-5.

㉞他早期立場的這個經典性表述，見*God's Presence in History: Jewish Affirmations and Philosophical Reflections*（New York: New York University Press, 1970）。

㉟〔譯註〕《舊約・出埃及記》記載，上帝曾在西奈山向摩西顯現、說話，授他十誡。

㊱〔譯註〕猶太教的全部誡命只有六一三條。

㊲ Emil Fackenheim, *To Mend the World: Foundations of Post-Holocaust Jewish Thought*（New York: Shocken, 1982）, p. 307.

㊳承受地土（inhreit the earth）是《聖經》中的用語，如〈馬太福音〉云：「溫柔的人有福了，因爲他們必承受地土。」

㊴ Fackenheim, *To Mend the World*, p.312.

⑩〔譯註〕指猶太人用納粹大屠殺合理化其一切行爲的「時代」。

⑪戈爾斯德泰因是有宗教信仰的猶太人，他一九九四年進入希伯倫（Herbon）一家清眞寺，射殺數十名在禮拜的穆斯林。

⑫ Cynthia Ozick, 'The Consensus That Plagues Israel', *New York Times*, December 2, 1995; Michael Walzer, 'Reasons to Mourn', *New Yorker*, November 20, 1995.

⑬ Cynthia Ozick, 'Notes Toward Finding the Right Question', in *On Being a Jewish Feminist*, ed. Susannah Heschel（New York: Shocken, 1983）, pp. 120-51.

⑭〔譯註〕希伯來聖經與基督徒的《舊約》內容大體相當，首五卷〈創世記〉、〈出埃及記〉、〈利未記〉、〈民數記〉和〈申命記〉被稱爲《摩西五經》或《律法書》，又是狹義的《托拉》，裡面記載的律法被認爲是上帝授與摩西，稱爲成文律法。《塔木德》則是歷代拉比解釋《托拉》的意見的彙編，包含一些猶太先哲從《托拉》引申出來的律法，這些律法因爲先前沒有記錄爲書面，只口耳相傳，故被稱爲口傳律法。

⑮ Ozick, 'Notes Toward Finding the Rihgt Questions', pp.135, 144, 149-50.

⑯同上書，p.151。

⑰ Quoted in the *New York Times*, September 14, 1993.

⑱ James E. Young, *Writing and Rewriting the Holocaust: Narrative and the Consequences of Interpretation*（Bloomington: Indiana University Press, 1988）.又見他其後的一些作品，包括：*The Texture of Memory: Holocaust Memorials and Meaning*（New Haven: Yale University Press, 1994）and *Holocaust Memorials in History: The Art of Memory*, ed. James E. Young（New York: Jewish Museum with Prestel-Verlag, 1994）.

㊾ Young, *Writing and Rewriting the Holocaust*, pp. 138-9.

㊿ Yossi Safid, 'The Night of the Broken Clubs', *Ha'aretz*, May 4, 1989.

51〔譯註〕惡名昭彰的納粹集中營醫師，外號「死亡天使」。

52 Gideon Spiro, 'You Will Get Used to Being a Mengele', *Al Hamishar*, September 19, 1988.

53 B'Tselem, 'On Human Rights in the Occupied Territories: Al Aqsa Intifada', *B'Tselem Journal 7*（June 2001）, p. 12.

54 Gush Shalom, '80 Theses for a New Peace Camp', *Tikkun* 16（July/August 2001）, pp. 17-23.

55 這份宣言的文本可在<www.seruv.org>找到。

56 See an extended discussion of this refusal in James Bennet, 'Citizen-Soldiers Attack a Policy,' *New York Times*, February 10, 2002.

57 夏伊的報告和羅森堡的信分別以 'Fighting the Media War' 和 'Just Drserter'爲題被登在 *Harper's*，May 2001, pp.24-6.

58〔譯註〕猶太民族在歷史上有過幾次大離散（大流亡），其散居地稱爲離散地，有點類似中國人所說的僑居地。

59 David Vital, *The Future of the Jews*（Cambridge, MA: Harvard University Press, 1990）.

60 Meron Benvenisti, 'A Footnote for the Future', *Ha'aretz*, December 13, 2001，又見他寫的 'Coexistence Is the Only Choice', *New York Times*, October 27, 2000.

61 Meron Benvenisti, *Sacred Landscape: The Buried History of the Holy Land Since 1948*（Berkeley: University of California Press, 2000）, p. 145.

⑥②同上書，p.147。

⑥③〔譯註〕阿拉伯語，意爲「災難」，指一九四七至一九四八年大批巴勒斯坦人在以色列建國時期逃離家園。

⑥④〔譯註〕這兩個都是巴勒斯坦人的城鎮。

⑥⑤〔譯註〕黎巴嫩南部兩處巴勒斯坦人難民營，曾在以色列入侵黎南時期遭到親以色列的黎巴嫩民兵大肆屠殺。

⑥⑥ Baruch Kimmerling, 'I Accuse', *Kol Ha'Ir*, Feburary1, 2002.

2

清白無辜、屯墾者與國家政策

Innocence, Settlers and State Policy

ISRAEL AND PALESTINE
OUT OF
THE ASHES
MARC H. ELLIS

．在暴力的循環中，宗教是重要的，因為它可以為政治上的主張或反主張背書。

．宗教多少會適時回應其信徒的需要和憧憬。當正常生活和安全在望的時候，宗教就會去促進這個過程——一如當社會軍事化的時候，宗教會助長軍事化的過程。

．二十世紀猶太屯墾區的罪不在於渴望或需要空間和某種形式的自治，而在它們把居住在這片土地上的巴勒斯坦人連根拔起和百般壓迫。

多年來，許多評論者都把以阿衝突歸咎於猶太教與伊斯蘭教的宗教極端主義——即所謂的基本教義派。一九八七年巴勒斯坦人第一次起義和二〇〇〇年阿克薩抗暴運動期間，持此論者尤多。然而，弔詭的是，眞正讓猶太基本教義派可以施展開來的，卻是以色列和美國兩地的自由派猶太論述。沒有這種自由派論述，猶太基本教義派的施展範圍和施展能力將會大受限制。它將會被侷限在猶太會堂之內，對政治過程只有邊緣作用。

基督宗教和伊斯蘭教的基本教義派同樣是靠這種論述而得以欣欣向榮。儘管以色列（特別是邊界擴大後的以色列）明顯不是基督宗教和伊斯蘭教極端主義的唯一推動力，但在時序進入二十一世紀的今日，以色列對上述三種基本教義派卻扮演一個重要的象徵與實質角色。

在政治的領域，宗教和宗教認同相當重要。因此，要分析今日的猶太生活和一些對全世界猶太人和猶太團體攸關重要的課題，我們應先釐清各種神學底蘊。但與其探討以基本教義派形式展現的宗教極端主義，我們更應該做的是先探討一些大屠殺神學家的作品，比方說威塞爾、法根海姆、葛林伯格的作品。他們曾經構築出一種對猶太民族深具影響力的神學，至今對猶太人的言行仍具規範性。

細看之下，大屠殺神學包含了三組具辯證張力的主題：「苦難」（suffering）與

「握權」（empowerment），「無辜」（innocence）與「救贖」（redemption），「特殊性」（specialness）與「正常化」（normalization）。雖然互相關連，但這三組主題的出現卻有先後次序。頭兩組出現於一九六七年的以阿戰爭，第三組出現在一九八〇年代——其時以色列入侵黎巴嫩，而迦薩地帶和約旦河西岸的巴勒斯坦人則起而反抗以色列的佔領。①

「苦難」與「握權」的主題隨著一九六七年的以阿戰爭走到前台。在那個讓人飄飄然的時代，猶太社群產生了一種集體醒覺。這種集體覺醒的面貌是難以描述的，但當時神學作品（以威塞爾和法根海姆爲代表）的面貌卻是清晰的：它們從一九六七年的經驗中抽繹出當代猶太歷史的專屬主題，而這種嘗試還是自大屠殺以降的第一次。

正是靠著一九六七年戰爭的對照，猶太人第一次清楚道出大屠殺期間猶太苦難的深重程度，以及以色列的握權對猶太人的重大意義。一九六七年以前，大屠殺與以色列兩者在猶太人的意識裡都不具有中心性；對猶太圈來說，歐洲的經驗只是揮之不去的記憶，而羽翼初長的以色列只是值得他們多多照顧的對象。然而，在戰爭以後，大屠殺和以色列都成了猶太社群賴以自我界定的中軸。

然而，如果說浮現中的大屠殺意識視猶太苦難爲以色列權力的授權書，它也看出這種權力的一些內在危險。猶太苦難的教訓確實是權力的重要性，但這苦難同時約束了權力的可採取形式。在大屠殺之後，猶太人的苦難固然是不能被接受的，但也沒有民族合該經受猶太人經受過的苦難。所以，在大屠殺神學家看來（至少早期是如此），大屠殺是兼含特殊與普遍的意義，換言之，大屠殺的教訓就是，猶太人與所有民族都應該被賦權至別人不可能把集體苦難加諸他們身上的程度。

在苦難與握權這組主題裡蘊含著無辜／救贖的觀念，而後者也是在一九六七年的以阿戰爭時浮現的。在大屠殺神學家看來，六日戰爭的勝利是一個奇蹟，標誌著一個前不久才飽受摧殘的無辜民族或許已走到了得救贖的邊緣。因此，大屠殺苦難引出的一個副題就是，猶太民族是完全清白無辜的，而在以色列為保護猶太民族而戰的人也是如此。在大屠殺神學家看來，以色列在一九六七年的勝利，乃是無辜者試圖阻遏另一場災難——另一次大屠殺——的勝利，而「救贖」的標誌就是，這一次猶太人贏了。

因此，以色列的勝利是被大屠殺神學家放在一場較早災難的脈絡裡加以歡慶的：一個被世界拋棄的無助民族如今隻手保障了自己的存續，並在一個新敵人的面前活了下來。當然，這種把歐洲歷史轉移到中東來的公式是全面的：只要巴勒斯坦的阿拉伯人和更廣大的阿拉伯世界一日企圖要扼殺猶太人在以色列的握權，他們在大屠殺神學家眼中就象徵著納粹戲劇的延續。一九六七年的以阿戰爭象徵著這齣戲劇轉換了地理的場景，但內在的場景卻是一樣的。讀那些寫成於緊接六日戰爭之後的神學作品，你會很鮮明覺察到它們正在告訴你：這一次希特勒輸了。

然而，張力仍然存在。就像苦難與握權的關係一樣，無辜與救贖的辯證關係依然問題多多。儘管歐洲和以色列猶太人的無辜如此明顯，但戰爭勝利的全部救贖特質仍然是捉摸不定的。大屠殺神學家強調，以色列並不是對大屠殺的彌補，而以色列的崛起也不代表歡欣已取代了苦難。就算以色列算是對大屠殺的一個回應，但它還不是答案。歐洲那場災難的恐怖仍然是謎樣的，而它所引起的問題仍有待回答。

在苦難與握權、無辜與救贖這兩組主題背後，是上帝這個困難的問題。大屠殺神學家都敢於大膽地發問：經歷了大屠殺以後，猶太人要怎樣與上帝相處？猶太人還可以相信一個容許這種災難發生的上帝嗎？有超過一百萬無辜猶太小孩被殺以後，猶太人還能信賴上帝嗎？對於這些問題，大屠殺神學家基本認爲它們是沒有確定答案的，所以猶太民族的宗教義務不能單單只是圍繞著對上帝的信仰打轉。相反地，應該把民族的生存放在首位，而因爲握權是生存之所繫，所以握權就披上了宗教色彩。

因此，大屠殺神學家提出的，是一種超越禱告、儀式和上帝確定性的宗教，並把該宗教放在猶太民族的歷史躍進中來思考（一九六七年後的以色列是這歷史躍進的體現者。就這樣，大屠殺神學家挑戰了拉比猶太教（rabbinic Judaism）那些規範性的宗教理想，並在最終取而代之，或是至少提供了拉比猶太教一個新的聚焦點。

第三組張力——亦即特殊性與正常化之間的張力——本就存在於前兩組觀念中，但卻隨著六日戰爭的後續發展而益發顯明。早在一九六七年，隨著猶太人以握權者的身份重登世界舞台，這種張力已被感受到。大屠殺神學家為這種權力確保了猶太人的存續性與獨立性而歡呼雀躍。儘管如此，他們仍主張六日戰爭代表一種意義「獨一無二」的勝利。

這種獨一無二性表現在幾個方面：首先是猶太人經歷了千迴百折的特殊歷史命運，然後是他們重返古代祖先的土地，特別是能夠再次進入耶路撒冷的老城和親近哭牆。能夠在歷經兩千年的放逐後再次與這些古代的猶太遺產和象徵連結，乃是猶太民族的特殊性的見證。因此，對大屠殺神學家來說，一九六七年以阿戰爭是一個特殊性的標誌，他們把以色列士兵形容為不情願的戰士、克制的征服者，就是為了突顯這種特殊性。

然而，由此也引生出正常化的問題：已經成為民族國家的以色列要採取何種權力形式，而它的權力又要怎樣發揮？大屠殺神學家並沒有把佔領約旦河西岸和迦薩地帶包括爲一九六七年奇蹟的一部份——或至少在作品中很少談到這種佔領。要到了一九八〇年代，當佔領顯然已經成了至少是以色列的半永久政策之後，當以色列對黎巴嫩的侵略已經成爲各國報紙的頭條之後，正常化的現實才變得難以迴避。

特殊性與正常化這組觀念的出現讓大屠殺神學家的陣營本身產生分裂。例如，威塞爾和法根海姆都大談「苦難／握權」和「無辜／救贖」的主題，但少有論及「特殊性／正常化」。換言之，他們都是以大屠殺爲出發點力主猶太人握權的需要，但主要的著眼點仍然是前者。

但葛林伯格卻看出了以色列的奇蹟已經成爲該思考的核心，而以色列超出該奇蹟的現實部份必須加以正視。我們也許可以說，葛林伯格在七〇和八〇年代既綜合了他之前的大屠殺神學家的觀點，又大膽超越了他們：基於猶太人已經掌握了權力的事實和他們揮舞權力的方式，他們不再是清白無辜的，而猶太人獲得權力的代價是變得愈來愈像其他國家與民族。在葛林伯格看來，猶太社群的這種正常化，大概是對猶太人來說最重要但又最難以接受的現實。可是猶太人必須接受這個現實，因爲如果對國家期望太高，繼續要求國家按先知規範（一種在猶太人無權無勢時候發展出來的規範）行事，將會威脅到以色列的生存，因爲沒有國家是可以在先知的理想標準下存活的。

大屠殺神學在二十世紀最後十年進入了它的最後發聲階段：從對猶太苦難一種深沈的、近乎詩性的吟詠，演變爲一種主張正常化的論述，指出不應該用衡量任何國家以外的標準去衡量以色列。然而，隨著大屠殺神學這種焦點的劇烈轉換，它的弱點也變得明明白白。

沒有一套大屠殺神學嘗試批判錫安主義的歷史或以色列國家政策。猶太異議份子極少被它們指名道姓提起，這些人的立場也極少被討論。因此，在大屠殺神學裡，猶太的異議傳統不見了，而可以從大屠殺記取的各種教訓不是被留在背景處，就是完全消失。大屠殺神學的強項也正是它的弱項：它的歷史觀是單一的，也因此是非歷史的。

但我們也不能忘了，就像所有神學家一樣，大屠殺神學家是綁手綁腳的，會被要求爲國家權力提供理據。因爲錫安主義要比大屠殺早出現很久，而以色列的建國又比大屠殺神學早出現很久，以致大屠殺神學從一開始就無可避免要爲某些既存在的東西背書。更重要的是，它完全無法控制甚至直接影響以色列的國家政策。

因此，大屠殺神學家也被要求和自感有責任去爲擺在他們面前的國家政策說明和辯護。毫無疑問，對大屠殺神學家來說，爲一九六七年以阿戰爭辯護要比爲黎巴嫩戰爭辯護容易，而爲黎巴嫩戰爭辯護又比爲殘酷鎮壓巴勒斯坦人的起義容易一點點。葛林伯格等人爲以色列的辯護是牽強的，而他們所呼籲的正常化在情緒被抗暴運動攪得洶湧的猶太人中間也愈來愈難找到聽衆。我們也許可以說，第一次巴勒斯坦人起義標誌著大屠殺神學的終結，因爲這種神學的起點，是爲一個受苦難的清白民族找出命運。②

猶太基本教義派正是在以大屠殺爲中軸而形成的身份認同中開始活躍起來的。六日戰爭甫一結束，已經站到了邊邊的猶太基本教義派就準備好要在以色列的未來扮演重要角色。在他們看來，如果說大屠殺是猶太歷史的低谷，那佔領耶路撒冷、佔領約旦河西岸，不就是救贖的開始嗎？猶太教的狂熱之士把全世界猶太人在六日戰爭後的興奮情緒和對耶路撒冷的佔領視爲「上帝的救贖近了」的標誌。

回返以色列的故土讓一些古代的猶太教主題被帶入當代意識中，這一點，清楚見於後來變得稀鬆平常的各種形式的宗教復興。珍妮特・阿維特（Janet Aviad）告訴了我們很多世俗猶太人回歸到正統派或新正統派猶太教的情形，這些被稱爲「回歸者」（*ba'alei-teshuvah*）的猶太人很多都是來自美國上層階級和中產階級。失落感和被疏離感讓他們起而尋找可以建立新生活的新基礎。他們很多人去到以色列，在猶太學校學習，讓自己的生活籠罩在一片宗教氛圍中。不管他們後來有沒有留在以色列，跟猶太教的古代象徵與土地接觸在在導致或強化了他們的新宗教熱忱。明顯的是，耶路撒冷的納粹屠殺紀念館（Yad Vashem）和各家猶太經學院（yeshiva）已經成為猶太復興的主要中心，以具象的方式提醒猶太人他們是一個過去經受苦難而如今得到握權的民族的一員。③

猶太基本教義派在以色列的復興，除了受到猶太民族的危機所刺激，也是受到古代神話與文本的出土，以及人們可以再次接近一些古代的猶太遺跡所刺激。也因為這樣，盧斯蒂克（Ian Lustick）把以色列在一九六七年的軍事勝利視為猶太歷史的一個危機點，因為它一方面讓以色列社會對一些最重要的問題的感情和意見陷於兩極化，另一方面催生了諸如「忠誠信仰集團」（Gush Emunim）之類的基本教義派運動。

在盧斯蒂克看來，本來以團結和親密無間著稱的以色列竟然會因為六日戰爭的勝利而被轉化為一個嚴重對立的社會，不能不說是一大諷刺。因為掀開了一些會引起激烈情緒反應和實際後果的問題，這場戰爭最終帶來的結果是對立而非統一。「熾烈的宗教情緒因為猶太人得以與古代猶太的心臟地帶重新接觸而燃燒起來」，讓細微差異與妥協少有存在的空間。正如盧斯蒂克指出的，經歷超過十八個世紀的冬眠後，「對彌賽亞的期望、好戰的政治行動、強烈的地域主義、為以色列土地的盡忠，還有羅馬時代奮銳黨（Zealots）④的自我犧牲精神——這些要素奇特地混合在一起，攫住了數以萬計的以色列猶太青年和幻滅卻持理想主義的世俗錫安主義者的想像力。」

猶太教基本教義派的語言充滿聖經指涉，以下就是一個例子：

> 驅遣我們起來的，是在約書亞與征服迦南那一代人心臟跳躍的誡律，是在大衛和所羅門及其世代心臟跳動的誡律，是上帝最初在其《托拉》中澄明宣示的聖言。我們的權柄來自我們志願為上帝而戰，因為我們回來以色列，只是為了實現《托拉》和神聖者的真正目的與命運……我們盼著真正的官方權威——猶太教公會和一個來自大衛家的受膏者——的完全復興。我們是由未來所哺育的，從未來，我們得到為後來世代而戰的權柄。⑤

盧斯蒂克指出，這些組織對以色列社會和政府的影響力遠超過它們人數合該擁有的影響力，而這主要是因爲他們很有決心去挑戰任何企圖從約旦河西岸和迦薩地帶撤出的政府的合法性。透過回顧猶太民族的古代榮耀和他們在這片土地所成就過的事，透過憧憬聖殿的重建和彌賽亞時代的來臨，透過以暴力達成這些目標的決心，猶太基本教義派成爲追求以色列和巴勒斯坦人之間和平與正義的一道障礙。

儘管喜歡用宗教性的修辭，但新的猶太屯墾者明白，他們的訴求對以色列和美國兩地的猶太圈（兩者都對宗教語言充滿戒心）不會有太大吸引力。所以，他們就把他們的運動說成爲幫助以色列站穩腳跟作的努力，而不是與以色列歷史的一個決裂。畢竟，以色列的建立就是透過一個屯墾的過程達成的。

以色列在六日戰爭中的擴張是這個過程的延續。那些不想要耶路撒冷與其週遭地區屯墾區分離開來的猶太人視以色列在戰爭中的勝利是必然的，也認爲馬上就可以透過談判確定這些地區的歸還。在這裡，有宗教性動機的人也在以色列政治的系統起作用，他們把新屯墾區觀念定位在猶太歷史和以色列國發展中的歷史脈絡裡。

訴求是可以在很多不同層次作出而無需涉及露骨宗教意識形態的不同成份的。一般以色列人會覺得擴張政策可以擴大他們的經濟和居住機會，而世俗的國家主義者則可以利用屯墾者的宗教激情達到他們建立一個大以色列國的願望。

一如以色列歷史上常見的，它用安全上的顧慮爲自己的擴張政策辯護：以色列太小了，難以自我防衛。對大部份以色列人來說，自以軍開進耶路撒冷老城那一刻開始，談判就已不可能了。難道這個猶太人歷史的象徵是可以歸還的嗎？

就這樣，宗教狂熱的力量在戰爭、佔領和追求擴張的國家政策這個更大的光譜裡被釋放了出來。不過，把以色列接下來幾十年的歷史解釋爲只是由（或主要由）

猶太基本教義派主導，則是見樹不見林。要解釋政治、意識形態與宗教在以色列的結合，需要一個比猶太基本教義派更廣闊的概念。

進步派的猶太宗教活躍人士萊納（Michael Lerner）曾經建議用「屯墾者猶太教」（Settler Judaism）一詞來指稱這個概念，因爲它可以涵蓋導致今日困境的以色列和美國猶太生活的各個層面。屯墾者猶太教把大屠殺的意象和身份認同，以及極右派、宗教基本教義派和自由派的政治取向共冶一爐，糅合成一個融貫的架構，而其包含的明言與未明言的情感對以色列和美國猶太生活的主導性正與日俱增。對於這種形同世界觀的觀念結合，萊納用鮮明的語言表述如下：

> 因為世界排斥我們，在大屠殺時期拋棄我們，又虛矯地用比譴責別人更尖銳的言詞譴責我們使用暴力，所以我們沒有必要按照普遍的道德律行事。約旦河西岸是上帝賜給我們的永恆遺產，我們有權為保有它而作任何必要之事。任何信賴巴勒斯坦人或假定他們有像猶太人的相同需要，是天真的，有可能會危害猶太民族。事實上，一些猶太同胞在呼籲以土地換取和平之時，已經背叛了我們。他們是叛徒，對我們未來的危害也許不亞於阿拉伯人。追求正義和愛人如己的責任只適用在我們猶太人同胞之間而不適

用於非猶太人，當然更不適用於巴勒斯坦人，又也許並不適用於那些鼓吹和平進程的猶太人。

萊納在結論裡指出，屯墾者猶太教乃是對「主導了大部份猶太歷史的那種講究道德與靈性的猶太教的強暴。」⑥

要分析屯墾者猶太教過去幾十年來的發展情況，我們可以從四個受關切和受爭論的地方開始：屯墾區本身（誰建造它們和誰住在裡面）；巴拉克對巴勒斯坦人的「慷慨」議和條件（這是以色列政府繼續涉入屯墾過程的一種證明）；夏隆對以巴問題所提的最終解決方案；大型猶太人社團在最近巴勒斯坦人起義期間對異議者的消音活動。

代之以深入探討屯墾者猶太教的詳細歷史，我將把焦點集中在後奧斯陸協議時期，也就是屯墾和佔領政策有望終結的時期。正如我們將會看到的，屯墾者猶太教今天還是活得好好的，甚至比從前任何時間更強壯。歷史地分析，它的力量是多方面的，以政治、政策和論述爲其核心。歷史地爲真的另一點是，以色列和美國兩地猶太人與美國的外交政策的結合，讓屯墾者猶太教可以欣欣向榮地邁入二十一世紀。

這是耶路撒冷的希伯來大學哲學教授毛爾高利特（Avishai Margalit）的觀點，他指出，約旦河西岸的猶太屯墾區分爲三個部份，或三條長條形地帶。

第一條屯墾地帶建於約旦河谷。它包含十五個屯墾區，是在六日戰爭之後和一九七三年十月的戰爭前不久陸續建成的。其開發者是傳統的勞工錫安主義者屯墾組織——集體農莊運動（Kibbutz movement）和私人家庭農場運動（Moshav movement）。

第二條地帶在約旦河谷的更西邊，由「忠誠信仰集團」先導。這些屯墾區是作爲反抗一九六七年的阿倫計畫（Allon Plan）的一種方式。阿倫計畫的目的是避免在約旦河西岸的巴勒斯坦人口中心附近建立屯墾區。對「忠誠信仰集團」來說，不在這些中心附近屯墾就意味著在未來的協議中讓出這些地方。有趣的是，這些宗教性的屯墾區有一些南轅北轍的盟友：既有認同於政治左翼的比金、夏米爾（Yitzhak Shamir）和夏隆，也有認同於自由派的裴瑞斯和達揚（Moshe Dayan）。保守派和自由派兩方的政治家都想要摧毀阿倫計畫，想要與約旦分享整個約旦河西岸的治權。

大部份屯墾者都是住在第三條地帶，它距離六日戰爭前的以色列邊界最近。這裡的屯墾者分爲三大類人：尋求更佳生活者，經濟拮据者和那些同時經濟拮据而又屬於極端正統派（ultra-Orthodox）的人。

誠如毛爾高利特指出的：「巴勒斯坦人最憂心忡忡的，是自一九九三年九月奧斯陸協議簽訂以來，屯墾者的人口以及房屋數目已經增加超過五〇％。」確實，以色列的統計數字顯示，自一九九三年起，迦薩地帶和約旦河西岸的屯墾者以每年約八%的速率增加，至二〇〇〇年九月第二次抗暴運動爆發爲止，屯墾者已經從原來的十一萬六千人增加到超過二十萬人。如果把耶路撒冷（自六日戰爭以後就爲以色列所兼併）的猶太人也算進來，則屯墾者的數目還要再增加二十一萬人。⑦

二〇〇〇年夏天，巴拉克在大衛營向巴勒斯坦人所提的談判條件，也應該從這個脈絡來加以分析。巴拉克的建議常常被形容爲「慷慨」，但這種慷慨性是經不起分析的。不但沒有新鮮內容，巴拉克的建議反而是一九六七年以來以色列一貫政策的延續。

哈佛大學中東研究中心副研究員莎拉・羅伊（Sara Roy）在一篇論文裡對巴拉克的建議作出了分析。她指出，當大衛營高峰會議於二〇〇〇年七月舉行時，有好幾件事情正在同時發生：

・以色列繼續在迦薩地帶和約旦河西岸徵收阿拉伯人的土地。
・以色列加速擴張既有的屯墾區，又在新徵收的阿拉伯土地上建設新的屯墾區。
・十年內屯墾者人口增加了近一倍，達到二十萬人。這些人都是有武裝的，對巴勒斯坦人充滿敵意，擁有行動自由和各種以色列公民的特權。

‧迦薩地帶和約旦河西岸被切割為一些互不相連的地區，由以色列控制，而這是奧斯陸協議條款的直接後果。

‧以色列在徵收的土地上開闢了兩百五十英里南北和東西走向的繞越道路（by-pass roads）。這進一步把巴勒斯坦人的地區切割化和包圍化，而據國際特赦組織估計，共有兩百七十七片土地被割裂了開來。

‧圈禁政策的制度化，有時會完全禁止阿拉伯人人身與貨物的移動。圈禁政策的始作俑者是奧斯陸協議，它讓巴勒斯坦的經濟體難以運作甚至不可能運作。

‧以色列在整個約旦河西岸構築了數以百計的檢查站和路障，以控制和進一步收縮巴勒斯坦人的行動自由。

莎拉繼而指出：

在二〇〇〇年的政府預算中，巴拉克撥出六百五十萬美元供修築繞越道路之用，撥出三千萬美元供屯墾區的擴張，撥出五千一百萬美元供徵收作其他用途的巴勒斯坦土地。根據以色列團體「馬上和平」（Peace Now）指出，巴拉克政府的撥款足供建築三千五百七十五棟屯墾區房屋，並已承諾在二〇〇一年的政府預算中把對屯墾區的撥款增加為五億美元。根據以色列房屋部的官方數據，巴拉克政府在二〇〇〇年著手興建一九四三棟房屋，這個數字，比一九九二年以來的任何一年都要高。在二〇〇〇年的最後三個月，隨著阿克薩抗暴運動的白熱化，巴拉克政府開始著手興建九五四棟房屋，而一九九九年同期則只有三六八棟。

對於巴拉克在大衛營的建議，莎拉認爲它們缺乏以下的關鍵元素：連貫性的土地、界定清楚和有功能性的邊界、政治與經濟主權，以及巴勒斯坦的基本建國權。巴拉克的條件完全談不上慷慨，它們只是用稀薄的僞裝來掩飾以色列永久佔領耶路撒冷和迦薩地帶的企圖。在莎拉看來，這個問題的產生要遠早於巴拉克的上台，因爲佔領政策的維持乃是奧斯陸協議的基石。

比莎拉對巴拉克建議的政治與經濟分析更具殺傷力的是，她對阿克薩抗暴運動期間巴勒斯坦地區慘況的目擊報導。她指出，一九九三年奧斯陸協議簽署不久後她到巴勒斯坦地區造訪時，人們一片歡欣鼓舞氣氛，反觀現在情景迥然不同。……在對上一次起義的六年間，共有一萬八千名巴勒斯坦人受傷。但這一次，起義才開始四個月，就有超過一萬一千名巴勒斯坦人受傷。巴勒斯坦人的土地已經枯萎，人們沒有希望，充滿憤怒，兒童沒有童年可言。走訪迦薩地帶和約旦河西岸期間，我看到數百英畝農田被剷平：果園和灌溉系統被摧毀，大樹（有些有幾百年歷史）被推倒，肥沃的土地被以軍的推土機弄得一片荒涼。我看見以色列坦克和阿帕契直昇機攻擊過的民房一片焦黑，人去樓空；它們的部份牆壁被炸，居民或死或散。我走訪過一些難民營的房子，它們的牆壁、天花板和家具都滿佈彈孔。

莎拉也在巴勒斯坦人身上看到一種顯著不同於以往的舉止和情緒：

> 小孩問我要的不再是巧克力而是食物。他們給我看他們收集的子彈殼，而他們媽媽則給我看她們在住家四周用塑膠袋收集到的砲彈碎片。一個住在難民營裡的老人家向我描述他家人受攻擊的情形時，忍不住掉淚，因為氣憤而幾乎喘不過氣。他太太帶我去看他們的臥室。臥室外牆面對著一個以

色列屯墾區和一個以色列前哨陣地。「我們之所以還活著，」她告訴我，「只是因為他們開始射擊時我們正巧是睡在地板上。」臥室牆壁上有二十個彈孔，衣櫃上有兩個。⑧

夏隆接任總理後，並沒有改弦更張，而是繼續沿襲巴拉克的政策。一如《紐約時報》指出的，夏隆對屯墾區的態度和他以前的態度是一貫的，也和他前任的歷屆以色列政府一貫。

據《紐約時報》的報導，夏隆想在約旦河西岸保留兩個安全區。這兩個安全區是兩片南北走向的長條形土地，可以「像一把梯子的兩邊那樣夾住巴勒斯坦人的地區」。位於西面的安全區（寬三到六英里）與約旦河西岸的邊緣平行，夏隆在二十多年前就已經希望建立屯墾區。另一個安全區會穿過就在約旦河西邊的那個裂谷。這個區面對約旦和它更過去的伊拉克，將會寬九至十二英里。兩個安全區之間有一些以色列人專用的道路連接，它們被《紐約時報》形容爲「梯子的梯級」。這個梯子的功能如下：「這個以色列的安全系統不但會一片片吞食阿拉法特先生期望統治的土地，還會把巴勒斯坦國的不同地區分隔開。」⑨

一九九三年奧斯陸協議設計者之一的蓬達克（Ron Pundak）道出了巴勒斯坦人的

驚恐：「他們怕的是以色列假藉一個過渡性協議在土地上製造一些既成事實，把過渡性的安排轉化爲永久性的安排。」但蓬達克的擔心洩露了他的天眞無知：他所說的「土地上的既成事實」，業已透過多年來的協議、起義和休戰協定建立了起來。要達成一個巴勒斯坦人可接受的新協議，不啻是要以色列作出重大讓步。但什麼樣的力量可以迫使以色列作出這樣的讓步呢？⑩

除少數例外，美國的猶太人團體都致力要保護以色列的形象，粉飾以色列大肆鎮壓巴勒斯坦人抵抗的事實。阿克薩抗暴運動開始後，美國的猶太人團體就在各大報花錢刊登全版的文宣，呼籲猶太人團結同心，無條件支持以色列。

這種文宣的一個例子出現在《紐約時報》，原文如下：「聽仔細。你們要嘛可以坐在家裡，靜靜擔心『局勢』。要嘛可以選擇站起來，與以色列肩併肩，大聲說出心裡話。請前來參加**支持以色列的團結大遊行**。」其標語是：「永遠與**今日的色列**」。贊助者包括了以下團體：聯合猶太協會、北美猶太聯盟、紐約UJA聯合會、主要猶太組織主席會議、猶太公共事務協會、美國拉比中央會議、猶太重建聯合會、拉比大會、美國希伯來會衆聯會、美國正統派猶太會衆聯會、保守派猶太教聯合會堂。毫不讓人驚訝的，這個盛會的榮譽主席乃是威塞爾。⑪

在二〇〇〇年十月一個類似的集會中（當時阿克薩抗暴運動已經進行了一個多

月），威塞爾對柯林頓總統作出呼籲。他說，以色列當前的危機是「被強加於她的」，是阿拉法特「固執不讓步」的結果。威塞爾把自己定位爲拒絕「仇恨與狂熱」的人。他說，到最後，任何認爲和平是「最高貴追求」的人都會別無選擇，認清阿拉法特是「無知、邪惡和不值得信任的」，不然，阿拉法特怎麼可能會拒絕巴拉克「史無前例的慷慨領土讓步」？「我指控他道德軟弱，政治上目光短淺，是和平的一個障礙。」威塞爾說，「我指控他謀殺了一整代人對和平的希望——我們這邊和他們那邊的一整代人。」⑫

但威塞爾眞正引人感興趣的是他**沒有**說的話，或是他絕口未提的話。他完全沒有提以巴「地圖」。在威塞爾的論述裡，屯墾區是不存在的，巴克拉計畫興建的繞越道路與安全區也是不存在的。威塞爾是有提到猶太人對耶路撒冷的感情，但他的說明與其說是闡明了政治實質，不如說是把事情神話化：「在以色列的主權下，基督徒、猶太人和穆斯林都同樣可以不帶恐懼地在耶路撒冷做禮拜。」耶路撒冷是「我們的首都」，是猶太人歷史的中心。「一個猶太人可以住得離耶路撒冷很遠，但心中卻不會沒有耶路撒冷。因爲儘管他沒有住在耶路撒冷，但耶路撒冷卻住在他裡面。」

他隻字未提以色列企圖要把巴勒斯坦人趕出耶路撒冷和重構整個耶路撒冷（特

別是老城）的計畫。巴勒斯坦人和穆斯林對耶路撒冷有著與猶太人同樣強烈的感情，威塞爾也略而未提。同樣地，對於耶路撒冷作爲以巴雙方聯合首都的可能性（這是巴勒斯坦人和以色列內外不少猶太人的願景），也被他略過了。

事實上，就像凱西恩（Amir Chesin）、胡特曼（Bill Hutman）和梅拉梅德（Avi Melamed）合著的《隔離與不平等：以色列統治東耶路撒冷的內幕》（*Separate and Unequal: The Inside Story of Israeli Rule in East Jerusalem*）一書所指出，以色列一貫政策都是否定巴勒斯坦人和穆斯林對耶路撒冷的主權要求，並在暗地裡把耶路撒冷轉化爲一個猶太城市。這種轉化自六日戰爭結束就開始，以色列當局心照不宣地認定，不管別人怎樣主張，誰控制著耶路撒冷誰就有權決定它的命運。

這個政策由一體的兩面構成：一是迅速提高東耶路撒冷的猶太人人口，一是壓抑巴勒斯坦人的人口增加，甚至強迫他們離開這座城市。《內幕》一書指出，這個政策極爲成功：「〔它〕讓大部份東耶路撒冷阿拉伯人的生活陷於悲慘，他們很多人寧願選擇離開。與此同時，猶太人則數以萬計地遷進東耶路撒冷。」在一九九六年，一共有十五萬七千名猶太人住在東耶路撒冷（其後更是急速增加），與住在那裡的十七萬一千名巴勒斯坦人幾乎旗鼓相當。⑬

再一次，以色列披著清白無辜的斗篷推行這個政策。「在世人面前，以色列把自己裝扮爲一個麻煩多多的城市的開明統治者，」《內幕》寫道，「但實際上，固守它對耶路撒冷的主權乃是以色列追求成爲猶太國家的邏輯目標。在這個目標下，耶城的非猶太人居民受盡了罪。」一九六五至一九九三年間的耶路撒冷市長柯勒克（Teddy Kollek）常常告訴聽衆，正是拜以色列的統治所賜，耶路撒冷才得以從窮鄉僻壤變成欣欣向榮的大都會，而它的所有居民都同時從以色列的開明統治中受惠。他喜歡拿出一些文化與藝術中心的興建計畫來炫耀，一如喜歡拿出一些歷史古蹟的保存和修復成果來吹噓。

另外，柯勒克也對國際聽衆津津樂道一些促進猶太人與巴勒斯坦人相互尊重和寬容的計畫。這一套對來自美國的猶太聽衆特別受用，因爲他們在自己的國家常常要爲爭取平等而戰，且深深感受到黑人與白人間的巨大不平等。

遺憾的是，這幅圖像離事實很遠，離以色列政策的出發點也很遠。《內幕》指出，柯勒克呈現的自由派畫面，乃至以色列所呈現它是如何統治耶路撒冷的整個畫面，都是騙人的：「不要相信美好的宣傳——不要相信自一九六七年兼併耶路撒冷以來以色列企圖呈現在世人面前的畫面。以色列對待巴勒斯坦人的方式糟透了。以色列的一貫政策是強行把他們趕出家園，奪走他們的土地，與此同時又對他們撒謊，欺騙他們和世人以色列此舉動機崇高。」⑭

《內幕》的三位作者理應都是熟知內情的人，因爲他們都是有政治專業或新聞專業的以色列猶太人。凱西恩是退伍的以色列陸軍上校，當過阿拉伯社群事務（Arab Community Affairs）的資深顧問和柯勒克的助理。胡特曼是《耶路撒冷郵報》（*Jerusalem Post*）的記者。梅拉梅德是柯勒克繼任人歐莫特的阿拉伯事務顧問。

以色列《國土報》前資深主編暨《耶路撒冷：記憶的戰場》（*Jerusalem: Battleground of Memory*）一書作者埃隆（Amso Elon）認爲，以色列對耶路撒冷的絕對主權宣稱是令人懷疑的。當現任市長歐莫特被一個記者問到，耶路撒冷阿拉伯人區的城市建設怎麼如此貧乏時，歐莫特回答說耶路撒冷只有一個，那就是猶太人的耶路撒冷。夏隆就像其前任的所有以色列總理一樣，稱耶路撒冷爲「以色列永恆而不可分割的首都」。這個耶路撒冷的定義是一九八〇年代比金在總理任內所揭櫫，當時，採訪他的埃隆問，他是不是認爲「永恆」可以靠立法規定？比金的回答相當有說明性：「在這個個案中可以，而且必須如此。」比金繼續說：「我們古代榮光的殘餘可以在那裡（耶路撒冷）看得到。我們要在我們的時代把它復興過來。」當被進一步問到，耶路撒冷的地位問題是不是應該留給以巴談判去解決時，比金尖銳地回答說：「耶路撒冷永不會是談判項目！」埃隆形容，比金講到「永恆而不可分割」幾個字時，聲音「神迷恍惚，宛如念咒。」⑮

但誠如埃隆指出的，「只有一個耶路撒冷」這種神學理論飽受耶路撒冷是一個分裂城市的事實所苦惱。多年以來，耶路撒冷凡事都是二而不是一：有兩個市中心、兩個商業中心、兩套大衆運輸系統、兩組高壓輸電網、兩個社會與文化生活系統。柯勒克曾形容耶路撒冷爲一幅「馬賽克」，但埃隆認爲，每幅馬賽克都有一定程度的和諧性，但「統一的」耶路撒冷卻看不到這種和諧性。

這種分裂反映出一種歧視模式和一道「深邃的裂縫」。儘管許多人提出警告，說這道裂縫將會同時危及猶太人和巴勒斯坦人兩者的未來，但它還是繼續加深。埃隆懷疑，巴拉克對耶路撒冷的「古怪」建議只是爲了讓巴勒斯坦人同意接受對耶路撒冷某些地區只擁有「功能性」的主權而不是政治主權。他懷疑巴拉克所說的「分享」一語不具實質，又特別懷疑「歸屬在上帝手中的主權」一語別有用心。

就連人們在耶路撒冷有崇拜自由這個宣稱也是可疑的。自從奧斯陸協議簽訂以來，大多數耶路撒冷之外的巴勒斯坦人行動自由都受到限制。在這些威塞爾的演講沒有提的限制下，巴勒斯坦人到阿克薩清眞寺做禮拜的可能性大爲減小。

九一一恐怖攻擊發生後，威塞爾就此事爲《猶太週刊》（*Jewish Week*）寫了一篇短文。就像很多猶太人一樣，他在文中表示爲死難者哀悼，又感謝那些努力進行搶救的人。威塞爾說，他從這悲劇得到的教訓也應該是所有美國人應該銘記的教訓。

「當美國人忙著點算死亡人數和努力應付打擊我們城市這個巨大悲劇時，巴勒斯坦人正在振臂歡呼。他們對空鳴槍，驕傲地喊出他們的快樂。」威塞爾寫道。「波斯灣戰爭的時候，他們也是這個樣子。當飛毛腿飛彈落在台拉維夫時，巴勒斯坦人爭相爬上屋頂，要一睹這個讓他們快樂的事實。」在威塞爾看來，事實愈來愈明顯：「以色列的敵人也同時是西方國家的敵人。」他以這個提問結束文章：「世人現在是不是更能體會，當以色列人看到自己父母子女被自殺炸彈客炸死時，是什麼樣的心情？」⑯

再一次，這篇文章引人深思之處是它沒有寫和略過不提的部份。巴勒斯坦人為九一一攻擊「振臂歡呼」這事情在全世界報紙都受到爭論，也在巴勒斯坦人中間受到爭論。與此同時，威塞爾卻隻字未提以色列用來攻擊巴勒斯坦地區的武裝直昇機和戰鬥機是美國製造的。有鑑於美國外交政策的偏頗，「美國的敵人」對美國的憤恨說不定是具有正當性的，但這一點卻不可能存在於威塞爾的修辭裡。

我們眞的可以輕易在撞向世貿中心的飛機和巴勒斯坦的自殺炸彈客之間劃上等號嗎？巴勒斯坦的自殺炸彈客——至少是那些來自沒有武裝的佔領區——眞的可以與以色列的武裝直昇機等量齊觀嗎？如果譴責弱者的恐怖主義在道德上是站得住腳的話，那譴責其他形式的恐怖主義——包括由國家發動的恐怖主義——不也是威塞爾的道德責任嗎？

君士坦丁式猶太教的來臨

屯墾者猶太教是一種軍事化的猶太教。軍事化的猶太教就是在宗教、政治和論述層面給猶太世界加以軍事化。以色列和美國兩地的以色列論述，其高明處在於把猶太人在歷史上的弱勢說成今日的弱勢，在於把任何對以色列佔領的反抗說成是一種消滅猶太人的企圖。

一種軍事化的猶太教與猶太生活乃是一種君士坦丁式猶太教，它讓以色列和美國兩地的猶太人活力、創造性、財富和政治權力都集結起來為國家服務。再一次，「基本教義派」這個詞是不足以形容這種現象的。因為事實上，聯合在一起的力量包括了一種好戰的宗教正統派、由自由派和保守派分享的政治權力，以及一套以倫理道德為訴求但卻缺乏細節和「地圖」的自由派論述。

當然，君士坦丁主義是由基督宗教開先河的。自公元四世紀起，基督宗教從一個邊緣性宗教運動一躍為一種由國家撐腰的宗教。君士坦丁大帝（Emperor Constantine）在位期間，基督宗教可以在整個帝國境內自由活動——至少是可以自由宣傳它的宗教遠景。

基督宗教也同時被迫爲國家的行爲背書。在這個過程中，特別是在殖民主義與帝國主義期間，基督宗教成爲一種全球性的宗教。它也成爲合理化暴力的專家，屢屢爲兇殘背書。與此同時，一種軍事化的基督宗教也壓迫其他形式的基督宗教，特別是壓迫那些反對帝國權力和拒絕附麗於權力的基督宗教。猶太人同樣受到迫害、貶損，而通向奧斯威辛的漫漫折磨長路也於焉展開。⑰

相對於今天許多基督徒避之唯恐不及的君士坦丁式基督宗教，君士坦丁式猶太教是較新的東西，其規模也較小。在其中，某些形式的猶太教和猶太生活被認爲是「信實的」，而那些不願意報效國家和權力的猶太人則被認定是「不信實」的，並會受到猶太人建制的迫害。

但凡質疑君士坦丁式猶太教的人都會被指控爲軟弱、拒絕爲猶太人挺身、自甘同化於更廣大的非猶太世界。但那些抗拒軍事化猶太教和猶太生活的人卻看到了另一種同化：向建制同化，向國家與權力同化。在這一點上，君士坦丁式伊斯蘭教與君士坦丁式基督宗教或君士坦丁式猶太教並無多大不同。

視猶太教、基督宗教和伊斯蘭教的基本教義派爲一個樣子，並視它們爲中東問題的根源——這樣的觀點必須加以重新檢討和拓寬。在行動和生活上，軍事化宗教的很多層面都是一樣的，然而，每一個軍事化宗教在各自社群、社會與國家中的位置，還有這些社群、社會與國家之間在地位與權力上的相互關係，卻是我們不可忽略的。

因此，對於身處強勢美國的猶太教和基督宗教，我們應該有不同於對身處弱勢的中東之伊斯蘭教的理解。儘管它們邁向君士坦丁主義的趨勢是一樣的，但它們各自所處的現實的差異卻使一切變得大不相同。同樣的情形也適用於三個宗教內部對君士坦丁主義的抵抗。脈絡對正確的理解是不可少的。

真正該做的不是去貼基本教義派的標籤，而是對權力與宗教作出批判性的分析，再進而打破暴力和兇殘的循環。軍事化的政治無疑會帶來軍事化的宗教情感。它們在歷史上一直是攜手並進的。然而，同樣無疑的是，一個去軍事化的政治情境也會帶來去軍事化的宗教情感。我們的期望是走出怨尤，用一種對地圖、政治、宗教和論述的批判性分析，去改變那會帶來壓迫和死亡的情境張力。

要達到這個目的，又有哪裡是比耶路撒冷更好的起點？如果我們是用抽象的方式去談論耶路撒冷（不管說它是猶太教或伊斯蘭教的中心，還是說它是猶太人或巴勒斯坦人唯一的永恆首都），那麼，在耶路撒冷進行政治和宗教上的動員都是首要之務。這一點，對勝利者（目前是以色列人）和戰敗者（目前是巴勒斯坦人）來說同樣爲眞。⑱

即使勝利者與失敗者易位，情形還是如此。另外，在一個猶太人和巴勒斯坦人人口幾乎相當的城市裡宣稱勝利或失敗都只是一種錯覺。動員必須持續進行。一種永久的佔領必須施行和合理化。一些奠基於歷史或宗教的主張會被大吹大擂，讓兩個人口的尋常需要受到壓縮。做禮拜的自由會被大肆宣揚，以掩飾人們在政治、個人與文化權利方面被剝削的事實。儘管反抗會被勝利者定義爲恐怖主義，但對政治不義的反抗仍然會持續不輟。

但如果我們把耶路撒冷視爲以色列和巴勒斯坦之間地理、政治、文化和宗教的中線，視爲一個被歷史的暴力循環所破碎開的城市，那麼，一個對耶路撒冷的新主張就可以提出。這個新主張要求給予猶太人與巴勒斯坦人同樣的尊嚴與過正常生活的權利。

把耶路撒冷視爲一條破碎中線（broken middle），意味著由兩個民族分享同一個城市——一個在歷史上被三種宗教分享過的城市。在這種情況下，主權是共享的，人們是眞正生活在一起的，而各種歷史和宗教造成的問題會在共享生活的具體眞實上慢慢被拆解。隨著教育、安全、生態、住屋和管理問題躍居舞台的中央，象徵體系將會失色。

在這件事情上，宗教也會被召喚扮演一個角色。就像在暴力的循環中，宗教是重要的，因爲它可以爲政治上的主張或反主張背書。這時候，軍事化會成爲過去式，而猶太教和伊斯蘭教的君士坦丁主義會被丟棄。相反地，應該強調每個宗教主張和諧、和平、正義與包容的一面。這樣，基本教義派就會開始失去它的力量甚至重要性，而宗教價值的軍事化也會失去它的聽衆。我們這裡的假設是，宗教多少會適時回應其信徒的需要和憧憬。當正常生活和安全在望的時候，宗教就會去促進這個過程——一如當社會軍事化的時候，宗教會助長軍事化的過程。

承認耶路撒冷是以巴的破碎中線，意味著今日的以巴地圖（其中包含一個從台拉維夫延伸到約旦河的以色列國和兩群處於它控制下的巴勒斯坦餘民）必須要面對、對抗。它也意味著以色列和全世界的猶太人必須承擔義務，把這幅地圖改變爲一幅平等的地圖：要不是促使以色列退回到一九六七年以前的邊界，答應與一個新建立的巴勒斯坦國共享耶路撒冷，就是致力發展爲一個兩民族並存的單一國家，其國民不分種族與宗教皆享有充分的公民權。這樣做，再加上承認對巴勒斯坦人所犯的歷史錯誤，將可把中東從不義和兇殘的危機四伏狀態，推向正義、康復和充滿希望的狀態。

是不是做得到這一點，能不能解開身份認同的結攸關緊要。在暴力與兇殘的循環中，身份認同變得就像宗教認同一樣重要。它對勝利者或戰敗者一樣關鍵，因爲它讓勝利者可以繼續動員，也可以保護失敗者，讓他們不致於完全喪失士氣。這正是基本教義派可以紮根之處。身份認同是被凍結的，被視爲一種由古代流傳到今天的東西。但它事實是相當現代的東西，因著勝利和失敗的脈絡應運而生。

所有身份認同都會指向古代，另一方面又是徹頭徹尾的現代。事實上，所有身份認同的宣稱總是現在的、脈絡化和發展中的。以色列和巴勒斯坦人的身份認同明顯都是過去一世紀以來生根和發展出來的，他們對猶太教和伊斯蘭教的理解亦復如是。

更精確地說，猶太教／以色列的認同感與伊斯蘭教／巴勒斯坦人的認同感本來就是一起發展出來的，是在互相對抗中發展出來。我們也許可以說，因爲依賴於同一片土地和自然資源，加上文化人口與文化的相混雜，他們的宗教情感亦不知不覺地彼此滲透。隨著君士坦丁式猶太教被發展出來，一種軍事化的伊斯蘭教亦被發展了出來。

但如果我們把猶太教和伊斯蘭教、把以色列人和巴勒斯坦人的身份認同看成是更複雜、會演化、會互相滲透的話，情形又會是如何？以色列人和巴勒斯坦人事實上要比我們所以爲的複雜許多。其中一些造成複雜性的因素如下：猶太人、穆斯林、德魯茲人（Druze）、基督徒是混處的；猶太人和巴勒斯坦的僑民精力充沛，經常往返以色列／巴勒斯坦；美國和阿拉伯世界的影響力源源不絕；以色列／巴勒斯坦以外地區的經貿和文化影響力持續對這地區起作用。

當然，身份認同總是在演化中。唯一的問題只是這種身份認同正朝哪一個方向演化。基本教義派主要是一種凍結身份認同的企圖，只不過，就像清白無辜的偽裝一樣，它只是對不斷變遷的一種掩飾。從君士坦丁式猶太教和伊斯蘭基本教義派使用現代科技、國家權力甚至恐怖武器這些特徵來說，它們其實是徹頭徹尾現代的東西。

最終來說，需要奮鬥的目標是在我們時代的脈絡追求一種身份認同的深度。隨著肯定耶路撒冷是「破碎中線」和宗教上的去軍事化，身份認同的形成就成了一件有可選擇性與有奮鬥餘地的事。脈絡本身具有很大的重要性。對猶太人和巴勒斯坦人來說，在作為「破碎中線」的耶路撒冷所形成的身份認同，將迥異於今日在一個「統一」和掩蓋著不義的耶路撒冷中所見。⑱

原住民的權利、公民權與新耶路撒冷

過去幾十年一直有人力主把猶太人和巴勒斯坦人分隔爲兩個國家。基於戰略、實際與道德考量，這一類主張受到從溫和派到自由派的猶太人和巴勒斯坦人支持，認爲它兼顧了原住民（巴勒斯坦人）和壓迫者（猶太人）的權利。⑲

但是，兩國家解決方案本來就是說易行難，而過去十年來的局勢變化亦已使得這樣的方案行不通。如果把以下這些現實考慮進來——也就是以色列的邊界已經從台拉維夫延伸到約旦河，有兩百萬巴勒斯坦人住在以色列國境內，有兩群巴勒斯坦餘民住在被以色列包圍的地區，有爲數龐大的巴勒斯坦難民聲稱對以色列邊界內的地區擁有主權——兩國家解決方案益發顯得是沒有實質內容的口號。⑳

在巴勒斯坦原住民和以色列猶太人都宣稱他們擁有土地主權的情況下，他們的未來會是如何？難道沒有超越相互排斥主權聲明或只是武力相向之外的方法嗎？要到什麼時候，依原住民權利而提出的要求和依歷史權利和受苦難民族權利而提出的要求，會讓渡給一種既不忘過去而又關懷未來的新安排？公民權重要性的彰顯，是不是可以爲原住民和屯墾者雙方不同利益的實現鋪造出康莊大道？

原住民的普遍處境和巴勒斯坦人的特殊處境，讓公民權意義的問題獲得了最大的重要性。公民權在現時代意味著些什麼？公民權在現代國家裡的角色何在？它可以提供什麼樣的保護？公民身份可以培養出德行和正義嗎？宗教和文化價值觀會影響到人們對公民權的見解和追求嗎？公民權的觀念與實踐可以克服不義和兇殘的循環嗎？公民權可以提供身份認同自由演化的載具嗎？

全世界的原住民現在都身處民族國家、經濟全球化和現代化這個更大的架構裡。原住民常常飽受很多力量的圍困，其中包括了現代化、資本主義和一些擴張中的世界性宗教（如基督宗教與伊斯蘭教）。

因此，一度以武力征服和外國統治爲特徵的殖民主義，現已爲另一種殖民主義所取代。這種新的殖民主義由一種無休止追求現代化的情感領軍，由服務於全球和地方菁英的國家結構、經濟體與宗教所強加，其後果往往是帶來流離與摧毀：包括土地和聖地的剝奪、文化與傳統的剷除，以及語言與儀式的消滅。

這個流離與摧毀的過程進行迄今已經至少五百年了。歐洲的興起與其後的擴張，以及基督宗教的全球化，可以回溯到南北美洲「被發現」的時候。伊斯蘭教的全球化同樣有它的擴張史——已經進行了多個世紀，迄今還在持續中。在它們身上，我們看到一些植根中東的地方性宗教如何超越了自己的地方性。同樣的情形也見於其他的世界性宗教（如佛教和印度教）。

然而，在另一個意義下，帶有自己特殊根源與象徵系統的地方性宗教又是從另一些地方性宗教蛻變出來的。基督宗教與伊斯蘭教的誕生就像猶太教的誕生一樣，來自於對一些部落宗教與象徵系統的獨特糅合，而這些部落宗教在它們盛行當日，也是互相鬥爭的。㉑

其中一種看待古以色列人的歷史的方式，是視之爲一個篩選部落特殊性，邁向「更高級」的一神信仰與倫理價值體系的歷程。另一看待這歷史的方式是視之爲摧毀各部落分殊信仰與價值系統的過程。

從這個制高點看，一神論宗教（猶太教、基督宗教和伊斯蘭教）乃是誕生於暴力循環中的，然後，這暴力循環會發生在同一宗教裡面，最後則是發生這些宗教彼此之間。基督宗教、猶太教和伊斯蘭教內部的戰爭，以致三教彼此間的戰爭，一直持續到今天。歷史回顧表明，猶太教、基督宗教和伊斯蘭教主流論述的勝利都是透過打壓原住民的文化和宗教得來的，有時甚至是透過攻擊迫害原住民的人身而得來的——這樣的事，在今天還可以看到。㉒

這裡值得我們注意的是，一神論宗教的本土性格其實並不是眞正那麼本土。這一點不是也適用於「原住民」的身份本身嗎？沒有任何「原住民」會是一片土地的「原來」住民。任何原住民都是有一段歷史的（包括遷入與通婚的歷史），而他們的文化與宗教情感乃是歷經一段時間演化出來的產物。他們今天固然受到壓迫，但他們更早期說不定也曾把壓迫加諸他人身上。很少歷史是清白無辜的，而殖民主義也絕不只是某些種族或宗教群體獨有的特質。

因為所有人群與其週遭人群互動的歷史總是複雜的，所以沒有歷史是清白無辜的，但這一點並不表示當前的征服者可以卸除對被他們宰制者的責任。即便侵略與殖民的循環是歷史的主流，我們仍不應坐任這個循環在當代世界裡維持下去。

儘管如此，那些呼籲保存原住民文化的努力卻不太可能會獲得成功。相反地，明白了原住民文化的複雜性，意味我們應該把殖民者與原住民的文化視為可以在互動中產生豐碩成果的東西。在這種互動中，兩種文化都會發生變化。在未來，它們將不會以現在的樣式存在，而兩者都會進入一個超越現在的新空間。

巴勒斯坦人與以色列猶太人的例子以一種獨特的方式說明了殖民者／原住民這個架構的複雜性。與新近遷入以巴地區的歐洲猶太人相比，巴勒斯坦人可以被視為該土地的原住者。然而在歷史上，巴勒斯坦人卻是一個成份複雜多變的群體，其中不只包含猶太人，還包含許多族群和社群，有古代的，有現代的。巴勒斯坦人在歷史上的身份認同一直不斷變化，而過去幾千年來，巴勒斯坦曾經歷過的殖民可說是一波接一波。今日出現在以色列、耶路撒冷、約旦河西岸和迦薩地帶的土地鬥爭，只是一場曾有許多角色參與過的鬥爭之延續。

從某些方面看，這場發生在巴勒斯坦的現代鬥爭是難以紓解的，但如果歷史可以為鑒的話，那目前的局面在不久的未來將會讓位給一種新的安排。**今天發生在以巴地區的鬥爭，追隨的是一種侵略與殖民、勝利與失敗的古老模式，然而，整合和身份演化的模式亦可以從中預見。**這場鬥爭不是發生在外來者（以色列的猶太人）與原住者（巴勒斯坦人）之間，而是發生在屯墾者（有歐洲或北非背景的猶太人）與在二十世紀被趕離自己土地的巴勒斯坦人之間（這些巴勒斯坦人大部份都是追隨中東伊斯蘭教和基督宗教的文化模式和鄂圖曼帝國與英國殖民統治的政治模式）。㉓

巴勒斯坦人中間晚至一九四〇年代還包含著猶太人這個事實，對我們的討論相當重要。其實還不只包含了猶太人。耶路撒冷最古老的城區當時乃至今日都住著亞美尼亞人和摩洛哥人。這意味著，儘管這些年來的政治發展起著分裂作用，卻不是不可逆轉的。猶太人在巴勒斯坦的歷史悠久，而在不同的歷史點上，他們同樣可以被視為原住民。㉔

一旦明白了原住民與殖民者身份會因時而異，我們就能看出，部份猶太人提出的以下主張並沒有太離譜：構成以色列國的那些屯墾區不過是代表猶太人回返他們所源出的土地。**但這絕不等於承認另一些猶太人所宣稱的，就因為這片土地一千年前有猶太人住過，所以他們是其主權的唯一擁有者。二十世紀猶太屯墾區的罪不在於渴望或需要空間和某種形式的自治，而在它們把居住在這片土地上的巴勒斯坦人連根拔起和百般壓迫。**承認猶太人只是回到他們源出的土地開啓了妥協折衷的可能性，讓現實環境可以朝一個和平正義的新形貌調整。

現在需要的不是把過去五十年的歷史反轉過來（這是不可能的），而是把最近發生在歐洲和中東的歷史視爲是一時和暫時的。就像從前的時代一樣，殖民者經過一段時間以後會成爲原住民，所以眞正該做的不是打敗殖民主義，而在創造一個承認分歧性的新文化，從而打開一條通向新認同與新未來的道路。㉕

應該致力的是，把暴力和流離的循環轉化爲在一個共同政治命運裡爲平等權利而奮鬥。在這裡，公民權是關鍵的。承認公民權的重要性就是承認在民主的社會和政治文化裡，有一個空間是不受種族和宗教的認同所左右。承認公民權的重要性就是承認人人在法律面前平等，在公共領域一同負起責任，而任何單一社群的主張聲明都應該受到限制。

爲了實現這個目標，必須調整法律和改變歷史造成的不平等，必須開始去建立族群間的平權。但這一點，必須是爲了創造一種超越特殊社群的文化和政治而做，是爲創造一種新的忠誠而做；在新的忠誠裡，特殊性將可以繁榮、演化和被轉化。

因此，在擴張後的以色列，原住的巴勒斯坦人社群必須爲平等而戰，以顛覆過去幾十年所帶來的不義。至於以色列國內的猶太人，則會分別投身到這鬥爭的兩造：或是致力於保持猶太人的宰制，以維護原有的財富與權力；或是出於道德或現實的考量（或兩者兼之），打破宰制，致力於追求與巴勒斯坦人的共同利益。

在一個由公民權界定的民主世俗國家，殖民者與原住民的二分法假以時日會被廢棄，因爲這道欄柵從歷史和當代觀之都是虛假的。活過而非想像出來的歷史太複雜了，容不下這種二分法，而爲公民權所作的奮鬥也會迫使人們作出身份認同問題以外的考量。

顯然，大多數的猶太人和巴勒斯坦人都寧可兩個社群彼此隔開。猶太人和巴勒斯坦人都認爲自己有著獨特的文化與歷史，認爲自己是由語言與宗教結合在一起的民族。這種特殊命運感與獨一感讓兩個社群都覺得對方是低一等和有侵略性的，會對身體和以外的層次構成威脅。

哪怕是出於策略性或實際考量而鼓吹單一國家的人也常常爲此哀嘆，或是尋求在統一中確立該社群的霸權。認爲平等本身是一宗美事的猶太人與巴勒斯坦人並不多。換言之，很少猶太人和巴勒斯坦人視一個民主世俗國家裡的公民權爲機會和具可能性。

但不受種族或宗教身份左右的公民權可以帶來生活正常化的機會和可能性。透過否定任何單一命運之說、否定原住民身份的權利要求，甚至否定「分離對身份認同和未來是少不了的」的意識，民主世俗國家裡的公民權將會要求這些權利去軍事化。以巴地區或許確實可以被視爲猶太人、基督徒和穆斯林的聖地，但正常生活只有在一個世俗的政治體系裡才是可得的。

因此，公民權可以約束政治、文化與宗教上的權利要求，創造一個將正常生活的追求列爲優先的中立地帶。運行於任何優先性或命運概念的軌跡之外，公民權反對把任何特殊的權利要求設定爲社會運作的根本。

權利要求可以提出，委屈怨氣可以發抒，宗教情感可以聚焦，但只能作爲整個公共討論的一部份。**公民權的世俗性本身就是一種權利要求，但它要求的是把所有公民結合在一起，為共同體的運作與未來而盡力；這個共同體有著一種發展中的特殊性，一種內在而又超越過去各種特殊性的特殊性。**

因爲有另一個參考點與參考座標必須通過，遂使得各種特殊性（屯墾者與原住民的，猶太人、基督徒與穆斯林的，以色列人與巴勒斯坦人的）受到必要的約束。而公民權作爲一個參考點，一種發展中的特殊性，是包含與凌駕上述各種特殊性的。

因爲公民權政治涉及教育、健康、環境、安全和國防各方面的生活具體議題，它會要求各種特殊性與它們的權利要求接受自我反省和批判性的檢查。

在作爲三個世界性宗教發源地而現在又是三者共同家園的耶路撒冷，這種自我反省可以作爲所有依附於這三個宗教者進一步反省的基礎。透過對文化與宗教上的政治主張的去動員（demobilizing），透過打破屯墾者與原住者的藩籬，透過加上一層超越任一種特殊性的肌理，三種宗教的去軍事化就至少進入了可能的程度。一個挑戰在於這裡：政治領域的去軍事化和世俗化也許會帶來宗教領域的去彌賽亞主義化（demessianization）。㉖

由於政治（以公民權爲其核心的政治）面對屯墾者與原住民的歷史權利要求時拒絕扮演救贖的角色，所以宗教也必須檢討它對命運與救贖的理解。在一個去軍事化而正常生活繁榮興旺的環境，人們將會愈來愈難把一種宗教高舉到其他宗教之上或世俗性的觀點之上。

就像正常生活的繁榮要仰賴個人生活與集體生活上的和平共存，命運與救贖的問題亦復如此。以犧牲其他人、壓迫其他人而實現的命運或得到的救贖，不可再被認定為是命運與救贖。相反地，命運與救贖會愈來愈被放在一個新的框架中理解，而這個新框架就像公民權一樣，是涵蓋與超越特殊性的，要不就是可以把特殊性發展爲一個更寬廣的形貌。

公民權優先是打造一個合流的（ecumenical）政治新現實的基石，而宗教亦幾乎難以自外於這個過程。宗教的合流主義（ecumenism）會追隨這種模式——儘管有自己的韻律與象徵，但後果一樣重大。在公共生活裡被擱置的終極問題在宗教生活裡受到重新詮釋。其中當然有許多困難要克服，而相對主義的指控亦會不絕於耳。

但軌跡仍然是清楚的：隨著「他者」在平常與日常生活中被認定爲鄰居和共同參與者，命運和救贖的定義將會擴大，愈來愈不那麼被聚焦。當公民權在政治領域獲得優先性，命運和救贖被重新定義爲包含所有人的一天就爲時不遠。當共同體裡的公民拒絕讓排他性存在於他們集體生活的結構裡，宗教是很難再去堅持眞理的排他性的。

政治和宗教層次的合流主義就像公民權和民主世俗國家一樣，是會投射價値觀和觀點角度的。對宗教進行約束，對眞理、命運與救贖進行再評估，就是選擇包容，選擇正常生活的優先性。那是一種對「破碎中線」的選擇，而用英國哲學家羅斯（Gillian Rose）的話來說，就是選擇居中，選擇未完成，選擇住在過去與現在、現實與希望的張力之中。㉗

耶路撒冷正是一條破碎中線，是以色列／巴勒斯坦在地理、文化與宗教上的中線，是猶太人和巴勒斯坦人可以在他們的苦難與破碎中交會之地。一向以來，因爲把上帝的語言與彌賽亞的願景軍事化，因爲執著於旗幟與象徵，耶路撒冷常常是讓人無法忍受和無法居住，但作爲破碎中線的耶路撒冷尋求的卻是一種在苦難經驗中的團結，一種以團結來抵抗更多苦難的可能性。回憶與怨氣就像猶太人與巴勒斯坦人身份的特殊性那樣被帶到此地，但兩者的超越卻只能發生在別的地方：在一個重視包容性與世俗性的價值之處。

在鑄造一個新的政治空間時，公民權會推翻不義的歷史和從這種歷史裡產生的自以爲是，讓一種新的歷史可以展開。回憶會保留下來（也應該保留下來），但新的政治空間會容許這些回憶存在於一個不同的架構中，把它從殘暴循環的推手角色轉換爲一個會促進平常生活的包容運動的推手。特殊性不會消失，但它會在破碎中線上被轉化，而在它的轉化中又會產生出新的中線。

隨著破碎中線的繼續發展，苦難、排他和殘暴的教訓會被共同擁抱，以致一造的被侵犯，就等於另一造被侵犯。最終，這中線將不那麼是「介乎」兩個分離的社群（猶太人和巴勒斯坦人）或三個宗教（猶太教、基督宗教和伊斯蘭教）之間。相反地，這個「介乎」將會成爲一處團結之地，其中，尋常性（the ordinary）會成爲通向終極性（the ultimate）的大門，反之，終極性又會愈來愈透過尋常性來加以界定和尋求。

因爲如果不是透過尋常性，我們又要怎樣和終極性碰面呢？如果不是透過生活的中線，我們又要怎樣設想生活的目的呢？因此，正確地觀之（至少從宗教人士的角度來看），公民權應該被視爲通向成熟的宗教情感所必需的手段，是一種紀律與機會，而且是一道通向比宗教信仰所應許者更多的大門。

在這裡，原住民的問題再次走到前台。在公民權和由公民權促進的宗教感裡，本來作爲很大部份生活的特徵的分野性與特殊性將會被去神話化和相對化。儘管特殊性也許會對整個朝和平正義邁向的運動有貢獻，但特殊性與命運之間的本體論關連卻會減少。

文化與宗教上的主張聲明會被相對化，被視爲是歷史的產物和形成於特定的脈絡。特殊性的軌跡會從本質主義中釋放出來——這種本質主義一直企圖凍結歷史，常常是爲掩飾過去或現在的宰制趨勢而服務。**只有切斷特殊性的本體論宣稱，某些可以在該特殊性裡找到的有價值之物才得以浮現出來。**

因此，原住民的命運一如以色列和別處的猶太人的命運，在公共的領域是重要的，因爲所有民族的命運都是重要的。不管一個民族的內在生命是強是弱，不管是不是有一個符合一民族內在投射的未來，那都是無關更大的政治結構的內在主張。

如果特定的社群只能透過某些儀式或文化手段來追求其內在建構出來的命運，那它就必須這樣做。如果政治結構無法容納這一點，或政治結構讓這情況難以繼續下去，那該社群就應該用它能對整體帶來的利益自我辯護，要不就是放棄某些規範或做法。更大的政治結構是無法照顧特定社群的目標和主張的，不管這主張是以原住民的權利爲根據，還是以歷史的苦難或《聖經》的應許爲根據。

觀察歷史的長河，我們會看到殖民者與原住民的相遇總是會帶來出人意表的同化。哪怕那些聲稱擁有連續特殊性的人其身份認同也是會變的，而通常原住民和那些與他們有接觸的殖民者都會染上一種混雜的色彩和發展出一種混雜的語言表達方式。他們自身就成了中線，而他們又會催生出新的中線。

猶太教和猶太民族經歷長時間仍保有同一性——這一點被人一再強調。然而最近的學術研究卻顯示出，猶太文化是一再演化的，每一階段都與前一階段有所距離。貫徹始終的中心只是歷經不同詮釋的聖約。

就像猶太人本來沒有責任去關心原住民巴勒斯坦人的文化一樣，巴勒斯坦人本來也沒有責任去關心猶太人和猶太教。**然而，一場為土地和權力的鬥爭卻把他們的歷史與未來綁在一起，而想要做到互相尊重，就得去爭取一個以公民權為優先的民主結構；在這個民主結構裡，雙方的特殊性都不會被突出，從而各自的特殊性會獲**

得保存或被拋棄。㉘

說來弔詭，人們為保存和突出自己特殊性所作的鬥爭，說不定到頭來只會讓自己的鮮明生命力和表述淪為空洞的說詞，除了確保自己的生存以外，什麼都證明不了。例如，誰敢主張，猶太人過去幾十年來的強權化有讓他們變得更道德、更關心別人，甚至更執著於聖約呢？

獲得權勢以後，原住民或被揀選者的修辭㉙往往是被用來增加和保障宰制的。這樣，就不只「他者」會受到迫害，而甚至會發生社群內的迫害。那些呼籲自己社群停止迫害他者的人自身會受到迫害，甚至被放逐，哪怕他們被認定是代表上帝和聖約說話。

這些被放逐者會變得瘖啞，常常無法對攸關放逐他的社群的深刻議題發言。被理想化的原住民社群一樣會走向同樣的方向：異議者會遭到放逐，這尤以該社群取得一些權力的假象時為然。這是許多猶太人的命運，**也是**很多以色列境內或仰以色列鼻息的巴勒斯坦自治政府治下的巴勒斯坦人的命運。㉚

主張公共領域應該用公民身份而非宗教或種族身份來界定，就是反對公共領域的多元性。它不是要反對多元性本身。認為公民身份在架構日常生活時具有優先性，是來自這樣一個判斷：只有公民身份可以馴化各社群的激情和淨化他們的權利主張。

因此，公民權可以提供一個自由表達同意與異議的可能性，讓新的結構、身份認同與情感可以演化出來，從而使侵害人性的殘暴循環在最終得以淡化甚至終結。

不過，限制個別社群的權利聲明（包括說上帝是他們引導者的聲明），本身也可以是一個宗教聲明。此處，上帝受到了人類代理人與多元性的限制。彌賽亞主張可以內化和主張，但不可強加。上帝可以被談及，甚至可以說話，但不能決定一種共享的政治生活的結構。

組織性宗教和一般的宗教感情表達會被降至一個永久的小地位，而即使它們是被大多數人所信仰，也只能在法律面前扮演小角色。哪怕宗教的意志**就是**公共的意志，它在語言的表達與應用上都必須是世俗的。

這種感情也許可以促進一個新耶路撒冷的實現——一個光明、正義、和平、充滿手足之愛的耶路撒冷，簡言之就是猶太教、基督宗教和伊斯蘭教聖經卷裡常常提到的和平王國。但一些問題仍然存在。巴勒斯坦人會願意活在這個願景裡嗎？猶太教屯墾者會願意接受這個對他們的勝利的限制嗎？要猶太人和巴勒斯坦人接受他們的身份認同是演化出來的事實相當困難，同樣困難的是要他們接受這種演化還在進行中，以致有朝一日兩種身份認同會融合和被轉化。作爲破碎中線的耶路撒冷有可能在高舉公民權而不是彌賽亞主義的旗幟的情況下存活和繁榮嗎？

《紐約時報》猶裔專欄作家路易斯（Anthony Lewis）最近得出一個巴裔知識份子薩依德幾年前就提過的看法：以色列在巴勒斯坦的屯墾，已經使得把猶太人和巴勒斯坦人分隔爲兩個國家變得不可能。即使一個巴勒斯坦國家宣佈成立，那也不過是個名稱罷了。一九九九年大選前，路易斯走訪了以色列，對巴勒斯坦國的前景有如下結論：「幾乎可以肯定一定會有一個巴勒斯坦國……但那將會是一個很特殊的國家。它的公民在國內從一處到另一處去的時候，需要通過以色列的安全崗哨。不管是要進入或離開這個新巴勒斯坦國，他們都必須經過以色列的批准。這個國家在經濟上將會徹底依賴以色列。」路易斯又引用班文尼斯提的話說：「整個巴勒斯坦地區都是一個雙民族體——哪怕在政治上人們要求一個不同的現實。那是一個單一空間。」㉛

當路易斯這樣質疑一個巴勒斯坦國的可存活性時，以色列新總理巴拉克正準備建築一條二十九英里長的高架高速公路，以連接迦薩地帶和約旦河西岸——更精確地說是要連接迦薩地帶和約旦河西岸那些控制在巴勒斯坦自治政府手裡的四分五裂土地。巴拉克希望藉此重新激起巴勒斯坦人建國的雄心。但是，在這種情況下建國的巴勒斯坦人，其獲得的公民權不啻是一種次等公民權。㉜

在這個前景中，迦薩地帶和約旦河西岸的巴勒斯坦人的地位，將會相當類似六日戰爭前住在以色列邊境內的巴勒斯坦人，也就是一種次等公民，他們甭想可以得到如一等公民（猶太人）所享有的自由和未來。這兩群巴勒斯坦的餘民將會擁有受相似限制的公民權，他們的護照上將會印有國籍，但這國籍一方面不是他們自己的，另一方面毫無國民權的實質。隨著以色列關閉它自己的邊界與它所包圍和控制的巴勒斯坦國的邊界，巴勒斯坦難民將不得其門而入。

一如約旦河西岸爲以色列人而建的高速公路會繞過巴勒斯坦人的城鎮鄉村，連接以色列巴勒斯坦人居住區的新建高速公路也將會繞過猶太人居住區。在世界上任何其他地區，這樣的安排都會被稱爲種族隔離系統。

談到屯墾者與原住民的問題時，人們都忽略了上述的安排已經創造了多麼怪誕的一個國家。它讓人想起一個歷史學家對奴隸制度的形容：「怪誕的制度」——一種那麼不穩定和不道德以致於無法持久的壓迫結構。歷史已經裁定這種制度是愚蠢的，是在製造人類苦難，而雖然已經廢除了超過一個世紀，其壞影響持續到今天。難道這就是猶太人和巴勒斯坦人的命數嗎？

路易斯發表上述評論的幾星期後，柯林頓總統在華盛頓接待了埃及總統穆巴拉克（Hosni Mubarak）。在會面結束的記者會上，一個記者問柯林頓總統：巴勒斯坦難民未來的命運將會如何。因爲預期以色列新總理巴拉克將會對和平作出新一輪的努力，柯林頓回答說：「那將……視乎屯墾區的性質而定：巴勒斯坦人將得到多少土地？它們會在哪裡？它們與巴勒斯坦人從前居住的土地有多大重疊？……我樂於看到巴勒斯坦人感到自由，樂於看到他們住在任何他們喜歡住和想住的地方。」㉝

這番話隨即引起隆隆撻伐聲，包括一些猶太領袖指控柯林頓的發言會開啓巴勒斯坦難民返回以色列邊界之內的可能性和動搖以色列作爲一個猶太國家的合法性。柯林頓的顧問連忙出來消毒，向批評者保證，總統的評論完全不影響美國對以色列的傳統政策。

儘管如此，柯林頓講話裡的道德與務實邏輯還是——哪怕是在大衛營談判失敗以後——愈來愈受到重視。因爲，除了回到以色列之外，巴勒斯坦難民還能回到哪裡？以色列國已經擴張到包圍所有以前一度稱爲「巴勒斯坦」的土地。剩下的唯一問題只是，那些正住在以色列包圍下和將要回返的巴勒斯坦人是不是會始終生活在種族隔離狀態之下，還是說假以時日和經過奮鬥，一個民權運動會發展出來。這個運動的參與者將會包括猶太人和巴勒斯坦人，他們擁抱公民權至上的觀念，並拒絕接受一個只會把死亡和流離的循環持續下去的怪誕制度。

繪製大屠殺和以色列的地圖

猶太教與猶太生活存在於一種既古代又當代的歷史的張力裡，是一種離散時期的情感，可如今又在以色列和美國兩地獲得了權力。正因爲這樣，我們可以在猶太生活裡找到各種潮流和反潮流：強烈的宗教取向和極端的世俗化，溫和的民族主義和右派的民族主義，一種環繞大屠殺和以色列而形成的猶太身份認同，一種在苦難與握權中聲稱的清白無辜。就像大部份意識形態、哲學和神學一樣，猶太評論家在述說猶太人的歷史與未來時，都是不帶清晰地圖的——特別是那些會與根深柢固情緒和情感相牴觸的地圖。要不就是這些地圖都是偏倚的，是爲了符合社群的需要和憧憬而繪製。

大屠殺的地圖在猶太世界裡當然是廣爲持有和談論的，然而，當另一張地圖——以巴問題地圖——是祕而不宣時，這張地圖就會變得扭曲。很多時候，大屠殺和歐洲猶太人苦難的地圖會被應用在一張抽象的以巴地圖上，**就像是大屠殺才剛結束，就像是開往奧斯威辛的火車還在等著，就像是以色列還在建國中**。

以色列總理夏隆在九一一之後的發言是這種心態的絕佳例子。他指控美國試圖

「以犧牲我們爲代價來安撫阿拉伯人」，又將這做法比擬於導致一九三八年慕尼黑協議和捷克解體的姑息政策。夏隆用大膽的語彙教訓美國：「別重複一九三八年的可怕錯誤了：當時歐洲的開明民主政體爲圖一時安逸而決定犧牲捷克。」夏隆在他的評論的結尾宣稱：「以色列絕不會是另一個捷克。」㉞

在猶太勢力空前高張的時代爲大屠殺招魂固然是奇怪的，但它也是以色列和美國兩地猶太論述（不管是宗教性還是世俗性的論述）的一貫特色。不管用的是什麼語彙，脈絡都是一樣的：一種與新取得的權力糾纏在一起的後大屠殺時代的猶太教和猶太生活，它存在於一種時光扭曲中，而這種時光扭曲有時是出於自覺的自利動機，但更多時候是在下意識的層次運作。

猶太人一下子在世界的民族國家體系裡表現得成熟而現代，但一下子又堅持一種前現代的特殊性，主張猶太人有自己的命運，不受民族國家體系和核子強權責任的約束。以色列把自己**同時**理解爲一個民族國家和一個隔都，信守某些國際協議，但又出於國家安全和猶太人命運的理由，完全漠視其他的國際協議。

君士坦丁式猶太教的危險之處不在它的基本信仰結構，而是它在世界舞台上的位置。一個猶太會堂和一個民族國家是有分別的，在世界裡的信仰與行動是有分別的，但握權後的猶太人常常忘掉這重要的分野。

只有大屠殺的地圖，**只了解我們過去在世界上的位置**，而沒有今日的地圖，**就不了解我們今日在世界上的位置**，猶太教和猶太生活就會成爲一種危及猶太人和其他人的力量。不幸的是，那些認同第二張地圖的猶太人常常會被歸類爲誤導的和危險的，甚至會被扣上帽子，被說成是叛徒，是自憎的猶太人㉟。認同第二張地圖的非猶太人一樣會被扣上帽子，被說成是天眞的，是阿拉伯人的愛護者和反猶太主義者。

說出猶太人正在世界上幹些什麼勾當，是要付出個人和專業上的代價的。如果是政治人物，這種代價會很高。一旦被貼上自憎猶太人或反猶太主義者的標籤，那人的形象就會被毀損。因此，公開爲巴勒斯坦人說話的恐懼是具體而強烈的。

今天，在普世對話裡（這種對話本來是發生在西方的猶太教與基督宗教之間，如今則擴大到美國的政治文化），涉及以色列和猶太人的問題時，什麼是可以談和什麼不可以談都是有規定的。在這些對談中，猶太人和其他對話者都被迫只能對反猶太主義進行一種歷史討論，就像反猶太主義仍然是今天猶太生活的一個核心課題。雖然猶太人是美國最有勢力的群體之一，但對這種勢力的討論卻是一種禁忌。

政治上的普世對話把後大屠殺時代的信仰問題放入公共生活，但又把分析任何群體都適用的規則給懸擱起來。人們害怕的是會被指控爲反猶太主義或鼓勵反猶太主義。就這樣，一些很多人都知道的事情成了祕密，無法在公共論述裡被說出來。這就是爲什麼在宗教和政治層次的普世對話會變成了一種普世交易㊱，其中，批判分析一逕被懸擱，公平競爭的規則被埋葬——這至少是目前的情形。

最近一個帶有政治餘音的宗教普世主義表述是「說眞話」宣言（*Dabru Emet*），其聯名者都是一些猶太研究領域的猶太聞人，包括芝加哥大學三一學院的弗里梅－肯斯基（Tikva Frymer-Kensky）、多倫多大學教授諾瓦克（David Novak）、維吉尼亞大學教授奧克斯（Peter Ochs）、巴爾的摩基督宗教與猶太教研究院的桑德邁（David Fox Sandmel）和聖母大學教授辛格（Michael A. Singer）。「說眞話」宣言的目的是確定和說出大屠殺以後基督徒和猶太人改變中的關係。某些方面，這個宣言是大膽的，特別是它承認傳統基督宗教的反猶太風氣已經大大減少。它以下列語句承認猶太人與基督徒之間一種新的夥伴關係正在形成：猶太人和基督徒崇拜同一個上帝；猶太人和基督徒從同一部聖經（猶太人稱之爲《托拉》，基督徒稱之爲《舊約》）得到權柄；猶太人和基督徒都接受《托拉》的道德原則；猶太人和基督徒必須爲追求正義與和平攜手合作。

這聲明較有爭議的部份是關於大屠殺和以色列的內容。它的主張和解釋值得我們全部引述：

納粹不是一個基督宗教現象。

要不是基督宗教有一段反猶太教與反猶太人的漫長歷史，納粹意識形態就不可能站穩腳跟或付諸實行。太多基督徒贊同或參與納粹對猶太人的暴虐，其他基督徒對這種暴虐則反對得不夠大聲。但納粹本身不是基督宗教不可免的結果。如果納粹對猶太人的滅絕能夠全面達成的話，它就會把毒手更直接地伸向基督徒。我們感激那些納粹統治時期甘冒生命危險拯救猶太人的基督徒。有鑑於此，我們讚揚基督宗教神學最近對藐視猶太教和猶太民族的態度毫不含糊的批判。我們為那些拒絕這種藐視的基督徒鼓掌，也不打算要他們為祖先所犯的罪負責。

基督徒應該尊重猶太民族對以色列土地的主權主張。

自大屠殺之後，猶太人最重要的大事就是在應許之地重建一個猶太國家。因為相信的是一種以《聖經》為本的宗教，基督徒認識到以色列是上帝應許和賜予猶太人的，是上帝與猶太人之間的聖約的實體中心。很多基督徒支持以色列國的理由遠比政治上的考慮深刻。身為猶太人，我們為這種支持鼓掌。我們也體認到，猶太傳統要求正義地對待所有住在猶太國家裡的非猶太人。㊲

這兩個聲明會引起爭議自不待言。在某些猶太人看來，納粹乃是基督宗教不可免的結果，至少是基督宗教多個世紀以來發展趨勢的必然結果。而即便不是「不可免」的，基督徒勢力與反猶太主義的結合也使猶太人被迫害甚至被集體屠殺的可能性永遠存在。至於「應許之地」這個字眼，則對很多當代猶太人來說在調子和情感上都是陌生的。歷史地說，猶太教一方在普世對話中把很多努力放在管制基督徒援引《聖經》提出的權利主張。基督宗教自稱是「新以色列」，自稱獲得授權去轉化猶太人和其他人的信仰——這兩點，都被基督徒認爲是見於《聖經》中的主張，也一直因爲猶太社群的堅持而被加以重新詮釋。那麼，現在猶太人透過基督徒的《聖經》理解爲以色列國尋求支持是恰當的嗎？這會不會只是對本來就強而有力的普世交易的一種助長？

在後九一一時期，穆斯林也受邀參加這個普世交易，但同樣的，他們得先埋葬起對基督徒和猶太人（包括以色列在內）的怨恨，才能獲得入場券。這樣，基本教義派（不管是猶太教的、基督宗教還是伊斯蘭教的基本教義派）和那些未被邀請參加普世對話的人，就被放大爲許許多多事件與問題的元兇。

但有一個事實卻沒有人提及，那就是，夏隆還有他之前的拉賓、納坦雅胡和巴拉克（這裡只列舉和平進程展開後的以色列總理）都不是基本教義派，甚至不是宗教人士，但今天的以色列卻是他們和他們的前任出謀劃策建立起來的。

如果以巴問題的癥結眞的就是基本教義派，那只要把極端主義和極端主義者消滅，以巴問題就理應可以解決。不過衆所周知的（以色列政府尤其清楚），阿拉法特多年來都是個溫和派，而如果以色列的領導層眞的渴望和平且歡迎「兩國家解決方案」的話，那爲什麼六日戰爭以還的歷屆以色列政府都讓這個解決方案變得愈來愈不可能實現？每一次邊界擴張都成了一項不能回轉的「事實」，而任何建議這種回轉的人都會被指稱爲極端主義。

從這個角度看，巴拉克的建議眞的是「慷慨的」，因爲他的構想並未要求得到比以色列已經得到的更多土地，並願意承認巴勒斯坦對耶路撒冷擁有若干象徵性的主權（眞正的主權讓步已經是不可能的了）。很多人認爲大衛營談判的失敗要歸咎於阿拉法特拒絕了巴克拉的慷慨條件，然而，巴拉克卻因爲被認爲對巴勒斯坦人作出太多讓步而在競選連任中失敗。事實上，夏隆的競選主軸可以解讀為攻擊巴拉克把以色列國奉送給一個恐怖份子。夏隆勝選後，納坦雅胡等人又開始把自己定位在夏隆的右邊，以為未來的競選鋪路。他們的動力何在？因為夏隆已經準備要妥協，讓出少部份的大以色列土地了。

政治上的普世交易並未能鼓勵以色列和美國兩地的猶太人忠實地檢視擺在我們面前的問題。沒有忠實，唯一剩下的就只有我在基督城碰過的那種強詞奪理。尤塞・歐莫特的看法並不代表以色列或美國大多數猶太人的看法，但他卻代表了由以色列國家權力與美國猶太圈領袖的緘默所撐腰的政治氣候。在這種情況下，基本教義派只是一齣大戲劇裡的小角色，它由一個自由派的猶太建制扶助，後者缺乏勇氣去直面一個可能會吞沒我們的未來。

這個未來——一種超出我們控制的君士坦丁式猶太教——長遠來說在任何猶太道德標準前面都是站不住腳的。猶太民族的朋友對以色列的所作所為默不出聲，或是因為缺乏勇氣而任由以色列繼續拿大屠殺當抵抗質疑與批判的擋箭牌，其實都是沒有盡到朋友之道。他們的袖手旁觀對我們一點好處都沒有。

美國的外交政策同樣是該責備的。不管官方的說法為何，沒有美國的大力扶植，以色列國不可能以目前的形態存在。美國的外交政策常常假裝清白無辜，而它對以色列的「友誼」則被解釋成一種不同於對任何國家的友誼。大多數時候，它的解釋都是一種沒有解釋，把支持以色列視爲理所當然。但任何政治聯盟——特別是一個有時會被非法情報收集背叛㊳的戰略合作關係——都是可以視爲理所當然、不用說明或分析的嗎？

把當前的僵局歸咎給基本教義派也是美國的一個托辭。要是美國堅守它對耶路撒冷和佔領區的立場，那它爲什麼還要繼續甚至加強它對以色列資金、文化、政治和軍事上的支持？

後九一一階段合該是一個對美國外交政策進行批判性回顧的時候。美國當前的情緒是把光明的力量與黑暗的力量二分化，把文明與野蠻二分化。但以巴關係表明了事情不是可以一刀切的。美國疆界以外的世界——乃至以內的世界——要遠比它想像的複雜。

「基本教義派」是個太簡陋的範疇了，必須放在歷史、文化、宗教和政治的背景裡加以評估。寬容和尊重當然要繼續堅守，但想要理解各種主張和反主張，理解每一個地點與情景已明言與未明言的地圖，理解始終發展中的地域與身份認同的地圖，卻需要一種有擔當和超然的探索精神。由猶太人和美國人雙方作出一個警醒和忠實的評估，才符合以色列的利益所在。

會不會，站在以色列的一邊也意味著我們應該站在巴勒斯坦人的一邊——因爲當一方的安全沒有保障時，另一方的安全是不會有保障的？如果沒有某種平等，要達到這種雙重保障是不可能的，因此，以色列必須倒轉它的宰制，以求雙方可以達到某種程度的對等。在這個節骨眼，「公平」與其說是一種保障，不如說是方便之計，可以迴避一些困難的問題，比方說怎樣去調整那種會衍生武裝直昇機與自殺炸彈客的不平衡。

在大屠殺和以色列建國以後，擺在我們猶太人面前的選擇就很清楚了。但作出決定的不是被貼上猶太基本教義派的少數宗教激越者，而是政治廟堂裡更世故的權力人物。我們前面已經談過，問題的關鍵與其說是極端主義，不如說是一種經過計畫和膨脹了的溫和主義，它由以色列和美國國家權力所撐腰，由一種自由派的論述所架構。

在這個脈絡下，在二十一世紀的開端，何謂忠實地當個猶太人？主張把耶路撒冷當作破碎中線，就是反對讓基督城的強詞奪理成爲猶太民族的明天。也就是說，在猶太歷史和世界歷史的複合體裡，追求正義乃是猶太生活的核心，而這種追求在握有權力時比受權力所魚肉時更爲困難。

人們常常把選項二分爲擁有權力或失去權力，就像是一種中間立場是不可得的，就像在並存中相互強化是不可能的。世界被說成是一個由權力的循環所統治的地方，而爲了留在循環的頂部，你就非得把別人踩在下面不可。爲了留在頂部，你就必須設法做到不讓被你宰制的人有取得權力、逆轉情勢的可能。結果就是雙方都在政治、文化和宗教上不斷軍事化，使一種消耗性的戰爭成爲常態。

單從歷史的角度是很難駁斥這個循環的。因爲歷史本身看起來就是戰爭與和平相續相尋的。被壓迫者一逮到翻身機會，就會反過來壓迫別人。戰勝者當然很少會使用權力的語言。相反地，他們會訴諸過去的冤屈和苦難，訴諸「公義」和「清白」的修辭，來爲他們在政治和宗教上的權利主張背書。

但如果我們讓權力的循環擁有最後的發言權，我們還能自稱是猶太民族嗎？難道我們非得只能在帝國受害者和帝國守護者兩個角色之間二選一嗎？一種相互強化眞是不可能的嗎？難道爲了維護猶太見證的特殊性，我們就一定得抗拒普遍化的衝動嗎？難道特殊性與普遍性的動態循環——它在猶太人歷史和信仰上一直扮演重要角色——必然會危及猶太人、猶太教和猶太國的生存，非拔除之不可嗎？難道爲了生存，我們必須以清白的修辭來掩飾暴力的行動，哪怕到頭來連猶太人自己也搞不清楚修辭與眞實的界線何在嗎？

我們已走到了需要下決定的階段。會左右猶太生活未來的基本問題擺在我們前面。但問題的癥結不在於猶太教或以色列國受到了猶太基本教義派的挾持，也不在伊斯蘭基本教義派的威脅。眞正的癥結是我們要不要爲爭回猶太民族的心與魂而奮鬥。

註釋

①對大屠殺神學一個更詳盡的分析，見 Marc H. Ellis, *Beyond Innocence and Redemption: Confronting the Holocaust and Israeli Power*（San Francisco: HarperCollins, 1990）, pp. 1-31，另見 Michael L. Morgan, *Beyond Auschwitz: Post-Holocaust Jewish Thought in America*（Oxford: Oxford University Press, 2001）。

②見 See Irving Greenberg's 'The Ethics of Jewish Power', *Perspectives*（New York: National Jewish Center for Learning and Leadership, 1988）.

③ Janet O'Dea Aviad, *Return to Judaism: Religious Renewal in Israel*（Chicago: University of Chicago Press, 1983）.

④〔譯註〕奮銳黨：古代猶太教的一個派別，他們堅決反對羅馬國與其所奉的異教・公元七十三年奮銳黨人據守梅察達要塞抵抗羅馬大軍，寧死不屈，最後全體自殺而亡。

⑤ Ian Lustick, *For the Land and the Lord: Jewish Fundamentalism in Israel*（New York: Council on Foreign Relations, 1988）, p.98.

⑥ Michael Lerner, 'Settler Violence and the Rape of Judaism', *Tikkun 9*（May/June 1994）, pp. 27-8

⑦ Avishai Margalit, 'Settling Scores', *New York Review of Books* 48（September 20, 2001）, pp. 20-5.

⑧莎拉的分析見於 Roy's analysis can be found in Sara Roy, 'The Palestinian-Israeli Crisis: An Analysis', presented at the United States in the Middle East: Politics, Religion & Violence Conference, University of Delaware, February 2001，或 Sara Roy, 'Why Peace Failed: An Oslo Autopsy', *Current History*（January 2002）, pp. 8-16。

⑨ James Bennet, 'Hopes Are Modest as Israelis and Palestinians Await the Bush Plan', *New York Times*, October 12, 2001.

⑩同上書。

⑪'Be Heard', *New York Times*, August 29, 2001.

⑫ Elie Wiesel, transcript of speech, New York Israel Solidarity Rally（New York, October 12, 2000）; Internet available from<http://www.aish.com>; accessed March 30, 2002.

⑬ Amir Chesin, Bill Hutman and Avi Melamed, *Separate and Unequal: The Inside Story of Israeli Rule in East Jerusalem*（Cambridge, MA: Harvard University Press, 1999）, p. 10.

⑭同上書，pp. 10-11, 251。

⑮埃隆的分析見於 Bernard Wasserstein, *Divided Jerusalem: The Struggle for the Holy City*, in *New York Review of Books* 47（October 18, 2001）, pp. 6-11。

⑯ Elie Wiesel, 'A Common Enemy', *Jewish Week*, September14, 2001.

⑰關於君士坦丁式基督宗教的起源，見H. A. Drake,*Constantine and the Bishops: The Politics of Intolerance*（Baltimore: Johns Hopkins University Press, 2000）。

⑱這裡的思想，更詳細見於我的另一本書：*O' Jerusalem: The Contested Future of the Jewish Covenant*（Minneapolis: Fortress, 1999）。

⑲這一節的部份初稿，曾發表在國際社會學機構第三十四屆世界大會（台拉維夫，一九九九年七月）。

⑳想進一步了解這個事實，見 Anthony Lewis, 'The Irrelevance of a Palestinian State', *New York Times*, June 20, 1999。

㉑有關地方性宗教邁向世界性宗教的過程，一個更詳細的討論見於Marc H. Ellis, *Ending Auschwitz: The Future of Jewish and Christian Life*（Louisville: Westminster/John Knox, 1994）。

㉒對於一神論形成與後果一個有激發性的研究，見 Regina Schwartz, *The Curse of Cain: The Violent Legacy of Monotheism*（Chicago: University of Chicago Press, 1997）。

㉓巴勒斯坦裔學者薩依德多年前就在他談巴勒斯坦問題的第一本著作提出過這觀點，見 *The Question of Palestine*（New York: Vintage, 1980）。

㉔六日戰爭勝利後，以色列以驅逐和隔離的政策實行耶路撒冷的「統一」，這一點，在凱西恩等著的《隔離與不平等：以色列統治東耶路撒冷的內幕》裡有所分析。

㉕前面和後面幾段的論證我在 *O' Jerusalem* 一書中有更詳細的論述。

㉖見 Amiel Alcalay, *After Jews and Arabs: Remaking Levantine Culture*（Minneapolis: University of Minnesota Press, 1993）。

㉗對破碎中線一個哲學性的理解，請見 Gillian Rose, *The Broken Middle*（Oxford: Oxford University Press, 1992）。

㉘對猶太歷史的連續性與不連續性一個奪目的研究，請見 Efraim Schmueli, *Seven Jewish Cultures: A Reinter-*

pretation of Jewish History and Thought（Cambridge: Cambridge University Press, 1990）。

㉙〔譯註〕指以色列人以自己是巴勒斯坦土地原住民和上帝選民來合理化自己行徑的一套說辭。

㉚一個更近期對奧斯陸協議的反對意見可在下書找到：Edward Said, *Peace and Its Discontents*（New York: Vintage, 1996）。

㉛ Lewis, 'The Irrelevance of a Palestinian State'.

㉜ Deborah Sontag, 'Ehud Barak: Serving by Waiting Out Opponents', *New York Times*, June 19, 1999.

㉝柯林頓是不是了解自己一番話的意涵，並不清楚。巴拉克發起他的第一次永續性溝通就是對這番話的反應。見 John Broder, 'Clinton Favors Broad Rights in Palestinians' Resettlement', *New York Times*, July 2, 1999. It is unclear whether Clinton understood the implications of his own statement. Barak issued his first sustained communication in reaction to this statement. See Deborah Sontag, 'Next Israeli Leader Steps Out of His Silence', *New York Times*, July 3, 1999.

㉞ James Bennet, `Sharon Invokes Munich in Warning U.S. on "Appeasement"', *New York Times*, October 5, 2001.

㉟〔譯註〕指憎惡自己猶太人身份的猶太人。

㊱〔譯註〕這裡的「普世交易」是指猶太教願意在基督宗教不過問以色列行徑的條件下原諒基督宗教對大屠殺應負之責。

㊲《說真話》宣言發表在 *Dabru Emet* is published in Tikva Frymer-Kensky et al.（eds）, *Christianity in Jewish terms*（Boulder, CO: Westview, 2000）, pp. xviii-xx.

㊳〔譯註〕指以色列會在美國進行非法情報收集。

3

後大屠殺時代的先知傳統

The Prophetic in the Post-Holocaust Era

ISRAEL AND PALESTINE
OUT OF
THE ASHES
MARC H. ELLIS

・會不會，先知的任務就是要呼喚其他人發現自己的深處，讓他們可以置身自己志業的中央？先知不是生活在真空中的，不是生活在人類需要與侷限之外。

・在馬格內斯、布伯和鄂蘭看來，建立一個猶太人國家將會導致巴勒斯坦土地上的阿拉伯人流離失所。而讓阿拉伯人無家可歸，等於是讓猶太人在整個歷史裡無家可歸的狀況重演。

一九六三年，猶裔法國哲學家列維勒斯（Emmanuel Levinas）寫了〈猶太教與現在〉（Judaism and the Present）一文，探討猶太教思想情感的主要軌跡和猶太先知的角色。他指出，猶太教「是在重合中與其時代不重合的。它在最徹底意義下是時光交錯的（anachronism）：既表現爲一個關注現實、迫不及待想改變現實的年輕人，又同時表現爲一個閱盡世事、想要返本歸源的老年人。」①

對於猶太教的先知，列維勒斯寫道：「他們是介入最深的，從不沈默，但又是最疏遠的人，最不可能加以制度化。只有假先知才會爲官方說話。」在結論處，列維勒斯提出以下這讓人縈懷和深有見地的挑戰：「但猶太教和先知事工的本質內容不可能像學習教義問答那樣學得，或像歸納教理信條那樣加以提綱挈領……它需要透過一種儀式性和由衷寬宏的生活方式去獲得，在其中，一種人類的兄弟情誼和對現在的關注，要調和於一種對當代世界保持永恆距離的態度。那是一種苦行，就像格鬥士所接受的訓練。」②

這種把猶太教與先知相提並論的做法——這種認爲兩者分則兩傷的看法——是猶太人對世界的獨特貢獻。但是，這種關連性目前正同時處於消失的危險和以不可思議力量重現的過程中。

乍看之下，說先知傳統有可能會從世上消失似乎有點危言聳聽。君不見，大學裡有關先知的課程所在多有，而把衆先知放回歷史脈絡去談的鴻博著作也是每年皆見。

在猶太教的一邊，作爲人們對猶太文化重新感興趣的部份反映，讀者對布伯和赫雪爾（Abraham Joshua Heschel）的開創性作品興趣日隆——哪怕是大屠殺的回憶和以色列國這兩個議題已經變得更複雜和對猶太教的實踐來說不那麼具有核心性。

在基督宗教的一邊，布呂格曼（Walter Brueggemann）出版了一部又一部對衆先知的評論，又寫出許多論文，談他們對當代基督徒生活的意義。另外，從世界權力邊緣興起的解放神學，特別是祕魯天主教神父古提雷茲（Gustavo Gutierrez）和美國黑人神學家貢恩（James Cone）的作品，也提供了先知事工活躍於我們時代的見證。

不過，哪怕對先知傳統的討論甚至見證於窮人中間的先知事工在邁入二十一世紀的這當兒與日俱增，先知事工的前景看來卻是黯淡的。對於古代先知的處境和心理，甚至對希伯來正典文本的不同層次，我們的了解要比歷史上任何時代都多。就連耶穌與先知傳統的關係如今也受到探討和辯論，這大概還是自耶穌的追隨者辯論耶穌生命意義以來的第一次。

帶有先知色彩的運動在二十世紀不管是數量還是地域的多樣性上都是多個世紀以來所僅見，至少是宗教改革以後僅見的。儘管如此，我們還是有一種感覺：隨著時間的推移，這些運動已經走進了一條穿不過的死巷。哪怕是女性主義對權力的批判——它本身就是一種解放神學——似乎亦已走完了一圈，以致於女性主義學者正在做的，常常只是複製她們男同儕的學術事業。

這些主張要怎樣去佐證呢？顯然，我們上面列舉的反面證據要求我們要謹慎。不過有一件事情是我們多少可以肯定的，那就是，在猶太教和基督宗教初起時，先知都是它們的燃料，但其後的多個世紀，各種君士坦丁式的安排卻想盡辦法用正典把先知的聲音給封住，把先知的聲音說成一種烏托邦願景，只合該在禱告和優美的詩歌中覆誦。這樣的事情同樣發生在我們的時代。

難道這不就是先知聲音一貫的宿命嗎？難道先知聲音不是在大膽說出其主張後，都會受到繼起權力的規約嗎？難道先知聲音不是都會被收編、轉化、文字化和正典化，最後只變成一種沒有人願意追隨的宗教願景的高峰？難道先知在宣佈他們的論斷後，不都是會被告之以先知的正典已經封閉，再用同樣大膽的語調說話只是一種狂妄自大的表現？貫穿歷史，先知聲音都一再迸發，又一再受到規約。難道事情在我們的時代就會有不同嗎？

試圖絕對地把「過去」與「現在」分為兩造，往往會帶來言過其實的主張。透過反省，我們看到歷史既包括「變」也包括「常」。人類條件（human condition）具有一種睥睨文化與科技變遷的穩定性。或更精確地說，人類條件——或至少是我們對這條件的前景和侷限性的理解方式而言——是會隨時間變遷的。

文化與科技會把人脈絡化，卻不會根本地改變之。同樣的情形也適用於我們對終極者、超越者、我們的起源和我們的命運的理解，這些事情對我們的知性和肉眼都不是昭然若揭的。「常」與「變」同樣可在這裡找到：儘管不少人在二十世紀初大聲預言上帝將死，但對上帝的信仰卻頑強地持續至今。

先知事工也是同樣處境，它出現在現代一如在古代，可以在《聖經》文本中辨察，然後又發生微妙變遷。先知事工的長壽和演化似乎意味著，就像人類條件與對超越者的追尋一樣，先知事工也是人類地貌的一個永恆常數，沒有了它，人類生活將會變得貧乏。

大概「貧乏」一詞還不足以形容先知事工在人類生活中式微或消失所造成的影響。儘管先知常常被認爲是人類和人類社會一個外在方面，很少會被討論、被認爲是用得著的，但它的核心重要性仍然無庸置疑。

時間在個人和集體向度的流逝讓我們警覺到生活的常規慣例和它們的重要性，就像在希望和期許被懸擱時我們會警覺到時間流逝的空虛。沒有常規慣例的生活是混亂的，最終來說也是不可駕馭的。另一方面，沒有一個超越自身向度的生活則是沈悶乏味的，只能以不斷用物質性的東西來塡滿自己（這也可以說是用一種拜物的方式來尋求超越）。

現代生活雖然看起來少了一個超越者，但它卻把一種消費者倫理提高到上帝的高度，試圖以此超越生活自身。這並不是偶然的。就連「有宗教信仰的人」也會參與這一種對物質的特殊偶像崇拜。如果一個人或社群眞心奉祀的對象就是那些生活中對他來說最重要的東西，那猶太會堂裡的約櫃該置放的就是名牌服裝、汽車和手機而不是《托拉》。聖餐禮上傳遞的聖餅也應該是造成我們最念茲在茲的那些東西的樣子：美鈔、長毛絨地毯、渡假屋。然而有趣而且大概也重要的是，哪怕是在猶太會堂和教堂這些先知聲音例行性會被邊緣化的地方，先知話語看來仍保留一定價值。

沒有移動的生活，沒有至少指向某些超越自身以外的生活，不管有多完美（用現代標準來說就是家庭美滿、富裕和坐擁權力），仍然是有缺陷的。是不是就是因爲這個緣故，新時代運動（new age movements）——一種結合古老智慧與新時代感情的運動——才會對富裕者和尋求靈性者有那麼大的吸引力？

先知體驗當然是包含許多東西的，但看來，一種沒有超越於自我與物質的生活，一種沒有做出自我保存以外決定的生活，是一種無法過下去的生活，哪怕超越和決定是出之以象徵的方式。大概這就是宗教在我們時代的主要功能：以象徵的方式去表達出一個對大多數人來說太難去想像和太難接近的眞實。

超越（beyond）這個概念，或者說承認一個更高眞實的決定，並不只是或主要是關於超越性（transcendent）的——至少不是一般理解的超越性。職是之故，它無關乎高於或低於的問題。相反地，它意味的是生活中一種突破的可能性，是在世界的物質條件已經確立和奇蹟經驗不再被預期的情況下一種新開始的可能性。不管有沒有被打斷，不管是帶著高張力的戲劇性還是蹣跚的固定性，生活都會繼續下去。而認識到生活有沒有我們都會繼續下去，認識到我們獨一的感情和存在對時間或自然來說是受珍視而又不必要的，會迫使我們用另一種方式去體驗生活。

假以時日，端視人格與願景的不同，期望會減少或加深，但固定性會建立起來。哪怕失落最後也會成爲固定性的一部份，以致於新開始會被錯過或拒絕，會被忽略或喪失。然而沒有新的開始就沒有生活可言。在新的一天早上醒來，感受年輕，在黑暗中找著光，這些全是帶氣息給生命的體驗。在每一個這樣的經驗，每一個這樣的新開始中，都可以找到先知體驗。因爲難道不是在先知體驗的核心，嶄新性、友誼、感悟和愛的可能性才是可能的嗎？不可能之所以會變成可能，難道是因爲它睥睨自然或時間，而不是因爲它透過自然或時間來實現嗎？

如前所述，列維勒斯把這種時刻形容爲在此與非在此，存在於時間之內也存在於時間之外。寬宏在其中會被擁抱和擴大；自由會被授與和取得。一個人是不可能對這一類經驗沈默的——如果我們所謂的沈默不只是無言的話。先知體驗裡有一種來自與他人的關連的孤單感，一種對本質性孤獨和可能團結性的再確認。

再來還有實踐。在列維勒斯看來，先知事工是不可能像學習教義答問那樣學會的，也無法像歸納教義信條一樣加以提綱挈領。這是因爲先知靈命是一種需要時間體察、省思和擁抱的事情，而不只是一種轉瞬即逝的感覺嗎？而大概這也是先知無法從生活中抽離，或保存在某些儀式或文本裡的緣故。相反地，先知靈命必須從日常生活中去尋索，就像一個格鬥士爲了求勝必須先在一個刻苦的環境裡接受鍛鍊。

對大部份寫作談論先知的人來說，先知絕不是抽象的。儘管學術研究不太容許個人情感的介入，但我從年輕時就注意到，會被先知吸引的學者都是過著雙重生活的。其中一重是作爲訓練有素的學者（通常是從事聖經研究），另一重是作爲關涉世務的人。後一種特質無疑是個人性的，因爲它涉及一些心理學解釋得了或解釋不了的人格要素。

至少在二十世紀，那些爲先知所吸引的人同時也是受各種重大事件驅策的。我們大可以說，在他們研究先知的時候，個人的關切和歷史的關切常常是匯流的，也常常是對我們時代一種披著稀薄僞裝的先知性質評論。

布伯、赫雪爾和列維勒斯都是這種相互作用的例子。他們三人從很早就在知識和宗教領域表現出不凡識見，與此同時又在公共領域表現出強烈個性。另外，他們的思想都是在二十世紀形成的，三個人都是難民和流亡者。③

相似地，布呂格曼和古提雷茲也歷經二十世紀坩堝的鍛鑄。布呂格曼是後大屠殺時代的美國基督徒，古提雷茲是爲祕魯和拉丁美洲窮人執言的美洲原住民。在他們的作品裡，先知被以不同的學術方式加以分析，但這些作品也同時是披著一層薄薄僞裝的先知言說。這些人都是些在逃的人：有逃納粹的，有逃宗教建制的，有逃軍事化和全球化資本主義的。而他們作品分析的亦是在逃的人，即先知。這些古代的先知都在各自的脈絡裡受到尊敬，他們也是受傷人性與個人的喉舌，因爲看到痛苦而無法緘默。④

這一點，我少年時代第一次讀布伯和赫雪爾的作品就注意到。我們很難否認，古人被他們以鏗鏘有力的方式帶到了現在。在一九五〇年代，希伯來學校的老師們——常常帶有歐洲口音的——喜歡給我們講摩西和亞倫的故事、講耶利米與以賽亞的故事。它們與我在小學裡聽到的故事（全在講美國是個多麼充滿機會與應許的地方）奇怪地不協調，既遙遠又接近。

同一時間，馬丁・路德・金恩（Martin Luther King, Jr.）——一個異文化與異宗教的人——開始擁抱先知斗篷。他談到先知的時候，就像只是把先知當成自己和其領導的運動的榜樣，但我即時明白到（大概是透過直覺明白到的），他本身就是先知聲音的體現，甚至就是先知。一如其他先知學者，金恩也是個在逃的人（他逃的是法律），是美國社會裡的難民，注定要走上許多古代與當代先知的宿命。

作爲一個擁護民權運動而後來進入大學就讀的年輕人，先知呼喚總是離我不遠。在我們的時代，難道我們不是被召喚去體現先知傳統，去當這個世界的先知的嗎？我早期在希伯來學校受的訓練向我提出這種可能性，哪怕這不是教育我的那個團體和我與之一起崇拜那些人明白告訴我的。

就像當時大多數美國猶太人一樣，我的家庭屬於中產階級下層，行將要匯入美國生活的主流去。在美國，先知都是商人與發明家，他們推動經濟，創新科技，讓富裕善良的美國世紀可以維持下去。善良一直都被認定是美國的特徵之一，因爲這種宗教情感讓美國人可以心安理得去進行經濟和軍事上的擴張，好與無神論的共產主義一較長短。

但對我來說，從早歲起，我就討厭希伯來學校和猶太會堂的形式性，認爲那是虛僞和規避的一種表現。我這種判斷無疑是失之偏頗，因爲我當時並沒有仔細研究過會衆們的生活，也沒有細細品讀過先知的正典。

這種叛逆不是因爲我出身於一個高知識程度或政治化的家庭，甚至不是來自一種重視先知到排斥希伯來文和律法程度的改革派精神親附。對我起作用的，或許是從我正統派背景處滲透進來的先知故事。它們無疑是會助長一種叛逆的人格的。但回顧起來，從我可以收集到的一切資訊觀之，叛逆性並不是我年輕時的外顯特徵。正好相反：我是個文靜的年輕人，一般都循規蹈矩，喜愛運動（後來則是喜愛演講），大部份時候都沒有與衆不同。

對我構成進一步挑戰的，是先知與大屠殺之間的碰撞——大屠殺是我在進入大學時才被人攤開來談的。在希伯來學校的時候，我是聽過歐洲猶太人曾遭受集體屠殺這回事，但其細節從未被人談論，其意義也從未被界定。大屠殺就像先知一樣，是處於背景處的，但要更加不透明。大屠殺是未經定義的，先知也是如此，兩者都只是盤旋在美國猶太生活的邊緣上。

以色列這個新建的國家亦復如此。儘管今日看來難以理解，但當時以色列一樣只是盤旋在美國猶太生活的邊緣上。這也許是因爲猶太社群了解到（幾乎可以說是預見到）大屠殺和以色列可能會對猶太生活帶來什麼震撼性的影響。我的老師們害怕（無疑是下意識的）大屠殺會去而復返，並視以色列爲猶太人身份認同和宗教性的中軸，更害怕（也是下意識的）的是這些事情與先知傳統本身的衝突。

回顧起來，大屠殺的透明化所引起的失序感是顯然的，而以色列建國給猶太生活帶來的重新定位也同樣昭然。但這些在回顧中如此明顯的事，在當時卻給人一種難以言喻的下意識恐懼。至於下一回合的對抗性態勢——先知傳統與這兩樁事件的齟齬——則是人們在意識或下意識層面幾乎不能被預見的。

把大屠殺清晰定位為猶太歷史上一件形塑性事件這一點，我的業師魯賓斯坦（Richard Rubenstein）居功厥偉。一九七〇年代我會坐在他的課堂上，不能不說是一個奇怪而決定性的巧合。我當時並不知道，一九六六年他出版的《奧斯威辛之後：激進神學與當代猶太教》（*After Auschwitz: Radical Theology and Contemporary Judaism*）已經在猶太圈裡引起了一場大風暴。猶太圈不想讓大屠殺成為一個公共話題——不管是在猶太人中間還是更廣大的美國社會中間。魯賓斯坦氣勢洶洶地打破了這個禁忌——你甚至可以說他是帶著報復心理的。⑤

大屠殺今天幾乎被人用宗教儀式來紀念，但在那個年頭，大屠殺（特別是在魯賓斯坦的作品裡）就像一場龍捲風，所過之處一物無存。在《奧斯威辛之後》一書中，魯賓斯坦對上帝的聖約和人性兩者提出質疑，因為上帝和人性在奧斯威辛期間都默不吭聲。魯賓斯坦指控猶太神學——包括布伯及其老師赫雪爾這兩位在該輩裡最有力的聲音——規避了大屠殺的神學意涵。讀布伯和赫雪爾的作品，你會覺得——至少魯賓斯坦是這樣認爲的——就像大屠殺沒有發生過，就像大屠殺只是猶太人經歷的衆多苦難的其中之一，沒什麼特別的。

魯賓斯坦對這種規避的如雷撻伐，激烈程度與古代先知斥責猶太人背叛上帝如出一轍，甚至猶有過之。就像古代的先知一樣，魯賓斯坦也揭發猶太圈在奧斯威辛之後的虛矯。

難道不是猶太圈的妥協性格和懦弱，讓他們成了毀滅歐洲猶太人的幫兇嗎？難道過去和今日的種種問題，不是部份出於布伯和赫雪爾的神學不去強調力量和軍事化，而強調創造、會遇、美和正義嗎？難道今天猶太圈和神學上的領導者不是就像過去一樣盲目嗎？

因爲提出這些見解，魯賓斯坦丟了他在匹茲堡大學的希勒爾拉比職位。經過一番漂流，他一九七〇年落腳在佛羅里達州塔拉赫西大學（Tallahassee）新成立的宗教研究系。因爲塔拉赫西當時沒有猶太人組織，而大學裡的猶裔教員也不多，所以反對他任教的聲音並不大。我在同一時間入讀同一所大學，這部份是因爲猶太世界的富裕並沒分潤到我的家庭，部份是因爲生長在佛羅里達州南部的學生當時還未受到更有名學府的青睞。

就這樣，我在十八歲那一年與一個被放逐的猶太人不期而遇。他會被放逐，是因爲他拒絕一種沾沾自喜和同化主義的猶太教，拒絕一種在奧斯威辛之後默不吭聲和過得舒舒服服的猶太教。至少從現在回顧起來，魯賓斯坦給我最奇特的印象是：他既是一個沒有上帝的先知，但又無時不反映出——從他本人對上帝的激烈否定反映出——上帝存在的可能性。

看著和聽著這個令人動容和難懂的人說話時，有一件事情我是一清二楚的：上帝的問題是那麼重要，他不惜受到譴責與放逐，也要把它攤開來談。在他的課堂上，我從不覺得他是在上課，他也從不檢查我們的筆記或要我們交作業。事實上，他是怎麼給學生評分的，對我和同學來說都是一個謎。甚至有傳言說他從不看考卷，而只把它們交給研究生助教批閱。

魯賓斯坦並沒有在寫出石破天驚的第一本著作後停筆。我追隨他學習期間，正是他創作最豐碩的時期，著作一本接一本。他對大屠殺和人們的沈默的怒氣讓他寫出其他跨界之作：《我的弟兄保羅》（*My Brother Paul*）探討他的探索之旅與保羅的共通處；《權力鬥爭：一部自傳性告白》（*Power Struggle: An Autobiographical Confession*）談的是他與猶太教、猶太神學和猶太圈的鬥爭；《歷史的狡獪：集體屠殺與美國的未來》（*The Cunning of History: Mass Death and the American Future*）則企圖把大屠殺的教訓放在現代化這個更大的脈絡下檢視，指出科層制、社會組織和先進科技，實際上要爲大屠殺及之後的許多惡負起責任。⑥

分開來看，魯賓斯坦的作品似乎是互不關連的：有談猶太人的，有談猶太人與基督徒的關連的，有談自己的，有談美國和全世界的。但如果放在一起看，或至少把它們其中一些篇章放在一起看，其核心力量是無法否認的。那是一個先知之怒，這個先知在放逐中思考——其關切在放逐中加深，其情感在放逐中磨礪，其怒氣到最後成爲一種一心一意的苦行主義。

魯賓斯坦也是個拉比，曾在拉比系統受過訓練，而且在《奧斯威辛之後》出版前一直執拉比職務。因此，他否定聖約在奧斯威辛之後仍具有效性，是同時反對拉比系統和站在拉比系統之內發言的。正是因爲拉比的神學系統認爲有必要合理化苦難，才會驅使魯賓斯坦出走。

拉比系統一直把猶太人的苦難解釋爲猶太人違背上帝律法所得的懲罰，而魯賓斯坦對這個解釋是很認眞看待的。事實上，他是那麼認眞，以致於他認爲猶太信仰的存續，維繫於有沒有能力承認這一點。魯賓斯坦並不認爲在奧斯威辛之後拒絕接受聖約即表示聖約已被上帝或猶太民族廢除；他只是拒絕繼續接受這聖約的條款。

魯賓斯坦要反對的是在以下這個核心議題上和稀泥：要嘛接受由上帝制定和由

先知傳達的聖約條款；要嘛拒絕聖約，也就是拒絕猶太教。在他看來，兩可立場是要不得的。他展示的是把一個拉比系統逼至其信念極端的先知裁決。在行事爲人和思想上，魯賓斯坦都是這個裁決、這種極端的體現者。

我少年時代抗拒過拉比系統，與此同時又吸收了它的各種細微差異與妥協，吸收了它在律法（*halakhah*）與故事（*aggadah*）之間的眩目擺盪，吸收了它的原則與權變。在五〇和六〇年代的美國，嚴格執行拉比系統幾乎是猶太圈所不能容忍的，而拉比們也沒有嘗試這樣做。兩可立場被發揮到極致。

在美國猶太圈的主流裡，拉比系統的窒礙難行是顯而易見的。但這並不代表拉比系統或那些拉比本身不吸引我。相反地，正是它的異國風味、它的無能爲力與式微激發起我的興趣。

然後我就碰到了魯賓斯坦。他一身結合了先知與拉比兩種角色，突出了兩者的挑戰。就像上帝的問題一樣，魯賓斯坦對先知與拉比角色的定位是我聞所未聞的，而他設定的問題，也不是傳統或我所能回應的。

但如果說魯賓斯坦所呼籲的不是拋棄猶太傳統的話，那他呼籲的就是一種對妥協的不容忍，或至少是把妥協攤開來而不是打迷糊仗。魯賓斯坦說話時，我的目光從來不會轉開。他的話太具震懾力了。當我回應時，我的目光一樣無法轉開。

魯賓斯坦縈人心頭的分析是沒有答案的，你無法把它們降格爲學術問題。他的話是一個我無法抖開的挑戰。我要怎樣回應這個對宗教、對猶太生活、對現代性的先知式批判呢？它是正確的嗎？同樣重要的是，我能接受魯賓斯坦所說的，因爲沒有了上帝，而又特別是在更有犯罪傾向與犯罪能力的現代，權力循環只會繼續下去，而我們的唯二選項就是佔有這權力或爲其所噬嗎？

我發現我既無法否證魯賓斯坦的論斷，但又無法接受它們作爲自己人生的準則。我想，**總有**走出這個難題的路，或至少總有可以找到慰藉之處。如果沒有出路，難道我就非得與權力結合，甚至用我的才智爲之辯護嗎？我從未想過要走這條路，從未想過要當大企業的經理或政治上的翻雲覆雨手。這是一種失敗嗎，是對責任和召喚的一種規避嗎？

我就是在這種情況下認識米勒（William Miller）的。他是一個南方歷史學家，幾年前才脫離衛理公會，改宗天主教。他在一九七三年出版過一本奇書《一種嚴苛和可怕的愛：桃樂絲‧戴與天主教工人運動》（*A Harsh and Dreadful Love: Dorothy Day and the Catholic Worker Movement*）。我知道有這本書，是在米勒談天主教工人運動的系列自備午餐的講演裡。天主教是我陌生的，但天主教工人運動致力爲窮人做事的宗旨卻讓我神馳，但更令我著迷的是米勒本人。⑦

在某些方面，米勒和魯賓斯坦是南轅北轍的兩個人。出生於佛羅里達州傑克遜維爾（Jacksonville）的米勒先後受教育於佛羅里達大學和北卡羅萊納大學，是個道地的南方人（當時更世界主義的北方人移居美國南方的尚不多）。他舉止溫吞，輕聲細氣，常常讓他的詰問和沈思心靈隱而不彰。

魯賓斯坦快人快語，說話斬釘截鐵，以致你不會不知道自己發問的人是誰，或你在他的宇宙裡站在何處。反觀米勒則親切而敞開，在他面前你會感到自由自在。與魯賓斯坦相處，氣氛是緊繃的，至少是隨時都會有緊繃的可能性；但與米勒相處卻絕不會有對抗性，甚至不會有直接的對答。他幾乎就像是同時隱身和現身的，他站在你面前，卻又彷彿身在別的地方。當我問他一些魯賓斯坦設定的問題和等待回答時，總是發現他會消失和重現。

米勒不會給你答案。和他談話，他總是容許我暢所欲言，大部份時間都保持沈默，但總是會伴隨著一種我起初並不了解的動作。與天主教工人運動的接觸，是他會改宗天主教的關鍵。他關於天主教工人運動那本書跟他之前的作品大異其趣，後者大部份是一些正規的現代南方史。那之後，他就不再對學術工作的意義抱幻想，甚至不對歷史進步的觀念抱幻想。從桃樂絲・戴本人及她後來在窮人間的工作，米勒對歷史得到一個超越於權力循環的理解（哪怕這循環會持續下去）。透過更深入一種信仰的生命與呼應該信仰的要求，歷史被從一個不同的層次所經驗，被從一個不同的角度所看待。

關鍵是一種最廣闊意義的好客性（hospitality），也就是爲他人而活，容許別人擁有他們的自由，拋棄對現代性方方面面的參與和服事這個系統裡的受害者。知性地說，它關注的是歷史中那些可以帶來修補與和解作用的元素。窮人的存在是我們有需要作出這一類努力的指標，他們讓我們明白，所謂歷史裡的進步大多數只是幻象，無論如何都不能把對進步的追求視爲是對意義與信實的追求。

意義和信實要在別處尋得，要在另一個層次加以擁抱，要在另一個向度加以追求。慈悲的工作佔住了桃樂絲‧戴、天主教工人運動以及米勒本人的心。他們是一種好客性的終極代表，指向宇宙的雍容與美，一種在嚴苛與可怕的環境中找到的愛。

回顧過去幾十年，魯賓斯坦和米勒對我而言，是兩個對位的音部。起初，我覺得他們是南轅北轍的，分別代表這世界兩種不同的可能性。魯賓斯坦的猶太品性（Jewishness）對我來說顯然是重要的，但他的猶太品性和我在其他猶太人身上看到過的都不同，以致我不確定自己是否因爲這一點而認同於他。另一方面，米勒的天主教信仰——作爲一種宗教信仰和儀式——也不是他吸引我之處。天主教對我來說不只是陌生的，而且完全是不明物體。他們兩人會作爲對位音部而吸引我，毫無疑問是這種對位性本就存在於我裡面。我可以認同他們所代表的兩個世界，是因爲這兩個世界都存在於我裡面。

如今，我好奇（再一次是帶著後見之明），魯賓斯坦和米勒對我來說，是不是就是代表猶太教兩個衝突的方面，這種衝突，是我年輕時就在希伯來學校感受到的，只是沒有清楚意識到罷了。猶太世界已經進入了一個「好客」與「權力」交戰的歷史階段。抉擇已經由猶太領袖作出（大部份都是沒有明說的），它們對未來將帶有深遠影響。

湊巧地，或者說出於天意，米勒代表了我所屬的傳統裡正在消失的部份。因爲與猶太教和猶太生活關係遙遠，他自己不可能理解這一點。又會不會，他之所以有這種情感，是因爲他皈依的是一種第二次梵諦岡會議之後（post-Vatican II）的天主教——一種強調慈悲和好客性的天主教？

多年以來，我一直以爲，魯賓斯坦和米勒在我裡面的對話，代表的不只是我內在的兩個衝突面向。從某個觀點看，他們是世界的兩個選項。但從另一個觀點看，他們是世界的兩個面向，因爲這是一個答案捉摸不定、缺乏彈性和敏捷性的世界。至少對我而言，這兩種世界觀已經存在，它們要求我在實踐中把它們結合在一起，以作爲我對我所生活世界的一種回應。重點不在肯定或否定，而在介入權力和好客性的世界，它們是動態地以紛紜的形貌出現在不同的歷史時期。這是不是就是我們時代先知事工的挑戰？因應時空的不同而作出調整——這是不是一直以來就是先知事工的挑戰？

魯賓斯坦和米勒所代表的兩個世界（大屠殺和好客性，猶太聖約的終結和爲窮人服務）最終把我帶到了——大概是無可避免的——瑪利諾姊妹會（Maryknoll）和解放神學的世界。要是我的大學養成有所不同，要是教育我的是一些認爲學院生活乃知性頂峰和進步引擎的業師，那我後來肯定不會受瑪利諾姊妹會吸引並因此形同到世界各地旅行了一遍，接觸到各種各樣我陌生的文化與神學。

在瑪利諾姊妹會的紐約總部講課時，我碰到很多來自非洲、亞洲和拉丁美洲的學生、訪客和神學家。在一九八〇和九〇年代，對那些尋求團結在上帝之中和爲正義努力的天主教徒及其他信仰者來說，瑪利諾姊妹會就像七〇年代的「天主教工人運動」一樣，是一塊磁石。「天主教工人」幾乎成了尋覓者的一個朝聖地，而我發現瑪利諾姊妹會的情形也是如此。而對那些尋覓者來說，瑪利諾姊妹會也帶有若干「天主教工人運動」的同樣矛盾。⑧

就基礎和靈性方向上來說，這兩個團體都是傳統派，然而它們又在二十世紀的下半葉爲何謂信仰的問題導引出一些新道路。來朝聖的人往往把這兩方面結合在自身裡，但又無法把它表達出來，以致常常在自己生活中感受到兩方面張力的拉扯。不管是從外面看還是從裡面看，那幾乎都像是一場內戰。作爲一個機構，天主教會（特別是第二次梵諦岡會議之後的天主教會）本應是信徒的哺育者，但同一個教會的重要性卻在退減中，放棄領導的職責，而隨著時光推移，更是成了一種退步力量。

瑪利諾姊妹會是爆炸性的，因爲它讓這些張力袒露在枱面上，並爲對話提供（至少有過一個時期是如此）一個制度性的基礎。它是遠超出天主教界域的一個公共論壇。當我初抵瑪利諾姊妹會時，中美洲的戰爭正如火如荼，這些戰爭和美國政府忙於捻熄群眾起義的做法廣泛受到全國性和國際性媒體的報導。尼加拉瓜、瓜地馬拉、薩爾瓦多這些美國民眾本來只有模糊印象的國家變成了晚間新聞的頭條。瑪利諾姊妹會當然了解這些國家，因爲它的傳教士早在半個世紀前已經開始在這地區活動。

如果說中美洲的烽火讓美國公眾對這個地區上了一課的話，那瑪利諾姊妹會就是受到了再教育。早在一段時間以前，該會所訓練的本土傳道者已經感到難以與腐敗的政府相處，而更近期，這些傳道者更是出去的多，回來的少。他們有些跑去了參加起義軍，爲正義而戰；有些則被謀殺，因爲他們的宣教工作被當地政府認爲是具顛覆性的。在一九八〇年，也就是我剛到瑪利諾姊妹會任教於他們神學院那一年，有兩個瑪利諾姊妹會的修女在薩爾瓦多被野蠻謀殺。

就是在這種氛圍下，我第一次接觸到解放神學及其實踐者與神學家。隨著兩位修女的死亡，瑪利諾姊妹會成爲全國性的焦點，而這事件對會內人員來說更是切身的震撼。幾乎瑪利諾姊妹會所有人都認識這兩位遇害的修女，有些還有多年交情。他們曾經一起立誓，一起隱修。

雖然在世界很多不同的地區服務，但瑪利諾人的經驗是相通的。兩位修女因爲遇害而成爲數百萬人的聖像。她們受到一些政治右翼人士的嘲笑，又受到一些政治左翼人士的高揚，但在瑪利諾姊妹會，兩位遇害修女卻是那些執行傳道志業者的一面鏡子，因爲她們的可怕命運有可能是任何一個瑪利諾人明天或以後的命運。

在瑪利諾姊妹會，解放神學與其說是一種意識形態，不如說是一種志業。這種神學是過去幾十年從第三世界一些地區誕生，而一些瑪利諾人慢慢注意到它的存在並受其吸引。在歐洲受訓的本土傳教士——他們是傳教活動和教會學校的主要成果——則成了這種神學的引擎。

從歐洲回國和把歐洲的第二次梵諦岡會議神學（一種認爲當代世界事務攸關宗教生活的神學）內化後，這些本土傳教士把他們學來的神學應用在自己的國家和地區。這種神學雖然是源出歐洲，但因爲被用在一些較不制度化和教條化的環境，遂提供了一種新神學在拉丁美洲及其他地方萌發的基礎。

解放神學是從當代第三世界的處境發展出來的（第三世界很多地區都一貧如洗，政治權力由少數人壟斷）。解放神學的另一推力是共產主義運動和一種馬克思主義的思想架構，它們認爲宗教只是人民的鴉片，是爲了爲權力背書而存在。解放神學的第三股推力則是納粹時期的經驗和教會在大屠殺期間的緘默。

主流的歐洲基督宗教爲大屠殺和納粹統治期間人們的沈默提供了種籽。基督宗教成爲共謀者，而殉道的基督徒寥寥可數。這個基督宗教，難道不就是十五世紀時候在拉丁美洲登岸的基督宗教嗎？難道基督宗教對反猶太主義的認可和納粹統治期間的沈默，不就是教會當初默許殘殺、奴役、剝削美洲與非洲原住民的翻版嗎？

兩位修女遇害後，瑪利諾姊妹會舉行了一些追思彌撒。教堂長凳坐滿了死者親屬、瑪利諾人和媒體人士。儀式體貼而莊嚴：每次彌撒的主講者都不忘提到，有數以千計的人死在中美洲，卻因爲缺乏與北美宗教機構的親緣關係和得不到媒體的青睞而被忘懷。

瑪利諾姊妹會此舉是慷慨的，因爲它沒有只放眼自身而是願意指出助長中美洲內戰的不義仍在持續。已經有過很多殉道者，而除非努力追求正義，否則來日將會有更多的殉道者。兩位修女之死把這個議題提到了一個新的高度。

記得我參加這些追思彌撒時，心裡都在琢磨兩位修女之死意義何在。她們的見證是什麼？她們活著時候的見證和她們死亡時的見證有不同嗎？還是她們見證了基督宗教的眞理，因此她們就像之前的殉道者一樣，成了信仰與教會的種籽？她們是爲基督作了見證嗎，讓其他人也起而尋找這種信仰嗎？她們的生與死對天主教會之外乃至基督宗教之外的人有著什麼樣的意義？

在這裡，傳統意義下的傳教少有立足的餘地。一個瑪利諾姊妹會的神父主張，兩位修女——甚至是所有傳教士——都是從窮人那裡得到福音的。如果窮人都是基督徒，那他們所實踐的基督宗教是不是受過良好訓練的傳教士可以去學習和擁抱的呢？

反向傳教也受到強調。窮人與邊緣人可以教育生活在基督宗教核心文化裡的有錢人，因爲這些有錢人雖然富裕得足以派出傳教士給窮人傳福音，但他們所實踐的基督宗教和政治經濟系統卻幾乎不能稱爲基督宗教。

窮人的基督宗教是革命性格的，要推翻壓迫性的體系和由這些體系支撐的宗教機構。我好奇反向傳教是不是就是基督宗教歷史的反轉，要把基督宗教往回推，推回到宗教改革與中世紀之前，推回到宗教裁判所（Inquisition）和十字軍之前，推回到教會與國家的君士坦丁式綜合以前。

這種反轉會在什麼地方找到它的停止點？它會回到早期的基督徒社群？還是說

它會完全丟棄基督宗教的歷史而回到耶穌基督本人?還是說它會回返到彌賽亞頭銜被加到耶穌身上之前,回返到那些界定耶穌是誰的宗教會議之前?

瑪利諾姊妹會的彌撒儀式、它的教士團體、它的女修道院、它的傳教志業,在在是這歷史一層又一層的反映。殉道行爲是在肯定這個歷史還是在反轉它?還是說殉道行爲是對這歷史的核心的瞬間凝視,接下來就會回復爲對日常的信仰與教會的再擁抱,回復爲對權力與安逸妥協?還是說殉道行爲是重新開始的契機,是在擁抱一種不以建制與確定性爲然的自由?

「殉道」對我完全不是陌生的觀念。某個意義下,我就是在這個主題下長大的。讀希伯來學校的時候,有關公元一世紀艾基瓦拉比(Rabbi Akiva)因拒絕拜羅馬人的偶像而被砍死的故事我一聽再聽;在他之前則有站出來反抗安條克王(King Antiochus)褻瀆聖殿之舉的馬卡比人(Maccabee)。

馬卡比人事實上可以稱爲游擊戰士,儘管這不是大人講這些故事時會強調的方面。大人會強調的是猶太人如何拒絕吃豬肉和拜希臘人放在神廟裡的偶像。拒絕的人都被殺了。艾基瓦臨刑前還誦念了《希馬》(*Sh'ma*)⑨。納粹大屠殺也可以視爲一件集體殉道事件,至少有些人如此詮釋。然而,早在大屠殺之前,有關猶太人被圈禁和殺害的故事,在我這一代的猶太人耳熟能詳。這些故事是我的教育的一部份,被認爲是成爲一個猶太人不可或缺的部份。

所以說，犧牲（甚至死亡）乃是我們繼承的遺產的一部份。拒絕犧牲和死亡——更精確的是拒絕爲防止死亡而戰——是後來的事。公元二世紀⑩那些據守梅薩達要塞（Masada）對抗羅馬人的猶太人最後會寧願自殺而不願意投降，對日後的猶太人是不可解的，至少對一九五〇和六〇年代的美國猶太人來說是不可解的。現在有些人完全看不起殉道或不戰而死的概念，就像是肉身的防衛乃是尊嚴與生命的核心。

小時候我並不會因爲聽到艾基瓦的殉道而感到丟臉，甚至不會爲我聽到那些大屠殺的故事而丟臉。我只感到這些故事帶給我力量和驚奇。這些睥睨世界和強權的榜樣讓我對自己的猶太人身份有更深的認同。在瑪利諾姊妹會，我感受到同樣的驚奇，哪怕其中夾雜著許多強暴和謀殺的血淋淋細節。基於可理解的原因，我的社群反對把殉道作爲選項，而在這個過程中製造了很多巴勒斯坦的殉道者。基督宗教也製造過許多猶太殉道者，而如今，輪到他們自己承受殉道之苦了。

什麼是殉道？它的意義何在？它證明了猶太教或基督宗教才是眞理或道路嗎？殉道是爲了表示一種雖死無悔的信仰嗎，還是一種用生命來述說並表現在死亡一刻的信仰？殉道者是爲他們各自的信仰和團體而死嗎，還是說他們已跨過各自信仰的邊界，而與其他信仰和團體的殉道者分享了一個共同的傳統？會不會，猶太教和基督宗教的殉道者儘管在時空和信條上是分開的，卻透過殉道而相連在一起？如果他們分別的殉道行爲是相連的，那這是否意味著猶太人和基督徒也是相連的？

參加瑪利諾姊妹會的追思彌撒時，我聽得到一種得意洋洋的聲音。復活是一個撲天蓋地的主題，效法基督是另一個。兩個遇害的修女被說成是參與了其他獻身天主教徒的行列，爲一個正義和平的世界開了前導。儀式很漂亮，但卻似乎引不起迴響，它們給人的感覺是無法正視死亡的恐怖，未能從焦慮的深處超拔或從人的向度切入。

換言之，殉道行爲的先知面向，作爲一種人類對意義與正義的追尋的反映，儘管沒有完全被抹煞，卻是被歷史和儀式的大傘給擋住了。在追思彌撒的時候，先知面向的問題被當成只是一種可能性，大概是供那些未能看到更大畫面的人玩味的。但兩位修女生前或死時是不是先知的問題卻懸而未決。事實上，這個問題甚至沒有人提出。

我們應該問這個問題嗎？如果應該，又該怎麼樣個問法？用什麼樣的語言或符號結構？先知的邊界何在？先知是在什麼泉源找到他們的聲音的？那些讓先知可以發聲的正典是不是今日正好同時封起了先知的聲音？是不是猶太教和基督宗教所擔負的先知傳統已經引起那麼深的不信任，以致大凡是出現在正典之後的先知都會受到嘲笑和漠視？如果我們相信先知傳統是活著的而先知就在我們中間，要怎樣認出和肯定他們呢？先知是與我們有別的嗎，是一種只能從別人生命邊緣聽到的見證？還是說先知向度是我們每一個人本具的，但需要由一個體現先知召喚更充分的人來把它呼喚出來？

我自己的探索之旅讓我相信，先知向度是內在於我們每一個人的，而個別先知只是這個更廣闊現象的突出體現。布伯和赫雪爾、桃樂絲・戴和天主教工人運動、古提雷茲和兩位遇害的瑪利諾會修女——他們也許應該受到世人更大的注目，甚至比我們大部份人更聰慧，但他們與我們眞有根本的不同嗎？他們是在我們中間成長的，完完全全是人，也只是人，那麼，他們會投入先知的志業要如何解釋呢？

當然，先知常常是不被人當成一種志業的。更多時候，先知事工離我們意識是那麼的遠，以致先知可以作爲一種志業的想法甚至不被考慮。要是說曾經有過先知這種志業的話，它已不復存在。我懷疑，當代文化之所以沒有先知這個範疇，反映的是當代人普遍不再追求什麼志業，又或是對何謂志業已經有了不同的理解。先知身份看來太遙遠了，不可企及。畢竟，被呼召爲一個護士或醫生，被呼召爲一個老師或公僕，看來要可行得多，甚至更值得讚美。

聲稱自己受召喚爲先知看來是狂妄自大的。一個人不管出於什麼理由而被牽引到這個方向並窮一生之力體現這個志向，看來是自我中心的。但這種召喚所帶來的負擔，還有它常常會引生的危難，會沖淡了這種聲稱的傲慢性，並規約化它在世界中的位置。因爲我們不應該把先知事工與全部生活或了解全部眞理混爲一談。如果世界只有一種志業，這個世界是無法運轉的，但如果沒有先知，它同樣無法繼續運轉。先知志業的召喚並不高於其他召喚，也不低於其他召喚。

會不會，先知的任務就是要呼喚其他人發現自己的深處，讓他們可以置身自己志業的中央？先知不是生活在眞空中的，不是生活在人類需要與侷限之外。先知的極端呼喚揭示出一個人和另一個人的關連，以及揭示出所有人（包括先知本身）的侷限。指出他人和社會的缺點是危險的，因爲這樣做，乃是揭開了本來被認爲應該隱藏起來的東西，從而使自己暴露在憤怒和情緒性的反應中。

在其最深刻的時刻，先知所呼籲的是一種可以幫助所有人（包括先知本人）承認自己侷限的相互解釋，並超越這些侷限。而如果該呼籲的是爲了超越缺點與侷限，那就是爲了去創造一些可以讓我們走在更公正和平道路的結構與信仰體系。

儘管先知總是被看成一個作出即時評斷的人，並常常被拿來與那些深思熟慮、有條不紊的人（一種深受現代社會嘉許的人格）加以對比，但這個對比是誤導的。大多數時候，先知都是外在於那些他們呼籲改變的制度之外的；先知甚至會斥責這些制度爲沒有價值和腐敗。但先知所呼喚的總是一種深度的改革，是在社會及其制度的核心體現正義。

當代世界的先知

我自己的人生向我提出上述的問題和催促我的反思。它們以一種切身而非遙遠的方式、一種當代而非古代的方式縈繞我。從我最早期對猶太會堂生活的不滿，到我認識魯賓斯坦和米勒，再到後來與瑪利諾姊妹會共事，縱貫一生，我都是——一如其他人那樣——在和自己的呼召與侷限角力。

特別是在我成爲作家和演講者之後，又特別是在我開始爲巴勒斯坦人挺身發言、批評以色列的政策和美國猶太人領袖的沈默之後，我常常會被一些人抬舉和被另一些人貶抑到超過我應得的程度。討厭我的人稱我爲叛徒和自憎的猶太人，喜歡我的人則稱我爲拉比和先知。

多年以來，我對負面批評全不放在心上，因爲它們對我的形容猶如形容別人。特別是以色列的行徑已經見報和完全站不住腳時，他們的謾罵可說是無的放矢。我常常會問自己這些批評是對誰而發。

但被稱爲拉比和先知這一點卻讓我不自在得多，最明顯的理由是這兩個頭銜意味著一種特殊性和一種負擔，而且更適用在別人而不是我身上。爲防正式的拉比說我在給自己臉上貼金，我總是會提醒聽衆，我從未被按立爲拉比；我也一直與先知的身份劃清界線，會用嚴肅的語氣半開玩笑說：先知是不可能出生在佛羅里達州的北邁阿密灘的。

我常常納悶這兩個頭銜怎麼會加在我身上。是因爲人們都飢渴地希望從一個拉比口中聽到符合猶太傳統的正義之詞嗎？

被稱爲先知也包含著很多層面的意義：它讓人們可以承認一些思想活動是重要的，但又不會自己去履行。它讓人們可以聆聽一個訊息繼而又以太烏托邦爲由置之不理，就像那對眞實生活來說太不著邊際。先知的話語會被同時肯定和束之高閣，就像先知本人會被抬舉然後送上路。

先知話語的缺乏是人們會渴望先知話語的部份理由。多年以來我一直問自己，我拒絕別人看待我的方式是不是會反過來助長這種循環。世界有需要聽到的話迄今未被說出：握有領導權杖的人並不說先知話語，又譴責那些說先知話語的人；對先知願景如飢似渴的民衆把能提供這樣話語的人稱爲先知，但也是這同一批人認爲先知願景陳義太高，超過他們的能力範圍。

認定先知只存在於古代的文本裡，而在需要先知殷切的當代世界，卻又會把自稱先知的任何人視爲狂妄自大；那些也許是先知的人因爲覺得自己能力不足而拒絕接受這個頭銜——這樣的惡性循環有出路嗎？

有一些事情是需要加以區分的。最高級形容詞在現代生活中被用得那麼氾濫，以致常常失去了意義。名人扭曲了重要性和深度的尺度。學院在很多方面扭曲了知性和先知的生活，只作爲教育工業的一部份而運作，讓學問與學術淪爲追求學術資歷和終身教職的遊戲，無助於決策的制定和共同體的建立。

批判無處不在；即時分析成了討生活的手段；對權力的批判滿坑滿谷，就像只有批判足以稱爲嚴肅的思想。但這只會助長對批判的批判，助長那些爲權力撐腰的反動批判。所以，現在人們會普遍對權力表現出犬儒主義的態度是奇怪的嗎？批判的循環業已變得腐敗。它是來自眞空的，所以其回應者也是在眞空中運作就不值得訝異了。

再來還有對宗教性語言的提防。不然就是對宗教不加批判的擁抱。它們由政治候選人與媒體宗教人的口中大膽說出，卻徹底缺乏實質。人們不是用懷疑者的態度就是盲信者的態度聆聽先知語言，但兩者都昧於先知志業對世界更深一層的重要性。這種懷疑和盲信是不是反映一場文化、政治與經濟上的內戰，而那是使人無法突破到另一個更基本的層次去的？

按時空環境而作出調整大概總是先知的困境。身處於為權力和地位而鬥爭的小集團間，糾纏於宗教與文化的主張與反主張之間，感受到宗教傳統已經式微、走向盡頭，先知難免會猶豫，會對結果感到焦慮，會意識到世界並不關心先知話語。既然如此，為什麼還要從事這樣的事業呢？為什麼還要接受這樣的志業呢？

事實上，我自己的人生和其他猶太異議者的人生就是這個困難的範例。我們受到的指控不一而足，而我們的成功則轉瞬即逝。世界一直是自行其是的。就以為猶太傳統發言這一點來說，我們要求猶太人看看他們對巴勒斯坦人做了什麼，要求他們悔罪，改弦易轍，但這樣的要求會失敗是顯而易見且屢試不爽。我們的警告——以色列奉猶太人和猶太傳統之名而實行的政策，已經把我們所認識和繼承的猶太傳統帶到了絕路——猶如對牛彈琴。至少表面上看起來，猶太社群目前欣欣向榮，其權力幾乎無邊無際。這一點，足以教會一般猶太人應作何選擇。

同化於權力和國家乃是防止集體苦難和促進集體富裕的一種方法。有誰可以怪猶太圈的領袖在大屠殺之後選擇這條道路嗎？而如果猶太人不這樣選擇，難道不會有別人為自己的利益而這樣選擇嗎？如果猶太人拒絕同化於權力與國家，難道要聽任這樣選擇而問心無愧的人宰割嗎？在大屠殺和以色列建國之後，聽到過先知聲音的猶太人還可能選擇一條放棄特權和權力的道路，從而開啓爲一些被世界貶低的價值觀而受苦的可能性嗎？

苦難在此看來是關鍵而且是跟殉道的觀念相連的。先知追求的是正義，這樣做的時候，他是與社會和權力的邊緣人站同一邊的。他們希望的是修復或創造一種人與人之間公正的關係方式，以此作爲見證傳統、共同體與生命的基本價值觀的一種方式。他們不會主動追求或建議苦難。然而，在實際上，先知的立場卻注定會爲先知本人帶來苦難，他們爲社群承擔的風險是巨大的。

個人和群體生活總是要冒風險的，總是處於經受苦難或使別人經受苦難的邊緣。一條道路已經被選擇，所以靜止不動或中立並不是一個選項。可能的選項常常會被隱瞞起來：我們有多常被告知，道路雖然是困難的卻別無選擇？

其實，先知所建議的，是一條風險比現在所走之路的風險爲低的道路。因爲難道透過製造別人痛苦來減輕自己痛苦眞是可能的嗎？會不會循環正等著進入第二輪，等著要把從受害者翻身爲勝利者的人再次打爲受害者？

我們在勝利中成就了什麼？如果我們的勝利是以犧牲別人獲得，倫理與正義要寄託在哪裡？今天，如果我們認眞檢視基督宗教和猶太教這兩個傳統的內在倫理要求，就會曉得它們都是衰歇了的力量。那麼，這裡是不是存在另一層的困難：要怎樣在兩個聲稱佔有先知傳統卻罕見體現這個傳統的宗教裡把先知聲音說出來？

今天，先知經驗是普世性⑪的。誰又能夠否認布伯、桃樂絲・戴、金恩和古提雷茲的睿見是先知的睿見，甚至他們的人生就是先知的人生？誰又敢因為甘地不是猶太人或基督徒而是印度教徒，就把他降級到先知以外的範疇？

因此，先知事工在我們時代是異花受精的事實無庸否認。布伯受過甘地的影響。對金恩來說，甘地和布伯的影響都是關鍵性的。桃樂絲・戴受到布伯、甘地和金恩的啓發。古提雷茲讀過布伯、金恩、桃樂絲・戴和甘地的作品並有所反應。另外，今天有多少站在先知行列的人不是在早歲就讀過古提雷茲的《解放神學》和深受震動？

二十世紀先知聲音的普世特質把一個有趣現象遺贈給了二十一世紀。隨著各個宗教傳統的式微與力量的消散，從不同宗教背景和地理地域發放出來的先知聲音反而增加了。過了一段時間以後，這些聲音就被視為同一個團體的聲音，而這些聲音原來所從出的群體對那些受他們影響的人會顯得愈來愈不重要。

對大部份受甘地人生見證所感動的基督徒來說，他的印度教背景、傳統養成都是難理解和不相干的。桃樂絲・戴是個天主教徒這一點，對大部份接觸過她或作品的人都只具邊緣的重要性。同樣的情形也見於布伯身上。他有關「我與汝」（I and

Thou）的觀點在當代文學裡大概是最多人徵引的，但這個觀念的猶太教背景（甚至布伯是個猶太人這一點）卻往往不會被提及。

這個普世化的先知團體是我們時代的特徵。在有些人看來，先知特殊性的喪失會讓他們的信息減弱甚至被扭曲。一個天主教徒眞的可能擁抱布伯的猶太人見證嗎？一個猶太人眞的可能把甘地引爲一個先知楷模嗎？不考慮金恩的美國黑人背景，他對美國種族主義與權力的激烈和悲觀批判不會大爲失色嗎？

但在其他人看來，先知見證的普世化卻是自由的一個泉源，可以打破影響力的邊界，以致分隔人們的各種邊界也可以打破。一個天主教徒會拒絕布伯見證的可能性微乎其微，一個猶太人覺得甘地太遙遠或金恩被白人覺得格格不入的可能亦復如此。這除了是因爲這些先知本身並沒有拒絕彼此，也因爲他們提出的問題都是我們在二十一世紀要正視的。

不過，那些哀嘆特殊性喪失的倒也指出了一些重要事實。把一些從特殊社群裡興起的個人視爲可代換的，將會有讓先知聲音有空泛化之虞。如果就像某些人說的，凡政治都是在地性的，那先知的眞實生活也應該是在地性的。先知聲音的普遍化也有它的在地性與特殊性。儘管先知都是出生與奮鬥於某一個社群中，但二十世紀卻把在地性與特殊性轉化到一個世界舞台上去。

在一種形式的社群裡發出的先知訊息，也會在另一種形式的社群裡被聽見。事實上，先知訊息會同時在這兩個地方被聽見，它會在當代先知所居住的原初處境中迴響，但它又會以一種新的特殊性在這些處境以外被聽見，在一個全球性的舞台上努力奮鬥。這大概就是當代先知的標誌之一：他們的聲音會在原初的特殊性與在地性被聽見，**但也會**在發展中的世界場景中被聽見，在全球化的過程中發展出一種新的特殊性與在地性。

這種動態過程的歷史悠久。希伯來聖經裡的先知傳統兩千年前就超越了猶太教，並在四世紀以後隨著基督宗教的擴張成爲一種全球性的力量。這種全球化後來隨著殖民主義和帝國主義更向前推，而在這個過程中，基督宗教不只透過它的權力受到轉化，並且（這一點長遠來說大概更重要）透過傳播基督宗教文本與儀式裡的先知見證而受到轉化。從一開始，帝國性格的基督宗教就受到共同體性格的基督宗教的挑戰，而後者憑藉的主要是希伯來聖經裡的先知楷模和耶穌這個角色本身。

在耶穌被奉爲彌賽亞之前和之後，先知一直持續出現。沒有先知耶穌，當代的解放神學是不可能的，但這神學本身也是先知訊息普世化現象的一部份。歷史地說，先知傳統有許多繼承人，包括宗教改革神學的一些方面、廢奴運動與民權運動。一方面，這些運動可以視爲基督宗教內部的內戰，是爲了爭奪基督宗教有何社會與政治責任的問題的發言權。另一方面，這些歷史地競爭的議題又有更大的適用範圍，會引生出一些針對這些議題而發的運動。所以，其積聚的效果超出基督宗教之外。一等這些鬥爭受到注意和被記錄下來，它們就會被全世界的人所效法（同樣的情形猶見於今天）。

普遍化的過程還在持續，而且會在二十一世紀加劇。普世先知團體的出現是這個過程的一部份。而儘管各先知的某些特殊性成份將會弱化，甚至消失在歷史中，先知版圖卻會大大擴張。每個傳統都企圖把先知的聲音封存在自己的特殊性裡，而先知要做的就是跨越邊界，啓封先知聲音，把它從約束中釋放出來。某種意義下，先知就是對抗其時代的國家和權力——兩者都得到宗教的合理化——的游擊戰士。

普世的先知團體應該透過尊重各自傳統所界定的正典，贏得對書寫和詮釋他們人生的權力（power）的身後勝利嗎？還是說，先知的炸藥——它們總是可以在這些傳統的文本中找到但又總是被正統派與宗教領袖嚴守著——現在已經被普世的先知團體釋放了出來和加以引爆？

普世的處境已經出現了若干時日，但時至今天它仍然沒有被人攤開來談。一個傳統已經在眾多的傳統中崛起；它的地位和見證就像引生出這種普世主義的那些傳統一樣強，甚至更強。大體上，在其特殊性**與**普遍性中，這個新傳統與舊的傳統是對立的。因爲不只先知團體已經跨過邊界彼此團結，古老的傳統也已經對如何扶持其傳統表述有了新的理解。

新正統派的興起就是個中例子。其中，一個社群的正統派被引爲另一個社群的正統派的理由。儘管這種做法常常被吹噓爲復興古代的特殊性（這些特殊性不只在歷史上曾經互相反對和互相迫害，同時還用神學上的理由指稱對方合該受到天譴），但它事實上是以埋葬各自特殊性的稜角爲代價，來接受一個正統派間的聯盟。

這就不奇怪，全球化過程同時也影響到那些以正統派自居的人。說到最後，這鬥爭是發生在普世的先知社團與正統派之間的，也就是發生在那些想要釋放出先知聲音和想封存起先知聲音的人兩造間。

但如果這只是每個傳統內部皆有的鬥爭——釋放出先知和封存起先知聲音之間的鬥爭——在一個新的和更大的舞台上重演，那它有讓我們更接近宗教眞理、紀律與行動嗎？這種普世先知與正統派的鬥爭，是否只是個一直與我們在一起的循環？

大概是這樣又大概不是這樣。如果說先知聲音在我們時代正在消失又正在重現的話，那大概每一個時代莫不如此。古代的猶太先知本身當然不是猶太人；他們是以色列人，更精確地說，他們是從一個發展中的部落聯盟中崛起的。可以說，猶太教是透過對這些部落聯盟的聲音的詮釋而把古代先知據爲己有的——情形與日後的基督宗教把先知耶穌據爲己有無多大不同。回顧起來，兩者都是一個發展出來的傳統。相反地，先知卻是一些按照上帝的應許和怒火而對權力說話的人，但這個上帝所揀選的並不是一種宗教而是一個民族。

把衆先知聚集在一個傳統裡當然是一種回溯性的做法，也是一種自省性的做法。形成後的宗教會把不同時期和處境的不同見證形塑在一起。先知爲數衆多——有握權的有身爲階下囚的、有身在祖國有處於放逐中的——但被保留在正典裡的只有其中一些。另外，先知話語的書寫與重寫也反映出先知的原話或許已經受到稀釋。

顯然，每個被保留至今的先知的聲音都是包含很多層次的。傳統在發展的過程中會收集、強調和規範先知：但我們還有更好的基礎去理解這些在歷史中突然冒起然後又消失的人嗎？

哪怕是被封存在正典裡，先知仍然會表現出一種時光交錯的特質。雖然經過界定化和結構化，先知表現的自由特質仍然讓人縈懷不去。誰不會因爲摩西的力量和軟弱而動容，誰不會對他只被容許死前遠遠一瞥應許之地而心有戚戚焉？

耶利米和以賽亞對不義的怒氣，受到他們對和解與和平願景的詩性美所制衡。約伯（Job）的情形也一樣。他是個古代角色，不算在先知之列，也外在於部族聯盟的發展過程。但他卻表現出後來在拉比猶太教時代變成猶太傳統的一面，那就是與同儕討論和與上帝爭論正義及生命的意義。

在聖典裡，眾先知是被並置在一起的，他們各自的時間框架和脈絡模糊不清。許多聖經學者窮畢生之力去把他們身處的時代和文本的不同層次給分離出來。不過，一般讀者不會知道那麼多，只會把先知書當成一整體來閱讀和沈思。因此，儘管被拉比的詮釋和文本封存起來，眾先知在文本裡的生命一如他們眞實的生命一樣，是時光交錯的。讀者讀到的是眾先知間有關權力、苦難和正義的對話，而這些對話又會循著文本所走過的道路，週期性地在現實人生裡重現。

那些把先知們給正典化的宗教建制總是得週期性地去應付新一波先知思想的迸發。不過，假以時日，宗教當局總是可以把新先知的破壞性訊息給抑制下來。先知的範圍會受到限制，以使即便體現了先知聲音某些方面的人也只能在一個受控制的系統中作用。如果這些範圍受到尊敬，先知聲音——當然是去除掉稜角以後的——就會成爲傳統更新的催化劑。⑫

一個運作充分良好的宗教系統是不需要先知同意在這些範圍裡運作的，因爲系統本身就強大得可以隨心所欲做到這一點。在這種系統裡，先知聲音一開始就會受人懷疑，接著系統會給先知的力量套上宗教理想主義的緊身衣，並引用古代先知爲例子，指出這個新的先知是與既有的宗教框架一致的。

拉比猶太教的來臨，基督宗教向宗派主義和全球化的邁進，伊斯蘭教的出現與大力傳教——這一切，都提供了先知話語更多的聽衆與更大的版圖。儘管先知聲音在這些宗教裡是受到制約和詮釋的——在猶太教是透過引入《塔木德》，在基督宗教是把耶穌提升到彌賽亞的地位，在伊斯蘭教是透過它的最後詮釋者穆罕默德——這些詮釋的終點總是不穩定的。之所以如此的理由很多，《塔木德》本身就包含著先知聲音這一點只是其中之一。把耶穌奉爲彌賽亞固然遮掩了他的先知信息，但這些信息還是可以從他的生平故事窺見。同樣的情形也見於被奉爲最後一個先知的穆罕默德。這些宗教儘管有衆多詮釋者和重要角色，但離揭封（unseal）先知聲音只有一步之遙。

這三個宗教，以及它們環繞儀式與文本發展起來的社群，不但過去有交會的道路，今天更是常常生活在彼此近旁。這導致了相互影響和借用。當然，這三個宗教的基礎本來就是透過借用得來的：先知是透過拉比被引進猶太教，然後又被基督宗教集體進口，最後是被伊斯蘭教再進口。這三種宗教的源頭是受到這種借用限制的，因此它們就利用一些區分法，好把借用的事實給掩飾起來。⑬

猶太教、基督宗教和伊斯蘭教一直都被說成各有截然不同的軌跡，各有自己的救贖史，因此三個社群是在一個末世論的平面——也就是世間的平面——互相區分開來的。而當它們是緊密地生活在一起，不得不在世間平面有所合作時，這種合作會被說成是權宜性的、戰略性的。哪怕生活在一起反映出三個傳統有共享的成份，但宗教領袖卻要他的社群相信，相似只是表面性的，實質上三者判若雲泥。哪怕系出同源，哪怕生活上關係緊密，哪怕哲學、神學和文化上的交流在歷史和今天都同樣頻繁，但三教就是被說成迥不相干的。

因此，普世交流並不是什麼新鮮事物，這些相互接觸的世界也不是殊少關連或全無關連的。相反的情形看來才是事實；眞正該探討的是彼此的共同性而不是分歧性，是三教的儀式與教義是如何形成的。

雖然我們時代的普世對話受到高度吹捧和常常引起巨大爭議，但他們對特殊性和共同基礎的討論經常掩蓋了（大概是蓄意的）彼此在先知和先知聲音裡的眞正共同性，掩蓋了彼此在封存起先知聲音之舉裡的共同性。

這些宗教領袖的普世主義是不是代表了封存先知聲音的最後努力，是不是爲了挽救傳統，讓它不至於被一個環繞先知聲音形成的，因此是跨國界和跨邊界的新社群所取代？無疑，先知聲音在二十世紀的勃發是伴隨著各傳統間一種更新的普世主義而來的。

各傳統之所以對普世主義重新感興趣，一個可能的解釋是那是出於戰略性的動機。它是為了集結力量，以抵抗那看起來行將要捲走所有宗教制度和科層制的大海潮。另一個可能的解釋是，當代歷史已經顯示出制度化和儀式化宗教的侷限性，而身在其中的人也感受到了這種侷限性，所以他們趨向普世主義的動機不是戰略性而是出於信仰的需要。

毫無疑問，戰略性和信仰的動機都是存在的。我們在這裡看到對宗教的未來看法的一種分裂——你喜歡的話也可以稱之為一場內戰。在很多傳統和宗派中心裡，對照當代歷史來重讀《聖經》之舉已經引起了一種再思考，引起了一種對歷史和信仰在歷史中的角色的再解釋。超越者（the transcendent）被重新思考和重新想像，甚至不再被當成信仰的焦點。隨著這種轉變，忠誠（fidelity）的問題被人再一次提出。何謂忠誠？忠誠的對象應該是誰？忠誠要怎樣體現在這個世界？

當超越者被重新想像，生命就受到強調，而社會、政治和經濟的領域對信仰的生命來說變得更重要。忠誠這個觀念本身是一個開口。過去，當封閉的概念佔有主宰地位，當超越者被強調為一種外在於歷史的完成時，生命只是世間的過渡，但在忠誠的觀念裡，過程和實踐卻有了容身的餘地。在新的想像裡，超越者會保留著，但卻經過淨化，會對問題開放。證言而非結論會被聽見，而證言是自由的，它會來自很多地方，而且往往是來自始料不及的地方。這道路迄未完結，而人類再一次成爲與「超越者」聯手探險的一個夥伴。

聖約在歷史中的發展演化

在這種情形下，聖約的發展演化性格受到重新審視。它是在一些由古代文本所界定的環境裡肇始，又繼續在另一些脈絡裡發展演化。雖然三教都聲稱聖約爲己所有，但歷史卻透過三教本身的行爲質疑這種宣稱。

自奧斯威辛之後，基督徒對聖約的所有權聲明就不是自明的。自以色列建國以後，猶太人對聖約的所有權聲明就受到了質疑。聖約問題的浮現——它一度是安安全全被藏在超越的領域裡的——也讓先知的問題被重新審視。因爲聖約的核心不就是先知嗎？

在正典的宗教情感裡，先知會受到召喚，是因爲有需要他們來制衡和矯正走偏了的信仰。聖約是靜態的，被認爲外在於歷史，頒佈過一次，對任何時代都有效。在這個意義下，〈申命記〉的編者和〈福音書〉的作者一樣，都是古典性的。兩者都致力於捕捉住一個既內在又外在於時間與歷史的聖約瞬間。

毫無疑問，摩西和耶穌的事工本質上都是先知性質的。然而，兩人各自更外顯的使命——作爲埃及猶太人的解放者和羅馬殖民地的魅力領袖——卻掩蓋了上帝旨意和犧牲更深刻的部份。因此，作爲聖約核心的先知被移入了超越的領域，使一齣地上戲劇大爲失色——更精確地說，是使這戲劇的主角從人轉化爲上帝。

聖約是不是以先知爲基礎呢，是不是體現在一種人與上帝間的對話，而這種對話只能透過日常的社會、經濟與政治生活加以測試？每一個古代先知的背景故事都可在這種對話與測試裡找到。聖約也可在其中找到。

我們大可以說，聖約同時是一種對話與測試，發生在一段從一開始就具有普世性格的演化歷史裡——發生在以色列各部落之間，在以色列人、埃及人和以色列人在曠野與應許之地碰到的其他部落之間，也發生在猶太人（後來是基督徒和穆斯林）生根和到過的地方。

雖然每個脈絡與社群都宣稱自己擁有和攜負著先知的語言（也因此是聖約的語言），但更大的問題和挑戰在於怎樣超出特殊性，以及任何特殊的社群怎麼可能囊括聖約和先知的信息。先知的非常流動性——他們穿梭於上帝與社會之間、個人和歷史之間——會同時擴大和挑戰特殊性。先知從來是壓抑不下來的，也因此要用文本與宗教權威把他們封存起來之舉是徒勞的。聖約的力量同樣是睥睨這種封存的。

聖約會不斷回返歷史，而就像先知的回返一樣，它回返的時間與面貌都是不可預測的。它的普世性格——這種性格從一開始就很明顯，而且在將來會愈來愈如此——讓它傾向於出現在你最預期不到的地方和最預期不到的人們身上。它首先是出現在處於埃及權力邊緣的以色列各部落，然後是出現在部落聯盟裡的邊緣人（孤兒、寡婦和外鄉人），然後出現在新的社群——比方說在羅馬帝國處於邊緣位置的基督徒。

這是因爲，聖約就像先知一樣，主要並不是對一個超越命題的宗教性肯定，而是一種關於上帝與社會秩序的焦點對話，使兩者在其中找到一種志業性的連結和溝通模式。哪怕是那些自以爲具有超越特殊性（transcended particularity）的社群，最終也必會爲採取同一模式的後起者嚇一跳：例如，基督徒雖然以自己的普遍性凌駕猶太人狹窄的特殊性自詡，但伊斯蘭教後來卻發展出一種更大的普遍性。

會進一步讓人吃一驚的是，聖約的連結（bond）將會愈來愈見於這些宗教性的擔負者的任一個之外。這種現象已經發展了幾個世紀，而其重要性將會在二十一世紀浮上枱面。至少在西方（其他地方也看得見），不帶修辭和儀式的聖約觀念已經滲透到世俗社會，並建立起一種新的特殊性，而毫無疑問地，它將會如之前的擔負者一樣，必然遇到另一輪聖約與先知的迸發——以一種預期不到和壓抑不住的方式迸發。

在某些方面，宗教與世俗特殊性已成了一段漫長對話史的新代理人。就像之前的特殊性一樣，世俗的特殊性是驕傲和專橫的，在世人面前自詡其目的與命運的卓越性。宗教與世俗的特殊性同時也會設法要求聖約和先知在他們的權力面前俯首，要求宗教——它表面上是聖約和先知傳統的擔負者——爲國家的權力與政策背書。

透過宣揚一種正典版本的聖約與先知話語，教會與國家之間達成一項交易，那就是把正典的動態張力給封存起來。在這個交易中，宗教人士與世俗人士對話的力量被放棄了。而異議者因爲只有在宗教和（或）世俗世界裡才能找得到家，遂變得無家可歸。

但又說不定他們會重複古代的模式，在這些世界之間找到新家。這裡，忠誠的問題再一次回到核心。現在，聖約和先知信息經過時間與語言的迻譯後，要開始展開於宗教與世俗的世界之間。上帝要求被承認，甚至要求一片崇拜和權力受祭祀之地。

然而，對崇拜與權力的承認會在社會與政治秩序中受到測試。寡婦、孤兒與外鄉人的不斷反覆出現成爲忠誠的本質測試。在這個聖約和先知斷言的演化傳統裡，忠誠從不單是信仰**或**正義，從不單是對邊緣人的同意**或**關心，而是一種包容一切的生活，就像兩者只能一起存在，否則都不能存在。

然則，在聖約和先知的傳統裡，又何謂忠誠？兩者的普世特質都是一直在時間中演化的。那麼，它們第一次斷言時使用的字眼和概念是有約束性和有必要加以覆述的嗎？我們應該繼續執著於上帝、應許、放逐、懲罰和回歸這些字眼的意義和順序嗎？經過語言與想像的迻譯後，特殊性可以在普世性裡存活嗎？聖約與先知信息的特殊攜負者對君士坦丁式綜合的恆常靠攏會玷污他們對上帝和正義的擁抱嗎？在世俗特殊性的妥協中，聖約和先知的聲音會不會逃離它們自己的神殿？

單獨來看，忠誠的問題看似是孤立的。完全被一些其他的眞實圍繞，聖約看似是消失了的。任何特定的社群自詡擁有普世性格都是膚淺的，一如自詡向一切開放卻拒絕批判自身基礎的自由派世俗性。

當宗教與世俗兩者被不加批判地擁抱時，它們的膚淺是讓人瞠目和有說明性的。兩者都宣稱擁有歷史的所有權，就像歷史是它們的，可以加以詮釋和繼承，以作爲對今日權利主張的依據，而不是以之作爲挑戰與批判的顚覆性記憶。似乎語言與文化的特殊攜負者就是政治與經濟的攜負者；當聖約和先知信息被人這樣宣稱擁有時，它們就變成臣屬性的，幾乎就像是該特殊性的僕人。

但如果有一個更廣大的信仰與奮鬥傳統，它是攜負著聖約與先知信息一道的，但它又會同時封起與揭封其動力，會埋葬與發揚其力量，會捻熄與引爆其威力，那情形將會是怎樣？就以那些形成於聖約與先知信息周邊而又自外於兩者的社群爲例。如果這些社群受到來自內部的挑戰，或受到在其他社群（一些在其他時間和環境經歷過同一肯定與否定過程的社群）的人的挑戰，情形將會是怎樣？如果忠誠是任何時間和地點（有時則是同一時間和地點）對聖約和先知的某種立場，情形將會是怎樣？定位因此將會是界定性的，而不只是語言與儀式的外在表現。對聖約與先知的封存總是會在一些時間和地點遭遇到對它的揭封。這樣的對抗在今天將會是當代而又歷史的。

這個揭封要如何植根？這個揭封本身會不會就是一種植根性（rootedness）？這樣一種揭封要伴隨什麼樣的實踐，才可以揭開對聖約和先知的封存？一種聖約和先知事工從不會完全實現，它的特殊體現也從不會持久。

相反地，我們必須保持警覺，以保證警訊能被理解和知覺得到。而在可怕的情況下，轉化是值得期許和爲之奮鬥的。其目的當然既不是追求不斷革命（permanent revolution），好讓日常生活的樂與苦不能持久，也不是爲了保持一種日常生活會反覆受到侵犯的不義現狀（status quo）。

不斷革命與執著於保持不義現狀都是一種對日常生活不自在的表現，是一種對社群、安全和繁榮的小覷。這種克服生命侷限性的渴望應該要加以迴避，應該要視之爲對我們人性的一種攻擊。這樣，植根於現在就變成了必要的，而一種從特殊性中抽繹的實踐也變成是少不了的。

儘管乍聽之下矛盾，但對根的需要並不是與更廣大的信仰和奮鬥傳統悖反的。植根於現在可以讓個人或社群得到自由去擁抱歷史上或現在的他者，以體現那些對我們爲忠誠所作的奮鬥來說不可缺的元素。這樣，我們自己的奮鬥就會跟在我們之前的人和其他與我們生活在當代、正在奮鬥的人和諧不悖。

忠誠因此就像聖約與先知事工一樣，是脈絡性的。事情怎麼可能是別的樣子？相似地，賴以指導我們的忠誠的實踐也是脈絡性的，必須是我們自己的，換言之是透過繼承和探索而爲我們得到的。繼承是我們的基（grounding），我們的根。然而，透過在時空上的擴大，透過把我們的擁抱擴大，這紮根將會紮得更深。這種理解有助於避免一種膚淺的拔根性（uprootedness）或是一種固著於當代生活的植根性（rootedness）。

一種動態動力會產生，它是特殊的又是最廣泛意義下普世的，會讓來自各方面的權利主張不能高聲嚷嚷。過去和現在會被認定各有它們的重要性和侷限性；相似地，特殊性和普遍性會在適當的脈絡下受到珍視，一種尋常性（ordinariness）會被視爲人類生活的基本。即使特殊性受到珍視，任何社群的本體論性的權利主張仍會受到管束。現代性所宣稱的普遍性，所自詡的拔根性，同樣也會被斥責爲一種誤稱。現代性也是一種植根性，並沒有比其他特殊性更好或更壞。

聖約和先知的動力是眞實的，它會越過國界和文化、地理與宗教上的邊界，內在而又超越特殊性，還會和一些自稱是超越兩者的體系對話。這種動力會節制各方各面的權利主張。但它本身會容許任何權利主張嗎？

聖約和先知的權利主張是自給自足的。這些權利主張是什麼，它們又是怎樣能夠被提出？它們源自何處？它們是有約束性還是由人自願遵守的？拒絕按聖約和先知話語生活會有什麼後果？最後，這些主張是關於個人還是關於群體的？

古代先知常常被當成一個範疇加以引述，然而，這些引述又是有選擇性的。聖約的故事也是如此。它總是以特寫鏡頭的方式被呈現，要猶太人毋忘他們曾經從奴隸身份解放的舊事。宗教學校和猶太會堂提到這故事時，強調的都是信實的上帝實現了祂對一群揀選子民的應許，強調這應許會繼續實現在聽到這故事和相信正典裡所述神蹟的人身上。

然而這故事其實還有另一面，而這另一面是充滿暴力的：猶太人對壓迫者埃及人的暴力、猶太人走向解放途中內部的暴力、上帝透過祂的信使執行的暴力，還有包含在先知話語中的暴力。而這些部份要不是被引述者略過，就是被當成比喻來閱讀。希伯來聖經中重複的部份，有其他神出現的部份和提及一些不能索解的事件的部份，也是受到同一種態度對待。

創造一部正典和歷史地研究它都是牽涉複雜的。閱讀和吸收正典——亦即解讀古代的文本——則涉及另一層次的複雜性。困難一層接一層。對於正典、它的歷史研究，還有它的解讀或詮釋，我們都不能照單全收，也不能視之爲理所當然。

作爲被造型過、重寫過和以正典形式出現的希伯來聖經是動人的、討人厭的、信而有徵的和騙人的。它不斷在兩個極端間轉換立場：時而對人性和以色列的命運表現出過份悲觀，時而對兩者表現出無比樂觀，時而又以讓人瞠目的方式把兩種態度結合在一起。

矛盾之處比比皆是。揀選和應許是禮物，揀選和應許是要賣力贏得的；揀選和應許是不可撤回的，兩者的撤回又常常被掛在嘴邊；上帝是仁愛之主，上帝是有仇必報的神。

有關保護和維護會幕（Tent of Meeting）⑭的繁複指示看來是沒完沒了的；正義是聖約的核心，沒有了正義，敬拜上帝是沒有意義的，甚至是一種褻瀆；上帝的僕人是受揀選和受保護的，但上帝又常常要他們接受一些超過能力許可的試煉，有時甚至會因爲犯了一些只該受到申斥的小罪而爲上帝處死。外鄉人常被刻劃爲需要受保護和被包容的，而是不是善待孤兒寡婦，則被視爲可不可以得上帝喜悅的標竿；另一方面，爲了讓以色列的命運得到實現，把擋路的整個社群（包括外鄉人、孤兒和寡婦）殺死，又是一種出於上帝律令的行爲，有時甚至是由上帝領軍的。

古代的聖約和先知是籠罩在一些今天難以接受的行爲和信仰的陰影之中的。拜偶像和正義的問題，揀選和應許的問題，至今仍是界定聖約和先知畛域的範疇。

然而，我們要怎樣看待這個界定性架構的源頭中那些特定的內容呢？在這些古代的敘事裡，上帝的裁決是讓人傻眼的。蝗蟲之災和殺盡埃及人的長子和頭胎牲畜是一個例子[15]，西奈山下對拜偶像者的集體屠殺是另一個例子。[16]普世思想在其中也可以找得到，特別是當猶太人形成一個部落聯盟的時候。

對部族特殊性的要求是被聽取和重視的，但這些部落的神祇——哪怕他們尊耶和華爲最高神——卻受到決絕的譴責。偶像崇拜受到迷了心竅般的以唯一的上帝和建立一個反映這種信仰的正義社會爲中心。然而，難道摧毀拜其他神或不守耶和華正義標準的人，是一種與他們所犯的罪成比例的懲罰嗎？

具說明性的是，很多環繞上帝和以色列人的主張聲明與行動而發生的爭論被保留在正典裡。讀希伯來聖經的時候，我們會禁不住有一種感覺：它企圖終止對這些主題的討論，但文本本身卻拒絕這種關閉。如果從一個後現代主義的觀點來閱讀這些文本——某個意義下拉比們就是以這種方式閱讀的——那它們的敘事將包含無限詮釋的可能。

把正典構築爲上帝及其子民一部眞實而非虛構的歷史，在在遮掩了這種可能性。然而，代代相傳的口傳證言是複雜得難以化約的，哪怕它們被匯集成書以作爲社群的奠基文件時，仍然是如此。雖然受到正典化，但這些證言——分別看的話——所馳行的軌跡只能說有一部份是明顯的。

正典本身不論是就各部份看還是作爲一整體看，都遠遠談不上清晰。當希伯來聖經終結時，它就由一部歷史變成了一份憲章。這憲章的詮釋者會是誰？這文件之後，猶太社群在歷史裡將會是怎樣的？上帝在未來將會怎樣顯現自己，甚至祂會不會繼續顯現自己——這些都是被懸置的問題。

隨著普世思想的出現，良知變得重要。隨著歷史的發展，良知被磨鈍了。正典形成了而社群（後來則是諸社群）負責攜負它的信息，傳揚開去。但這信息是在不同的環境（大權在握或無權無勢的環境）中被宣講的，而處在邊緣位置的人則會以新的方式理解這故事。聖約的故事有了自己的生命，以致有時正典的敘事幾乎是被擱諸腦後的，或只是被以某種方式約略提到，刪去了一些主題，略過了一些段落。

反偶像崇拜的鬥爭是很嚴厲的，在正典裡，大家長上帝對拜偶像者的懲罰毫不容情。我們今天還能接受這種懲罰嗎？耶利米和以賽亞開口閉口都是譴責，阿摩斯（Amos）⑰相差無幾。他們之前的摩西和約書亞是既仁慈又野蠻。亞倫眼睜睜看著自己子女被上帝下令處死，不發一語。我們今天還能夠接受三千個猶太人只因為建造了一隻金牛犢和圍著它跳舞就被處死嗎？

猶太拉比解釋聖經中這些段落時，態度就像是他們談到的不是歷史。在他們手裡，聖經成了供詮釋、思辨的文本，大部份時候都可以解釋得通，有時則像謎團。本來住在應許之地的每一個人都應該死於刀劍，以便應許之地可以為以色列人所擁有——這個由上帝發佈和約書亞執行的命令當然可以由拉比用有趣的方式加以解釋，或由今日住在同一塊土地的屯墾者以別的方式加以解釋。但難道這文本的陰森特質不會叫人納悶：它所描寫的上帝，還是我們今日能敬拜的上帝嗎？難道我們衡量今天問題時需要良知而衡量正典時卻不需要嗎？還是說正典本身已經讓良知的發揮在今天變得更困難？

這麼說，我們在乞靈先知的時候，豈不就是在乞靈上帝的烈怒？在先知之間，擔心人們不會對唯一眞神俯首，一直是個持續的主題，就像背離上帝而敬拜其他神乃是大罪之尤。但這種焦慮是不是無意中透露出一種反對那對當代世界來說無比重要的普世主義的內在烈怒？

聖約本身是焦點狹窄的，至少從它只揀選特定的一群人作為其託付者來說是如此。這種特殊性——它是與一種對土地和權力的應許綁在一起的——是受到過衆先知的質疑，但他們的質疑大部份都是以同一個應許爲前提。

讀過正典的叙事後，我們還能主張聖約和先知的傳統不包含對土地和權力的應許嗎？在正典裡，應許是分兩條路走的。一方面是對權力和土地的應許，一方面是當權力和土地被濫用時對放逐的應許。我們今天有可能去爭辯它們何者爲眞和可欲的嗎？難道忠誠（不管怎樣定義的）應該是權利和地位壓過別人的代價嗎？難道背叛（不管怎樣定義的）應該是從地理和文化上被放逐的原因嗎？

看來，對聖經進行一個批判性的解讀會讓人卻步不前。當然，在基督徒看來，希伯來聖經充斥著暴力與上帝的烈怒，至少與基督徒聖經那些扼要的寓言故事比較之下是如此。但這種比較是不眞誠的。要對基督徒的正典有一個更完整的解讀，我們就不能只著眼於文本本身，而需要同時著眼基督宗教兩千年來的歷史，以之作爲其證言。那麼，這個證言——從保羅到奧斯威辛的歷程——有爲聖約與先知傳統提供了更忠實的見證嗎，還是說它只是重複了基督徒所繼承的正典的韻律？⑱

至少從閱讀歷史來看，「新以色列」⑲看來是處身於一種與猶太教相似的演化軌跡之中的，基督宗教神學家曾吃力辯稱這軌跡已經被壓制。儘管上帝的懲罰看來只會落在猶太人和其他拒絕接受彌賽亞應許的人，但拒絕者所受到的懲罰和古代那些擋以色列人路的人所遭受的沒兩樣。征服、掠奪和謀殺在全球性的規模上持續了許多個世紀。

由猶太教和基督宗教正典引起的殘暴循環至今持續著。還是說這個循環只是藉希伯來或基督徒的正典來掩飾它對權力的飢渴？

這種是雞生蛋還是蛋生雞的問題難以解答——如果不是不可能解答的話。呼籲把猶太教和基督宗教從它們被正典利用的情況下解放出來的主張，一如呼籲把它們從自己歷史中解放出來的主張是有趣和激動人心的。然而，說到底，源頭及其攜負者，還有那些利用這兩者爲自己目的服務的人，這三者是分不開的。

宗教和歷史想回到正典背後都是不可能的。要超越它們——不管是單獨還是一起超越——也是不可能的。這是因爲正典裡提出的主張、由猶太教和基督宗教所劃出的宗教畛域，還有實現和轉化這兩者的歷史，都是既成事實，不會消失。

或許殘暴的循環是由正典和人類對權力的飢渴所助長，或許它是受到反對正典的人和人類對善與正義的渴望所反對，但這個循環看來卻像是固存在歷史中的。看起來殘暴幾乎就像正義一樣，是有一種追求末世⑳的驅力，會穩定地在人類歷史裡煽起帝國之間和社群之間的頻仍戰爭。

正典和從它裡面與四周流出的歷史動力是信仰掙扎的一部份。它們爲更廣大的信仰與奮鬥傳統灌注以問題與謙卑。這個更廣大的傳統有可能只是透過批判而打破暴力的循環，打破權力與應許的凝結嗎？在尋求打破這個循環的時候，它是不是只是爲下一個時期的下一輪循環作預備？

選擇爲社群而不是帝國服務並不保證社群最後會得勝，也不保證如果社群得勝不會發展爲帝國。由於聖約和先知的聲音是以刺耳的調子說出的，會被一部有時同樣是刺耳的正典所埋葬或放大，社群的建立是可以合理化殘暴和不義的。當社群對殘暴和不義的貢獻是被了解和承認時，我們所繼承的歷史會變得更複雜。帝國與社群固然是相左的，但它們同樣會捲入相似的演化軌跡。

因此，那些擁抱聖約與先知傳統的人必須對更廣闊的信仰與奮鬥傳統問一些嚴肅的問題。如果特殊性、排他性總是傳統與文化正向面的「背陽」面，又如果正典（連帶其中包含的聖約與先知傳統）是以不同的方式在爲這背陽面服務，那麼我們是不是乾脆把它們全部丟棄就好？應該憧憬一個人類的新開始嗎？良知會要求我們把所繼承的傳統——不管是怎樣詮釋的——棄之於歷史的垃圾桶嗎？

策略的問題由是而生：因爲正典和社群比比皆是，那我們想要打敗打著上帝名號的帝國權力，是不是應該固守著社群的傳統，或至少是站在內部來爭論？

儘管策略是人生的一部份，但這樣一種討論的壽命卻是有限的。奉一些已經維持不住的眞實之名而戰，等於是做一些注定會被不予理會的事。哪怕只是對語言與儀式的表面依附也是維持不到下一代的。對那些繼承的只是策略性遺產的人來說，要死記硬背一些主張與口號是不可能的。

當然，拋棄正典及從其流出的動力，乃是有自由這樣做的人總是在做的事。逃離宗教性——至少是猶太教和基督宗教定義的宗教性——是與文化、經濟和宗教上的自由程度成正比的。現代化是一種餌。它幾乎成了一種宗教，因爲它應許著自由。儘管宗教人士或社群常常會指斥這個新信仰系統的膚淺，但新信仰系統之所以會受到如此狂熱的歡迎，卻正是由於舊信仰系統的膚淺。

當然，其結果只是舊的正典爲一部新的正典所取代，而應許則從由特定民族和土地所專有轉換爲舉世的物慾與消費。殘暴（一如不義和貧窮）繼續存在，它被隱藏在「現代性」的宗教裡，就像它曾經被隱藏在猶太教和基督宗教裡。權力仍然驕矜，富有者依然統治，改變的只有語言和象徵符號。大多數情況下，代與代之爭或信仰與信仰之爭（即傳統信仰與「現代性」信仰間的爭鬥）只是一種正典間的爭鬥，它掩蓋了它們實踐的眞實歷史。兩者都隱藏了自己的身世和作爲持續中的殘暴與不義的循環的共犯身份。

聖約和先知傳統是滿佈瑕疵的。但難道這就意味每一代人提出的取代方案是純潔無瑕的嗎？殘暴的循環是清晰的，在每一個世代都是受很多思想和宗教潮流所餵養。這是不是意味，只要突出或拋棄某一些的思想與宗教潮流，暴力的循環就自然會終止？

爲了終結暴力的循環而採取的策略是重要的，並且將會持續出現。但這些策略也是注定失敗的，因爲策略與策略間會互不相讓，全都聲稱自己是答案，聲稱是我們遺產的一部份和我們未來的一部份。如果我們企圖利用它們來迴避歷史中的問題或對歷史中的鬥爭發起一個正面攻擊，則戰略和純潔兩者都只是幻象。

極少有社群或帝國是大功告成的，要是有的話，它們的傾圮就是近在眉睫。對社群或帝國的反對是內在於其矛盾與不穩定性之中的。雖然有時說出該反對甚至起而行動是重要的，但反應總是有瑕疵的。

對變遷的修辭性呼籲總是與變遷的事實有距離。不管努力多麼高尚，目的、動機和執行上的瑕疵總是可以找得到。如果這對今日來說成立，那同樣的情形也很有可能適用在聖約的發佈和先知聲音出現之初。

有鑑於它們在正典中的歷史表現，以及攜負它們的人幾千年來的歷史表現，聖約和先知傳統在二十世紀只能是低聲下氣的。這個失敗的傳統是充滿內在矛盾、侷限性和瑕疵的，存在於其他一些同樣是充滿內在矛盾、侷限性和瑕疵的失敗宗教傳統與世俗傳統之間，而它們又常常會折衷甚至混亂地融合在一起。

難道今日猶太生活在文化、種族、宗教、民族和政治上的各種成份是可以分梳開來，甚至哪些成份是猶太人所本有而哪些成份又是借自其他文化與宗教，是可以明確認定的嗎？同樣的道理也適用於基督宗教和其他發源自古代而流傳至今的宗教。

所有人類事物都是會發展演化的事實否定了探索一個純粹起源的可能，否定了把一些從一開始就混在一起的事物分離開來的可能。要對正典本身進行分梳就已經是很困難的了——如果不是不可能的話。環繞聖約與先知展開的那些敘述迷霧重重。摩西的生平（包括他的出生和成長）疑點多多。他重返埃及帶領以色列人之前的流浪生活在正典裡只有點點滴滴記載。有關猶太人在曠野裡流浪的故事既有刪節也有膨脹，而且不是它分配到的時間框架裝得下的。摩西的最後遺言與死亡的記載都是經過一再重編的，讓人感覺它們出於一些與摩西生平無關的理由，有些部份被放大，有些地方被縮小。

有關出埃及的事情在正典裡軼失了許多，有關先知本身的事情亦復如是。除了被保留下來的先知以外，有多少先知已經湮滅在歷史中？正典保留某些先知而任由另一些先知湮滅的理由何在？那只屬意外還是蓄意的？正典裡保存的先知話語眞是他們說過的嗎？

在這個問題上，耶穌的例子具有說明性。斷然是個猶太人也只是個猶太人，耶穌讀過衆先知的話語亦深受影響，其思想與行動都是無法離開聖約與先知的脈絡加以了解的，但他卻受到他出生的社群所拋棄而受到一個以他爲中心的新社群㉑所收養。從他所讀過的先知話語中，耶穌發展出自己的先知事工——一種與他讀過的先知有關卻又不同的實踐。

耶穌的先知事工只有在模仿古代先知的時候（假定這是可能的話）才是信實的嗎，還是說只有發展出和活出自己的先知事工，他的先知事工才可以說是信實的？幾乎他甫一死，圍在耶穌四周的一群人就開始模仿他的人生與教誨，與此同時又開始離它們而去。作爲先知的耶穌也經歷了他之前先知所經歷的正典化過程；創造這部正典的社群封存起耶穌見證的方式與猶太社群如出一轍，但他們卻又譴責猶太社群封存起了耶穌的彌賽亞信息。㉒

從那時起，猶太教和基督宗教的分化就開始了。基督宗教方面宣稱，這個分化是因猶太教封存起彌賽亞訊息而引起。然而，如果從基督徒的正典和殘缺不全的歷史證據推敲，最初的爭論焦點乃是先知的訊息有沒有包含著一種彌賽亞末世論（messianic eschatology）。

當然，耶穌與末世論的關係有很多種看待方式，但耶穌時代的猶太人既然身受亡國和流離之苦，很自然會希冀一些奠基於聖約和先知傳統的安慰話語。顯然，在猶太百姓和領導人看來（大概耶穌本人也是這樣看的），彌賽亞如果會來臨的話，也是稍晚才會來到。這麼說，福音書把耶穌定位為彌賽亞的做法，會不會是與基督徒用正典封起先知聲音如出一轍——一如猶太教更早曾經用正典來封起猶太古先知的聲音？

放在聖約與先知的傳統去看，耶穌既受到他所出生的社群拒斥，復受到收養他的社群拒斥。封存先知聲音的過程繼續下去，並在隨後幾個世紀隨著猶太教和基督宗教在互相敵對中定型化而結晶化。就這樣，先知傳統讓人討厭的連續性隨著耶穌的被封存而被雙重地封存了起來，而兩教的中心工作成了否定和定義化耶穌的事業／使命。

因為否認耶穌是先知，猶太教凍結了自身作為一連串先知聲音迸發的歷史，基督宗教則因為把耶穌提高到他所繼承的事物的高度之上，讓耶穌超出於歷史與先知傳統之外，從而保護了制度化和官僚化的教會免受耶穌或任何繼起的先知的挑戰。就這樣，耶穌在基督宗教的地位就有如摩西之於猶太教：代表了聖約的總結。在猶太教，眾先知的歷史是經過解讀和詮釋的；在基督宗教，先知的歷史則被解讀成了宣示彌賽亞的來臨，而現在這個彌賽亞已經來過，受到世人崇拜。

今日的先知事工

我們仍然有一個問題懸而未答：先知之於二十一世紀的各種問題有何用處？在很多人來看，討論先知這個宗教主題本身就是時空錯亂的。然而每一天，社群或帝國都要面臨抉擇，而帝國裡的社群要面臨的抉擇也不遑多讓。不管是不是出之以宗教語彙，先知選項總是擺在我們面前。然而令人困擾的是，先知選項極少是成功的，至少不會馬上奏效。這樣，我們面臨了一個進一步的難題：如果先知選項常常會帶來犧牲而且常常是不成功的話，我們爲什麼要選擇它？

很多時候，先知的沃土都是由宗教取向的人所澆灌。然而，如果先知傳統是內在於猶太教和基督宗教裡的，而兩教領袖又常常是些爲不義背書或對不義默不吭聲的人，那我們爲什麼要擁抱一種需要作出犧牲和不會奏效的召喚？

大概正是因爲如此，二十世紀的很多先知聲音才會是世俗性的，而即使是宗教性的也會帶有自我批判的成份。這也是爲什麼我們時代的先知團體，其成員是來自不同的傳統與文化。這個群體的成員包含了相當分歧的人與傳統：甘地是印度教徒，布伯是猶太人，金恩是新教徒，古提雷茲是拉丁美洲天主教徒。

在有關以巴關係的議題上，猶太異議者因爲一直在追求共同體，所以常常帶有先知性格。例如，在十九、二十世紀之交，錫安主義者在猶太人中間是徹頭徹尾的少數派，受到歐美大部份宗教與世俗猶太人團體的反對。哪怕是在納粹階段和稍後，仍然有相當大比例的猶太人對在巴勒斯坦建立一個猶太國家的主張不是冷然以對就是激烈反對。甚至在錫安主義者中間也有反對建立猶太國家的人，他們寧可對猶太家園（Jewish homeland）的觀念作出文化或精神上的理解。

馬格內斯、布伯和漢娜・鄂蘭就屬於後者。他們都認爲在巴勒斯坦建立一個猶太家園對猶太人的未來攸關重要，但卻反對建立一個猶太國家，認爲這樣的東西將會使猶太家園和猶太生活軍事化。㉓

在馬格內斯、布伯和鄂蘭看來，建立一個猶太人國家將會導致巴勒斯坦土地上的阿拉伯人流離失所。而讓阿拉伯人無家可歸，等於是讓猶太人在整個歷史裡無家可歸的狀況重演。那也將會創造一個由宗教合法化的國家，將會窄化猶太人的知性和文化生活。這樣的國家最終將無異於其他民族國家。

儘管今日的猶太異議者並不總會說出他們與這個異議傳統的關連，甚至常常不知道有這個傳統的存在，但它卻是當代猶太異議者可以找到根柢的地方。也正是從這個傳統，我們可以對猶太異議者的命運有一個歷史觀照。

馬格內斯是個改革派的拉比和美國出生的精神性錫安主義者，也是第一任希伯來大學的校長。然而在一九四九年過世前不久，他卻親身遊說美國國務卿馬歇爾和杜魯門總統不要承認剛宣佈建國的以色列。他還建議美國應該駐軍耶路撒冷，以防止巴勒斯坦的分裂。現在的一般猶太人和領導者之中，誰還會主張這種立場，甚至誰又知道有過這樣的立場？

布伯是世界知名的猶太神學家、聖經學者與哲學家，他一九三八年被迫離開德國，自此住在耶路撒冷以迄一九六五年過世。就像馬格內斯一樣，布伯也是個精神性錫安主義者。他與馬格內斯一樣反對建立以色列國，認為在中東應該組成一個族群間的聯邦。

在這個架構裡，一種特殊的願景和生活方式，以及對人性的普遍了解，將可以發展出來。馬格內斯採取的方法是直接找美國政府的高層談話，布伯的方法則是在巴勒斯坦和後來的以色列跟猶太政治領袖進行一系列的辯論。與布伯激烈交鋒過的人包括以色列第一任總理本—古里安（David Ben-Gurion）。布伯的觀點就像馬格內斯的一樣，在猶太世界裡鮮為人知，而知道的人則會低貶之為不諳世務和烏托邦。

猶太領袖對布伯的這種貶低是可笑的。布伯是個被迫離開納粹德國的難民，餘年都住在猶太人與阿拉伯人衝突愈來愈動盪的巴勒斯坦，始終站在一個猶太的脈絡裡發言。在這個脈絡裡，他常常被污名化。布伯是個曾經親歷形塑當代猶太生活兩大事件的人，難道他的見解可以只用烏托邦主義幾個字一筆抹煞嗎？

鄂蘭的例子更是有說明性。作爲從納粹德國逃出的難民，鄂蘭的一生投入很多時間在組織救援猶太難民的活動，她也是第一個探討歐洲猶太人悲劇的知識份子。她有兩部充滿爭議性的主要作品是談大屠殺的，而當時這個主題還沒有被認爲具有學術探究價值。

鄂蘭的立場與馬格內斯和布伯相似，但有一些修正，觀點也更世俗性。鄂蘭主張巴勒斯坦問題採取兩民族單一國家的解決方法。她也認爲，大屠殺必須透過歷史、哲學和政治的角度來分析。她對艾希曼（Adolf Eichmann）㉔在耶路撒冷受審的報導被認爲並未充分體認納粹政權的邪惡本質㉕，因此她這部份的作品並沒有被遺忘而是受到清算。對鄂蘭的污名化運動基本上是一種人身攻擊，它並沒有探討她所體現和突出的猶太異議傳統。

自從以色列建國後，各式各樣的異議行動和言論就在訴說著猶太人對終結暴力循環的希望與憧憬。我們會想到在一九四八年戰爭中拒絕執行比金命令的士兵：因爲受的是「世界主義」的教育，他們拒絕把一些阿拉伯人從將要成爲新以色列國的土地上趕走。他們還記得猶太人被西班牙放逐的歷史，看到巴勒斯坦人被趕出家園讓他們回憶起這段歷史。

這個異議的歷史持續到以色列在一九八〇年代轟炸貝魯特，當時有些以色列士兵拒絕在黎巴嫩執行任務。異議聲浪在巴勒斯坦人起義期間進一步升高，因爲有些以色列士兵在高壓政策裡再一次看到納粹對猶太人的殘忍對待。在很多猶太人看來，一種角色轉換已經在猶太生活發生了：難道猶太人對於巴勒斯坦人權的否定，不是與一千年來別人對猶太人權的否定如出一轍嗎？

就像大部份的猶太歷史一樣，過去和現在是崩塌爲一個多層次的眞實的。在這個意義下，先知傳統是非線性的，總是伸手可及，而前一代猶太異議者的聲音也會在下一代異議者中聽到回響。

註釋

① Emmanuel Levinas, *Difficult Freedom: Essays on Judaism*（Baltimore: Johns Hopkins University Press, 1990）, p. 212.

② 同上書，p.213。

③布伯和赫雪爾兩人對先知事工的問題都談得很多和有創見性。我對他們與先知事工關係的理解，參見Marc H. Ellis, *Revolutionary Forgiveness: Essays on Judaism, Christianity and the Future of Religious Life*（Waco, TX: Baylor University Press, 2000）, pp. 259-72.

④見 See Walter Brueggemann, *The Prophetic Imagination*（Philadelphia: Fortress, 1978）and Gustavo Gutierrez, *A Theology of Liberation: History, Politics and Salvation*（Maryknoll: Orbis, 1973）.

⑤ Richard Rubenstein, *After Auschwitz: Radical Theology and Contemporary Judaism*（Indianapolis: Bobbs-Merril, 1966）. It has also been published in a second edition by the Johns Hopkins University Press with a new subtitle, *History, Theology and Contemporary Judaism*.

⑥見 See Richard Rubenstein's *My Brother Paul*（New York: Harper & Row, 1972）; *Power Struggle*（Lanham, MD: University Press of America, 1986）; *The Cunning of History: Mass Death and the American Future*（New York: Harper & Row, 1975）.

⑦見 See William D. Miller's *A Harsh and Dreadful Love: Dorothy Day and the Catholic Worker Movement*（New York: Liveright, 1973）; *Dorothy Day: A Biography*（New York: Harper & Row, 1982）.

⑧我在 *Revolutionary Forgiveness* 一書中（pp.51-98）對這些年有更深入的回憶。

⑨希馬是《聖經》裡的詩歌（見〈申命記〉六章四節）。猶太人每天都會背誦，極近乎是猶太教的信仰綱領。〔譯註〕其內容爲：「以色列啊，你要聽！我們的上帝是獨一的主。你要盡心、盡性、盡力，愛你的上帝。」

⑩〔譯註〕應是公元一世紀。今日梅薩達要塞已成爲以色列的聖地，新兵都要到該要塞作入伍宣誓，誓言其中一句是「梅薩達再也不會被攻克。」

⑪〔譯註〕這裡的「普世性」一詞的意義約相當於「跨教派、跨地域」。

⑫對這些主題一個引人入勝的討論，參見 For a fascinating discussion of these themes see Joseph Blenkinsopp, *Prophecy and Canon: A Contribution to the Study of Jewish Origins*（Notre Dame: University of Notre Dame Press, 1977）。

⑬宗教彼此間的借用和分級是看待猶太教、基督宗教和伊斯蘭教發展的一個方法。另一個方法是透過創造和再創造的觀念。參見 Donald Harman Akenson, *Surpassing Wonder: The Invention of the Bible and the Talmuds*（Chicago: University of Chicago Press, 2001）。

⑭〔譯註〕猶太人出埃及後路上安置約櫃的帳棚。

⑮〔譯註〕《舊約・出埃及記》記載，上帝為迫使法老王准許猶太人離境，降下十大災難，殺盡埃及人長子和頭胎牲畜是最凌厲和最後一場降災。

⑯〔譯註〕《舊約・出埃及記》記載，猶太人因為摩西上西奈山領受上帝話語，多日未歸，以為他已遭不測，心生恐慌，脅迫亞倫造一金牛犢像，作為敬拜對象。上帝大怒，下令殺死拜金牛犢的三千猶太人。

⑰〔譯註〕阿摩斯、耶利米和以賽亞都是《舊約聖經》中的先知。

⑱我主張正典結束後的歷史應當被當成正典本身一部份看待，它們為《托拉》和《新約》提供了一些新的經卷。在猶太教，我們現在可以加入《巴勒斯坦書》（*The Book of Palestine*），在基督宗教，我們可以加入《一四九二年福音》（*The Gospel of 1942*）和《特列布林卡福音》（*The Gospel of Treblinka*）。〔譯註〕作者這裡的意思是猶太教和基督宗教的殘暴歷史可以視作理解它們教義的一部份材料。一四九二年是西班牙把全體猶太人逐出國外的一年，這是猶太人在納粹以前遭遇過的最大一次迫害；特列布林卡是一處納粹集中營。

⑲〔譯註〕「新以色列」即基督宗教。

⑳〔譯註〕作者這裡說正義具有追求末世的驅力，是因爲基督宗教認爲末世是一個新的黃金時代（千福年）的序幕。

㉑〔譯註〕指基督宗教。

㉒除一些當代聖經學者以外，耶穌的先知性格幾乎不爲人知。其中一個重新發現先知耶穌的例子是Crossan, *The Historical Jesus: The Life of a Mediterranean Jewish Peasant*（San Francisco: Harper San Francisco, 1991）.

㉓有關馬格內斯、布伯、鄂蘭對這些主題的思想，見 Judah Magnes, *Dissenter in Zion: From the Writings of Judah L. Magnes*, ed. Arthur A. Gordon（Cambridge, MA: Harvard University Press, 1982）; *A Land of Two Peoples: Martin Buber on Jews and Arabs*, ed. Paul Mendes-Flohr（Oxford: Oxford University Press, 1983）; Hannah Arendt, *The Jew as Pariah: Jewish Identity and Politics in the Modern Age*, ed. Ron H. Feldman（New York: Grove, 1978）。

㉔〔譯註〕納粹執行大屠殺的重要人物之一，第二次世界大戰後以僞名逃至阿根廷，後被以色列情報機關逮捕，送往耶路撒冷審判，被處以絞刑。

㉕〔譯註〕鄂蘭並沒有把艾希曼描寫成十惡不赦的大魔頭，在她眼中，他不過是平庸的官僚，只懂遵從上級命令，是個沒有道德思考能力的人。

4

體現在放逐的猶太見證

A Jewish Witness in Exile

ISRAEL AND PALESTINE
OUT OF THE ASHES
MARC H. ELLIS

·每一個文化與傳統的消失對人類精神來說都是一種減損。

·我們時代批判國家權力最激烈和無休止的都是些目中無神的猶太人。馬克思和弗洛依德這些目中無神的猶太人，都是他們時代對國家權力批判最力的人。

·遺忘的人沒有寬恕的能力，但寬恕的人（或被寬恕的人）卻有遺忘的自由；寬恕是有連結作用的。

·雖然吃過種種苦，我們仍然得堅持正義，不應該訴諸私刑報復。除此之外沒有別的出路。

一九九八年是以色列建國五十週年。但國慶的氣氛卻迥異於人們所預期。有些慶祝活動被加以修改，容納進一些對以色列過去和未來更清醒的反省。有些慶祝活動則完全取消了。

同時還有一些被稱爲「紀念會」的反慶祝活動。這些紀念會指出，巴勒斯坦人的災難與以色列的建國有分不開的關係，因此質疑在佔領和屯墾區繼續存在的情況下，有什麼好慶祝的。當時，奧斯陸和平進程已經停滯，拉賓亦遇刺身亡，納坦雅胡就任總理——凡此種種都爲猶太人的和平希望敲響了喪鐘。

所有這些紀念會上都看得到猶太人，而他們都參與討論跟以色列的誕生和未來有關的議題。這些議題包括：單是給予巴勒斯坦人在約旦河西岸和迦薩走廊一些細碎的土地上有限的自治權，以色列就可望與巴勒斯坦人謀得和解嗎？

還是說以色列會讓步，會承認巴勒斯坦人有需要一片安全有保障和更大的土地去重建巴勒斯坦生活？在宗教、文化、政治和經濟上對猶太人和巴勒斯坦人雙方都如此重要的耶路撒冷，有可能共享嗎？還是說以色列會獨佔這個城市，進一步區隔猶太人和巴勒斯坦人？

表面上，這些似乎都是純政治性的問題，只能透過談判——最終是透過實力——來解決。作爲勝利者，以色列會提出各種要求；而作爲弱勢的一方，巴勒斯坦人則只有乞求勝利者垂憐的份。

在和平進程已經塌陷的今天，巴勒斯坦人的乞求聲音有被聽見嗎？會不會這種乞求聲不只是關涉政治的？問題的癥結似乎不那麼是關係過去，而是更關係當前的脈絡。政治常常都是只管當前。長遠的利益都是要靠現在的決定來保障，特別是如果利益關涉民族或國家的話，更是不能有絲毫讓步。國家尋求的是安全、擴張和富裕。所有站在勝利一方的國家都以爲未來是屬於它們的。

事情也許眞的是如此。但我們先前分析過的那些思想家卻認爲，有一個過去幾乎像指控的鬼影一樣糾纏著現在。

那些反省過大屠殺的人看出，在當代猶太生活裡出現了一些斷裂，而那不是靠著握權就可以架接的。以色列爲猶太民族帶來了驕傲，但有時候也帶來恥辱；隨著國家的安全化和正常化，以色列對猶太民族的象徵意義業已式微中。未來的世代將會在一個國際的民族國家體系中論斷以色列。大屠殺論述能夠動員猶太各社群的能力相似地亦正在退減。在未來，它將會愈來愈與以色列在猶太人心目中的形象無關。

正是基於這個原因，以色列政府才會搞了個叫「長子繼承權行動」（Operation Birthright）的計畫。其宗旨是鼓勵海外猶太人（特別是年輕一代）到以色列去走走。這個計畫和其他相似計畫意在教育年輕人「大屠殺與以色列」的關連，以及這兩者與他們生活的關連。對目擊過大屠殺與以色列建國那一代猶太人來說，再明顯不過的事實如今已不再是自明的。

猶太生活的分叉化看來將會愈來愈成爲下一代人接受的模式。但當分叉化居於舞台中央的時候，一個堅強和整合的猶太身份認同是難以想像的。猶太人的身份認同就像猶太人的記憶一樣，將會以一種神話形式存在，抽離於所有艱難的生活細節。

因此，眞正的挑戰將會出現在接下來五十年。接下來五十年，以色列將會是什麼樣子？大屠殺會繼續被人記住嗎，如果會，又是以何種方式被記住？到時候一定還會有人認同自己是猶太人。但這種認同的內容爲何？那失落的誡律會被找到嗎？還是說它會被丟棄在遠方，讓這誡律被違反的事實隱而不彰？

如果失落的誡律被一些人找到，他們會怎樣處置它？他們的呼聲會被聽到嗎？他們所述說的語言會讓這聲音在猶太民族的歷史長河裡找到地位嗎？會不會聖約雖然還會被人談及，但卻失去了實質內容；會被高舉，哪怕它能挑戰那些聲稱擁有它的人的能力已經式微？

儘管有自己的政治立場，但葉魯夏爾米、葛林伯格、羅斯基斯、法根海姆和歐席克都提出了一條向前走的路。接下來的五十年，可以是一個承認歐洲猶太人和巴勒斯坦的巴勒斯坦人受過不義對待的時期。這個承認將會把一些猶太人和巴勒斯坦人帶過如今被封死的邊界。一個在以色列國內和在巴勒斯坦人之間推行的公民權運動可以讓失落的誡律重見天日。「尋常禮節的修補」有可能會是這個朝共享土地和平等邁進的運動的未明言動機。艾蓮娜・柯雷普費茲的懇求將會在一些不那麼情緒性的環境中被聽到，人們將會明白，她是在呼籲猶太人要把己之所欲施於他人，是在呼籲一種極不尋常的尋常生活。

大屠殺動員猶太人和猶太身份認同的能力將會褪色，但它對那些不肯接受分叉化現象的人卻說不定會產生更有力的作用。如此，大屠殺將會從一種爲動員猶太人追求握權的記憶，蛻變爲一種顚覆性的記憶，被用以批判那些把不義行爲制度化的權力建制。

這記憶將會尋求一種正義和平等的相互扶持，將會在國家權力之中和四周運作。「尋常禮節的修補」將會跨越國家與社群的邊界——包括以色列人和巴勒斯坦人之間的邊界，也包括猶太人、基督徒和穆斯林之間的邊界。它會爲猶太人和巴勒斯坦人創造一個共同家園。然後，對大屠殺的哀悼就會在一種猶太的身份認同裡找到位置；這種身份既哀傷又充滿希望，既痛逝者而又意識到生之可能性。

我們命運的邊界

要在這個脈絡下分析猶太教和猶太生活的未來，就是探問以色列國和猶太生活的邊界何在。是不是以色列今日的邊界就是我們作爲猶太人的個人和集體身份認同的邊界？它們是不是就是猶太人命運的邊界？

因爲以色列就像任何國家一樣，會拿走任何它可以拿走的土地，又因爲以色列用的是一套苦難、無辜、安全的修辭，所以如果沒有任何足以抗衡它的話語或行動（兩者目前都不在望），那猶太人的身份認同、政治、文化、宗教性就只能在現在的邊界之內加以鍛鑄。說來弔詭，那些一直抗拒以色列邊界和猶太身份認同邊界的人現在必須放棄反抗，認識到繼續主張「兩國家解決方案」——**就像以色列的地圖是可以逆轉似的**——只是在參與一個同時欺騙猶太人和巴勒斯坦人的假象。

在二十一世紀初的今天，以色列國的邊界和猶太生活的邊界包含了以下一些後果：

- 那個存在於以色列建國前甚至一九六七年戰爭前的巴勒斯坦已經被摧毀

了。以色列已經征服和控制了巴勒斯坦，哪怕巴勒斯坦人仍憧憬著有限的自治甚至建國。強調道德與正義的猶太傳統，今日只能活在那些與猶太人利益與權力沒有直接關連的地方。**隨著巴勒斯坦的摧毀，猶太傳統——一個強調道德與正義的傳統——已經壽終正寢。**

・與此同時，一種新的體認或許會從這個摧毀中產生：以色列從不也永不會是自足的。哪怕巴勒斯坦已經被摧毀，它在地理、記憶、建築、文化與人口這些方面一直都存在於以色列之內，也將繼續如此。

・接下來五十年應該努力奮鬥的，與其說是在以色列旁邊建立一個巴勒斯坦國（這樣的巴勒斯坦國只能是有名無實的），不如說是在以色列裡面追求其二元人口尊嚴和政治權力上的平等。目標應該是不帶種族或宗教認同指涉的公民權，是一種新的政治與社會身份認同，它既包含猶太與巴勒斯坦歷史的特殊性，又同時超越二者。

隨著這種身份認同的演化，巴勒斯坦將會先在自己裡面肯定自己，接下來與以色列一起肯定自身，以使以色列作為以色列／巴勒斯坦（你也可以說是巴勒斯坦／以色列）的實質地位得到承認。對錫安主義來說，其意涵是昭著的：那導致以色列誕生和巴勒斯坦摧毀的意識形態結構——它是出現在十九和二十世紀歐洲猶太生活的危機的脈絡中——將會走到盡頭。在二十一世紀，猶太教必須回復它離散時代的情感，不過是出之以一種轉化過的方式。

・隨著我們**所認識和繼承**的那個猶太教和猶太傳統的終結，排除了我們回到離散時代情感的可能性，它的道德傳統已經因為以色列建國和擴張的軍事化需要而被損害。另一方面，一次新的離散將會出現，其成員除猶太人以外，還包括其他民族和文化的人（包括巴勒斯坦人），而他們的放逐或是出於被迫，或是出於自我選擇。

那些會去爲猶太生活尋找新形態的人，將會是那些拒絕承認以色列今日邊界就是猶太人命運邊界的人。很多這一類的猶太人，今天已經越過邊界，聲援巴勒斯坦人民。他們會在流放中爲一個猶太生活的未來做準備，而這個未來只有在以色列和巴勒斯坦的土地是共享時才屬可能。

爲什麼猶太生活的未來只有在以巴地區是共享的情況下才屬可能？因爲只有那

樣，才能表現出猶太人對他們造成的苦難眞誠悔罪。帶著這種悔罪之心，加上作出一些補贖前愆的行動，猶太人就能以忠實和決心去擁抱一種更成熟的身份認同。努力去建造一個以色列／巴勒斯坦，這本身就是一個通向更新之路的路標。否則，在壓迫另一個民族的情況下，猶太人有可能宣稱自己的身份認同，足以建設一個未來嗎？

當一種新的常態進入猶太人和巴勒斯坦人的生活之後，這個未來將會是什麼樣子？我們將會從一個在危機時刻傾圮的猶太教搶救到些什麼？只有接下來的五十年能提供答案。

猶太教主流的分歧化或許會持續下去。在這種情況下，猶太人將會繼續進入與報效美國和以色列的社會。君士坦丁式猶太教將會獲得鞏固——在其中，猶太人的思想與神學將會爲美國與以色列的社會服務。這裡所說的主流包括宗教性猶太人（正統派、保守派和改革派）和世俗化猶太人。儘管兩者在認知和生活風格會愈離愈遠，但他們向國家和權力的基本同化卻是一樣的。宗教性和世俗化猶太人之間的紐帶將會在這種同化中找到。

美國的振興派猶太人——他們找到瓦斯科（Arthur Waskow）和勒納（Michael Lerner）作爲下一代猶太生活的領袖——將會消散，歸入上述範疇的其中之一。他們或其子女會漂流回到他們父母所從出的猶太生活部份。那些激勵過他們父母的經驗——例如追求讓巴勒斯坦人建國以挽回猶太民族的清白無辜——將會是他們感受不到的。

一旦這種願景消失，這些子女中將很少人覺得創造一個以色列／巴勒斯坦的奮鬥是與他們有切身關係的。而少了這種奮鬥和從中誕生的魅力型領袖，這些子女們將會面對一種心理空虛的危機，那是他們父母不用面對，因爲後者一直投身於呼籲以色列回歸猶太道德觀的事業，一直投身於發展一套可以爲猶太富裕生活注入意義的神祕主義與儀式。

因此，猶太生活的空虛將是下一代無法避免的宿命。總體來說，他們的反應會是冷漠、游離，並在最終同化於權力與國家。

至於以色列的猶太人——他們在宗教與世俗上的二分化要比美國猶太人徹底而強烈——理應會在擴張後的以色列過上正常化的生活。征服巴勒斯坦以後，錫安主義就會終結，以色列社會本身會獲得鞏固。世俗化猶太人會追隨西方的生活模式，而宗教化猶太人會繼續追求他們的彌賽亞美夢。世俗化猶太人的西方人心態會加強，成爲如一個以色列社會學家所說的「操希伯來語的異教徒」。他們的猶太品性和與猶太歷史的任何聯繫將會萎縮，反觀以色列的宗教化猶太人則會愈來愈把自己視爲猶太歷史的最後產物。

在一個層面上，剩下來的巴勒斯坦人將會成爲廉價勞力的來源，爲提高宗教化和世俗化猶太人的生活水平而賣力。換言之，以色列的巴勒斯坦人將會像美國的黑人和拉美裔一樣，爲國家創造富裕而又只能在這富裕中分一小杯羹。

儘管如此，還是會有一些運動發生在巴勒斯坦人中間和以色列的一些猶太人中間（特別是世俗猶太人），其目標是提高巴勒斯坦人的生活水平，甚至是爲巴勒斯坦人爭取平等的公民權。在猶太人一邊，這種運動的發生一方面是出於必要（國際壓力和輿論），一方面是出於他們與巴勒斯坦人個人、經濟、政治、文化交流的結果。猶太人與巴勒斯坦人生活在一起將會帶來兩個趨勢：進一步壓迫巴勒斯坦人，**與此同時**又給予巴勒斯坦人平等的參與權，以促進社會和諧、經濟成長。

美國和以色列兩地主流猶太人對財富和土地的追求是不會放慢腳步的，他們也會繼續致力於鞏固既有成果、強調猶太品性和權力、百般否認別人對他們壓迫巴勒斯坦人的指控。而那些因爲聲援巴勒斯坦人而被從這兩個國家的猶太生活放逐的猶太人會變得愈來愈邊緣化，變得幾乎毫無能見度。

猶太歷史將會對這些被放逐的猶太人保持沈默，因爲在一個同化主義者的社群裡，是沒有可以歸類他們的範疇的。這是猶太歷史終結的一部份表現：無力去記取那些爲猶太生活準備一個未來的當代先知。未來是進行中的，但這個未來將會在另一個歷史架構裡存活和被記取。

在中東，那些跨界聲援巴勒斯坦人的猶太人會被掙扎求存的巴勒斯坦人記在心裡嗎？在美國，他們會被那些致力爲自己的宗教追求一個光明未來的基督徒記在心裡嗎？

另一個可能性是身份認同的修訂，但這是不好預測的——對那些身份認同是在苦難中打造出來的人群尤其如此。當一個民族剛剛走出苦難的時候，地位的自豪是最重要的；當一個民族處於佔領之下時，反抗的自豪是最重要的。不過，單一的身份認同就像單一的目的感一樣，都是一種假象。身份認同是一件複雜和紛歧得多的事。

認爲身份認同可以透過繼承獲得，認爲從古到今有一種一貫的連續性，往往失之浪漫。用這種方式思考，身份認同的變遷就是難以理解和想像的。對一個在苦難中掙扎的民族來說，把身份認同視爲是可變化的、可折衷的，這想法甚至就是對民族掙扎的一種背叛。

但眞有**一種**猶太人或巴勒斯坦人的身份認同是歷史地存在過或是存在於今天的嗎？把身份認同設定爲一種靜態的東西，就是把社群和民族出賣給暴力的循環和黷武主義，出賣給一種在勝利與受苦的循環中持續著的隔都化心態（ghettoized mentality）。

接下來五十年，不管是在以色列／巴勒斯坦家園還是各離散地，猶太人和巴勒斯坦人的跨界情形都會繼續增加，並加速兩種身份認同朝一種新形態演進。這種演化中的身份認同將會結合猶太人和巴勒斯坦人各自同中有異的特殊性，而同時又會形塑出一種也是同中有異的新特殊性。在以色列／巴勒斯坦所發生的這種壓抑與開放的二元性運動，將會讓愈來愈多的猶太人與巴勒斯坦人分享共同的觀點與希望。

最後，這些猶太人和巴勒斯坦人的餘民將會是一個愈來愈壯大的少數，有能力面對各自社群中只一心求取地位、權力和富裕或隨波逐流的大多數。這群自覺少數的有利之處是他們了解到，文化和政治上的整合對家園和離散地的猶太生活和巴勒斯坦生活的繁榮來說不只是必要的，而且是治癒傷痛所不可少的（這些傷痛一直以一種錯誤方式把猶太人和巴勒斯坦人的身份認同給凍結起來）。因爲他們愈來愈意識到暴力的循環性和兩社群自身的內在矛盾，愈來愈了解到猶太人與巴勒斯坦人的演進只能發生在兩者的身份認同被擁抱和超越的情況下，這個少數在接下來五十年將會形成一條共同的陣線。

然後到了某一點，那種來自繼承和往往是被浪漫化的身份認同將會讓位，由一種從追求正常生活與人類繁榮中浮現的共同價值觀所形塑的身份認同取而代之。有證據顯示這樣的事現已開始發生。在這個意義下，相互尊重、共存與平等這些自足的價值只有被用於推翻猶太人和巴勒斯坦人的二分法時，才可望在家園和離散地獲得落實。

每一個文化與傳統的消失對人類精神來說都是一種減損。有時，去哀悼已消失的文化傳統比去著手打造一個新的更容易。在我們曾經繼承的那個猶太歷史已經死亡的今天，猶太人喜歡在猶太會堂和公眾場所哀悼死者，就像只有透過留在過去，猶太人才有辦法肯定人生。不過，如果這種哀悼是另一場哀悼的原因的話，那死者——不管死的是猶太人還是巴勒斯坦人——只是再被謀殺一次。一個死亡與摧毀的循環只要一被經歷過，它就會自動運轉，直到哀悼本身成為一種生活而後已，直到不留活人可以去哀悼死人而後已。

在二十一世紀開端的今天，該是把這種哀悼給結束掉的時候了。接下來五十年等著我們去開創一個值得留給猶太人和巴勒斯坦人子孫的未來——在這個未來裡，將沒有今日形態的猶太人，也沒有今日形態的巴勒斯坦人。

對那些在關鍵歷史時刻奮鬥過的人的記憶，將會長留在拒絕向權力和國家最後同化的地方，將會在那些以包容和正義為口令的地方愈益強化。

這種力量的醞積需要堅定不移的決心和一種根紮得很深的願景，它是對一個會整合和超越過去的未來敞開的。不管是猶太人所夢想的安全，還是巴勒斯坦人所夢想的巴勒斯坦復興，終將有實現的一天——儘管會是以一種出人意表的形態實現。未來五十年是一個等待和工作的時期，是一個一切都會在它們的堅韌度和希望強度受到考驗的時期。在二十一世紀，透過奮鬥、失落和一種跨越邊界的團結，一個新的夢將會誕生。

改造猶太教與猶太生活

傳統這東西一般都被認爲是包含寬泛的連續性，事實卻大相逕庭。其實，不管是政治、文化或宗教傳統，大部份傳統都是以隱而不宣的不連續性爲特徵。儘管這個事實會讓人不安（現代猶太人與古代猶太人的共通性要比宗教或社群領袖敢於承認的少得多），不連續性也有它好的一面。不連續性可以留餘地給持續的改造、再思與再定位，換言之是留餘地給一個可以超越現在僵局的未來。猶太歷史一個反覆出現的特徵——你也可以說是它的連續性——正是自我改造的能力。

改造不同於原初的創造，但如果仔細探究，我們就會發現所謂原初的創造其實也是對一個更早先的宗教的改造。古代的以色列人都是借用者和綜合者，那些被流放到巴比倫的猶太人也是如此。我們今日所理解的猶太教，就是由那些從流放地返回耶路撒冷的猶太人以及聖殿被毀以後的拉比所創造的。

《托拉》不只是在事件發生後對事件的即時記錄，而是經過整合與再編訂的。它收錄的材料是有選擇性的，而入選的篇什又會經過一再詮釋。這些正文與詮釋後來彙編在一起——對，也是歷經整合與再編訂的——成爲了我們現在所知道的《塔木德》。

猶太哲學與神學（包括現代的大屠殺神學）代表了對猶太教與猶太生活的進一步改造。在二十世紀初，如果有誰敢主張猶太人的身份認同將會仰仗大屠殺和以色列國這兩大事件，一定會被認爲是無稽之談。這在當時看起來是不可能的。

因此，我們所繼承那個猶太教在我們時代的終結，並不是猶太歷史長河裡的新鮮事。猶太人和猶太歷史的殊異之處不在於猶太民族或傳統的連續性，而在猶太社群有能力持續再造自己。這樣的事，過去如此，今天也是如此。讓過去兩千年來的轉變隱而不彰的只是猶太會堂和長老會議相對不變的制度結構罷了。

一個猶太人主導的民族國家的出現，以及西方的徹底現代化，卻使這層虛飾被撕開了，而其所帶來的變化，與猶太教在聖殿被毀之後發生的變化多有相似之處。

隨著聖殿時期的結束和猶太會堂的興起，昔日以聖殿爲中心的猶太教（Temple-centered Judaism）被轉化成爲拉比猶太教（Rabbinic Judaism）。不過，這個轉化卻因爲聖殿主題繼續存在於拉比系統中而隱而不彰。拉比們掌握大權以後，繼續強調聖殿的意象，又把拉比猶太教說成了一個等待聖殿復興的等待期，雖然事實上他們毫不指望聖殿的重現。

拉比系統的高明處在於把聖殿這個古老意象給保留下來又加以改造之。我們時代環繞大屠殺和以色列而成立的猶太教，其高明處也相類似：儘管拉比猶太教的本來面目在這個新系統中已經模糊不清，但卻有一些殘餘成份被留下，在新時代裡發揮功能。

但大屠殺與以色列的力量太強大了，足以壓制在轉化早期所殘存下來的東西和那些對同一些議題持異議的異議者，致使猶太人進一步疏遠於聖殿與猶太會堂。儘管各種猶太振興運動一直企圖要復興文本研究和活潑地調整猶太儀式，但其目的莫不是爲了抵抗大屠殺與以色列的宰制。

透過被肯定和被否定，大屠殺與以色列業已確立爲當代猶太身份認同的界定者。這使得猶太身份認同落入了一個不知道要延續多久的等待期。大屠殺和以色列是不可能永遠提供足以動員猶太活力的身份認同的，然而要回到更先前的象徵系統又是不可能。

沒有退路，又沒有一條可見的前路，猶太異議者唯一能做的就只有奮起抵抗完全的同化。這個抗爭的領導者都是像杭士基（Noam Chomsky）這一類沒有「宗教」和不使用宗教語言的猶太人。我們時代批判國家權力最激烈和無休止的都是些目中無神的猶太人。這值得奇怪嗎？馬克思和弗洛依德這些目中無神的猶太人何嘗不是他們時代對國家權力批判最力的人？

杭士基之所以不使用宗教語言，大概是因爲他就像他之前的同道一樣，知道他所批判的力量正是用宗教語言來掩飾他們對政治權力之貪欲。透過對國家權力的批判，特別是透過對美國和以色列國家權力的批判，杭士基戳破宗教修辭的假面目。美國和以色列兩地猶太建制使用的是「無辜」和「權利」的語言，杭士基使用的則是「地圖」和「濫用權力」的語言。

除杭士基外，必須一提的還有已故的沙哈克（Israel Shahak）。沙哈克是集中營的生還者，自一九四五年起成爲以色列公民，以迄二〇〇〇年過世。沙哈克一生都是個人權鬥士，無休止地批判猶太教的排他性格。他用大量作品探討以色列的猶太沙文主義和宗教狂熱，認爲那是古典猶太教的遺毒。其開創性之作《猶太歷史，猶太宗教》（*Jewish History, Jewish Religion*）的副書名可以總結他對猶太傳統的觀感：三千年的沈重（The Weight of Three Thousand Years）。①

沙哈克認爲，猶太教一直是猶太人自己和別人（這個「別人」在今日是巴勒斯坦人）的包袱，有必要加以丟棄。儘管沙哈克的分析有時冗贅，但他的主要洞見卻很值得我們思考。此處引述他的兩段話即已足夠：「宗教並不總是（如馬克思所言）人民的鴉片，但它卻常常是，而當它被用在這個意義而使得其眞實性質被扭曲時，執行這工作的學者與知識份子不啻是鴉片販子。」「歷史寫作只有成爲——套用蓋爾（Peter Geyl）②的話說——『沒有盡頭的辯論』而不是用以維持戰爭的工具時，一種同時追求精確與公允的人道歷史寫作才成爲可能；也只有這樣，它會成爲人文主義與自我教育的最有力工具之一。」③

放在一起看，杭士基和沙哈克爲宗教意識提供了一道圍欄與邊界，提供了一個對改造猶太教與猶太生活的警告。記取他們的話，我們就知道我們必須反對國家權力和爲國家而服務的宗教（這是君士坦丁式宗教性的正字標記），以防那些改造猶太教的人成爲「愛國的騙子」。④

但如果這些政治與宗教邊界是應該受尊重的話，那我們還可能改造猶太教和猶太生活嗎？這樣的冒險値得我們奉獻精力嗎？哪怕重構一種宗教感情和一個文化是可欲的，但這樣的重構將具備一個制度性的框架，這麼一來，到了改造完成，這個框架會不會又變得與它所取代那個沒有兩樣？我們好奇下一個猶太建制會不會比被它取代的那一個好。

在這個問題上，沙哈克所說的「沒有盡頭的辯論」是重要的。一方面，一度頒佈過的聖約和一度發出過的先知聲音是可以獨立於其原初的攜負者而存活下去的。另一方面，它們也可以獨立於今天聲稱是其攜負者的人而存活下去。而由於聖約和先知總是脈絡性的，擁抱這兩者所需要的態度、言說和活動總是在變動中。作爲聖約和先知的特徵的這種獨立性會讓宗教和世俗人士同樣驚恐。因爲這意味著聖約和先知會出現在哪裡都是無法預期的，而且總是出現在我們最意料不到的地方。

儘管如此，釐清聖約與先知的這種獨立性，以及釐清它們能被認出的那個一般架構，仍然是重要的。正是先知在世上的存在與其釐清的結合，能夠激進正義的可能性和在世上尋求一個共同體的可能性。也是透過釐清，一個更廣闊的結合可以在望。

說到這裡，我們可以再次回到列維勒斯。猶太感情是一種先知的情感，而在列維勒斯看來，它要求的是「在世界的政治史上保持一種分離的存在。它要求的是仲裁歷史，換言之是在事件的前面保持自己，而不管把這些事件串連在一起的邏輯何在。」對列維勒斯而言，這是以色列的永恆性（eternity of Israel）的一部份，也是它得以存活下來的理由。「不是因爲它奇蹟似地存活下來讓它獲得一種面對歷史的自由，」他寫道，「而是因爲從一開始，它就設法否定世間事件的仲裁，在整個歷史裡把自己保持爲意識的統一體（the unity of consciousness）。」⑤

當然，現在已經清楚的是，以色列的永恆性是一種在世界各地各民族之間出沒的猶太感情，它是沒有固定的家的，並不爲猶太人所專有。儘管列維勒斯把猶太感情提高爲對世界一種先知和聖約式的理解，而且以一種異常美的方式把它形諸筆墨，但他卻犯了一個錯誤：太輕易就在猶太感情與猶太典籍及其研究之間劃上等號。

因爲有最近一段壓迫另一群人民的歷史，我們猶太人已經很難只因爲擁有猶太典籍，就自稱是先知傳統與聖約的體現者。事實上，就連聲稱猶太典籍是屬於我們所有這一點，看來也是可疑的。它們現在已成了所有人的共同繼承的財產。與此同時，我們也繼承了其他民族的典籍——它們以各自的方式指向一種先知和聖約的思想感情。

革命性寬恕

十年前多一點點，我曾經在愛爾蘭講了一星期的課，談發展一套猶太教解放神學的前景。討論課第二天的主題是寬恕，沒想到我卻碰到一個學員出人意表甚至是兇猛的質疑。

我第一天談的是大屠殺，因爲進展順利，第二天我繼續用第一天的方式講課。但一個來自加州的天主教修女卻愈聽愈氣，當我提到希特勒的名字時，她破口而出說：「你打心底痛恨希特勒，對不對？」她的語氣近乎尖刻，就像我對希特勒的個人看法或內心感受讓大屠殺蒙上陰影。

她的話語與語氣不是孤立的，而是來自一個巨大的傳統，這個傳統認爲：基督徒是會寬恕敵人的人，猶太人則是硬心腸的人。正因爲硬心腸，他們才會把耶穌釘死在十字架上。出於同樣的硬心腸，猶太人拒絕原諒那些迫害和殺害過猶太人的人。

我感受得到她言詞後面的力量，它們像在指控我和殺害耶穌的罪脫不了關係。就像我拒絕寬恕的態度和納粹的恐怖罪行不分上下。

她話語的力量讓我震驚得啞口無言。我是不是打心底裡痛恨希特勒呢？如果是的話，這本身是不是一種罪？而她對希特勒的寬恕精神，又是不是和她無法寬恕我的記恨相悖呢？但最令人詫異的還是我發現自己其實對希特勒一點感覺都沒有。提到他的名字和行爲時，我只感到有一個巨大的空虛包圍我。

我站在一群學員面前，有片刻完全不知道該說什麼，而那片刻感覺上就像永恆。

然後我注意到另一個學員站了起來。因爲我自己無法回應，所以急著想聽聽他要說些什麼。他是一位蘇丹神父，在自己國內常常得面對穆斯林的挑釁。結果他說出了以下一番爲我辯護的話：「我也拒絕寬恕穆斯林。如果有一個穆斯林闖進我村莊，我會拿起槍，轟掉他腦袋。」

一前一後兩番話的對比是如此強烈，以致教室裡更形鴉雀無聲。蘇丹神父赤裸裸的暴力語言讓我幾乎感受到有誰的腦漿濺到了我的腳上。

這一攻擊一辯護讓我無法把課講下去。我向學員說了聲抱歉就離開，感到身心俱疲，茫然若失。我幾乎想哭。

時至今天，這事情還讓我記憶猶新，而那修女和神父迥異的立場始終痛苦地縈繞著我。那修女當然沒有經歷過集體規模的暴力，也沒有從祖輩那裡繼承過這種苦難。至於那位神父，卻親身體驗過暴力，而且在未來大概還會經歷更多的暴力。身爲猶太人，我的情況介乎兩者之間。我無法同意他們兩人的立場，覺得兩者距離我同樣遙遠。

寬恕的議題至今天還會找上我，因爲我常常會被基督徒問到，難道猶太人眞的是無法寬恕希特勒、納粹、德國人，又特別是無法寬恕基督徒嗎？但我卻深爲一個宿命的反諷所苦惱：那個天主教修女因爲主張寬恕而攻擊我，那個蘇丹神父因爲維護我而主張暴力。一個暴力循環一直圍繞著猶太人，而如今，我們卻被指控爲暴力循環的助長者。

去年我有兩趟行程，一趟是去德國，一趟是去以色列，而它們不約而同讓我回想起在愛爾蘭的遭遇。在德國，接待我的是一些深爲自己國家幹出大屠殺勾當而悔罪的德國人，他們也對自己國人未能正視這歷史事件感到遺憾。在以色列，我接觸的是一些因爲以色列的行爲而流離失所的巴勒斯坦人，而以色列用來合理化其軍事和擴張政策的托辭，一貫都是大屠殺的苦難。

德國人關心的是懺悔的問題而不是被寬恕的問題，因爲我的東道主認爲，在大屠殺已經被德國的富裕所埋葬的情況下，難道被寬恕還是可能的嗎？我在德國接觸最多的是基督徒，他們有鑑於戰爭的教訓，關於歐洲人互相屠殺和德國人屠殺猶太人的教訓，認定一個貞潔與和平立場的歐洲是必須去追求的。

相對於大屠殺，以巴衝突則不那麼算是一樁歷史事件，而是一樁持續甚至升高中的事件：巴勒斯坦人要求正義，但以色列人（哪怕是主張和平的）卻不肯承認自己違反正義。今天大部份以色列猶太人都認爲他們做的事是合理的，而相對於以色列在國家社群中尋一席之位的追求來說，巴勒斯坦人的苦難只是次要的。但當我與巴勒斯坦人會面或與他們一道通過檢查站和佔領區的時候，正義的問題卻和懺悔的問題一起縈繞我心。

巴勒斯坦人要求我們懺悔。有朝一日我們會要求他們寬恕的。這樣的懺悔和寬恕會以什麼形式出現，又會帶來些什麼？

某個意義下，以巴問題是一個比大屠殺更需要重視的問題，因為猶太人和巴勒斯坦人仍然面對面生活在一起，因此問題是仍然有時間去解決的。大屠殺只活在記憶裡，而德國人要面對的一個額外難題是怎樣去撫平那些已經被從德國清除光的猶太人的記憶。因為德國基本上已經沒有猶太人，這使得歷史最恐怖的罪行變得抽象，但它對德國歷史神經的啃噬並未因此減少。在那兩趟行程，我都問自己一個問題：當受害者的社群已不復存在於他們當初受侵犯的地方時，懺悔、寬恕甚至和解還是可能的嗎？

因此，在一種發展中的猶太解放神學的核心裡，有以下這些重要議題要面對：基督宗教的精神取向（ethos）仍然流行於西方甚至世界很多地區；大屠殺的傷口將會繼續是掀開和未痊癒的；目前在中東上演中的悲劇既是對基督宗教和大屠殺暴力的回應，但也是一種把苦難加諸於一個與猶太人歷史苦難無關的民族的暴力。

歷史和當代生活的三分化已經形成，而如果這現象持續下去的話，將會威脅到這些歷史的治癒：基督徒的、德國人的、猶太人和巴勒斯坦人的。會有一條前進的路嗎，如果有，有可能從我在愛爾蘭碰到過那種讓我陷於沈默的對抗中找到嗎？作爲一個猶太解放神學家，寫作於這個時候，我能做的只是初步觸及這些問題，把一些看似不相干的民族與宗教的歷史放在一起來觀察。⑥

顯然，身爲猶太人，我們是無法在目前的僵局中前進的。猶太人的握權儘管從大屠殺的歷史看來是必要的，卻沒有能治癒作爲一個民族的我們。一九八八年巴勒斯坦人爆發第一次起義和國防部長拉賓決定採行鐵腕鎮壓之後幾個月，我造訪了一些耶路撒冷的醫院，滿目都是躺在病床上的巴勒斯坦小孩。他們有些會終身癱瘓，有些已經腦死，得靠設備維生器材延續生命。我當時一心只想著趕快離開以色列。

以色列的權勢不但未能治癒和正常化猶太人的處境，反而是一直在加深我們的傷口。說來弔詭，我們在外在化自己的傷口，並把它感染給其他人的時候，其實是離那些本來可能治癒我們傷口的外在和內在資源更遠。我們以爲權力是前進的唯一途徑，以爲權力可以帶來尊嚴和尊敬，以爲只有權力可以形成一道對另一次被大屠殺的防線，殊不知這權力只是在瓦解我們從前一直被侵犯的傳統、文化與宗教。

納粹所沒有做成功的事——動搖何謂猶太人的根本——我們猶太人自己幫他做了。我在醫院裡和街道上都目擊到這一點：巴勒斯坦人只是爲了爭取尊嚴而抗爭，卻受到系統性的毆打、驅逐與謀殺。而驅逐和謀殺他們的人不過五十年前才經受過同樣的苦難。

在思考這個看來解不開的謎題的過程中，我遇到一本從女性主義立場反省尼加拉瓜狀況的作品。出版於巴勒斯坦人起義的同一年，此書的書名引人深思：《革命性寬恕》（*Revolutionary Forgiveness*）。對照我在愛爾蘭的遭遇，對照我在德國和耶路撒冷的見聞，這書帶給我強烈的感觸。

就像我自己對發展一種猶太解放神學的思考寫作一樣，《革命性寬恕》也是一趟尋覓之旅的一部份。其作者卡姮・海沃德（Carter Heyward）是聖公會的女牧師和聖公會三一學院的教授。一九八○年代，她帶著一群學生前往內戰方酣的尼加拉瓜。本來，卡姮預期他們一行人將會受到尼加拉瓜人的敵視，因爲反抗軍的支持者正是美國政府，而這場戰爭已經造成大量死傷和百姓生活困苦。但他們卻發現情況恰恰相反：尼加拉瓜人歡迎他們，而這是因爲他們反對自己政府的政策，也因爲他們願意冒險走訪激烈戰爭狀態下的尼加拉瓜。

當一個學生尋求尼加拉瓜人的寬恕時，他發現到，這樣的寬恕只能是來自對正義的擔當（commitment）。他寫道：

> 我們就是沒辦法「寬恕」那些繼續侵犯我們的人，否則「寬恕」只是空話

一句。寬恕只有在暴力停止的時候才是可能的。只有那樣，一直被冒犯者才有可能考慮去愛那些一度凌虐他們的人的可能性。只有那樣，前受害者才可能幫助加害者了解自己有力量成為被解放的解放者（liberated liberators），也就是一些在自己和別人裡面看出共同塑造未來能力的人。[7]

只有在終結不義和尋求一個共同和公正的未來時，寬恕就會變成是革命性的。對寬恕的這種理解雖然是受基督宗教所啓迪，但它也是符合猶太情感的，因爲猶太情感一向講求正義。透過啓動寬恕，那種靜態和浮面的寬恕請求——只求寬恕**卻不思推動一個講求包容與正義的新社會和政治方案**——將顯示出其侷限性。在卡妲看來，寬恕與其說是事情的落幕，不如說是一個把未來轉化得跟過去不一樣的過程。

在正確的關係中，寬恕是一種不會記憶闕如的寬恕。相反地，過去的不義會成爲加害者和受害者的共同記憶。而這個記憶，加上創造一個超越不義的社會的願望，將容許一個新的社會基礎得以發展茁壯。在革命性寬恕裡，一種新的自由會被找到——一種假以時日會發展出新的社會與政治認同的自由。不再是加害者和受害者，雙方將可以自由成爲上帝召喚我們成爲的人。

個人的轉化也會於焉達成：在朝正義邁進的過程中，人不用再披上加害者和受害者的身份——這兩種角色都是會閹割人的尊嚴與潛能的。超出暴力的循環是去擁抱人性。人性固然是有瑕疵和有限的，但在一個追求或已獲得正確關係的新社會與政治秩序裡，人性卻可以得到它最充分的發揮。

革命性寬恕在我業師魯賓斯坦的思想裡少有容身之地。他質疑的與其說是上帝的存在，不如說是上帝在奧斯威辛之後還能是個什麼樣的上帝。如果上帝存在，那大屠殺的時候上帝在哪裡呢？如果上帝是全能的（上帝全能是猶太歷史的一種根本信仰），為什麼祂拒絕採取行動？如果上帝不是全能的，如果祂無力拯救一群受苦的子民，那幹嘛還要崇拜這樣一個上帝？雖然猶太教傳統都相信猶太人的苦難是出於忽略猶太律法和上帝教誨的一種懲罰，但誰又能接受上帝竟會對祂揀選和承諾保護的子民施以大屠殺這種不成比例的懲罰？難道死於大屠殺的幾百萬猶太人都是有罪的嗎？就算有罪，加諸他們的懲罰又是否太重了些？

因此，魯賓斯坦對大屠殺的回應是卸去信仰（你也可以說是一種桀傲的不可知論或無神論），換言之就是拒絕相信猶太歷史裡的上帝。但這種卸去信仰是有其社會與政治上的後果的。如果說上帝不可信賴，我們又要信賴誰？上帝與猶太民族的團結已經被不可逆地打破了。在人的層次，團結也受到深深的質疑，因為如果說上帝在大屠殺期間遺棄了猶太人，人性不也是遺棄了猶太人嗎？

因此，上帝和人性都是不可信賴的，只有權力可以在這個世界上行之有效。在魯賓斯坦看來，上帝公義或人性善良的理論都是昧於世界的現實。奧斯威辛的教訓讓我們看淸楚了：有權力者欣欣向榮，無權力者會被貶到社會邊緣，被隔離在隔都，有時候還會備受滅絕的威脅。⑧

聆聽魯賓斯坦所說的話（先是作爲大學生，後來是在一些討論大屠殺的學術會議上，還有一次是一九九二年，當時我們是同一個代表團的成員，在奧斯威辛的遺址上要決定它的未來），我幾乎感受到，它們就像是我在愛爾蘭遇過那位天主教修女和蘇丹神父的一面鏡像。在奧斯威辛之後，外在和內在的暴力都形成了一張保護網，讓理性探討少有可進行的餘地。來自權力世界以外的觀點被貶抑到邊緣位置，就像主張這些見解本身就是一種暴力，**就像是期許世界朝革命性寬恕邁進只會帶來另一次的奧斯威辛**。

那位天主教修女的觀點反映出天主教與基督宗教對猶太人的態度，在猶太人看來往往是另一種形式的暴力；而那位蘇丹神父有需要透過謀殺去維護其教民的信仰，則讓人聯想起從前歐洲猶太人那個分崩離析的世界。前者是一種發自憎恨猶太人的寬恕，後者是一種無力眞正保護猶太人未來的鬥爭。

對魯賓斯坦來說，在奧斯威辛之後，只有一個強大的國家組織足以保護猶太人免受這兩種危險。只有靠著國家權力——一種過去被用來排斥歐洲猶太人的權力——猶太人才保護得了自身。代之以選擇革命性寬恕，魯賓斯坦感到身不由己地選擇了國家權力。首要之務是爭奪權力，而贏者會全拿：猶太人的領袖有責任不要再一次輸掉。

在《奧斯威辛之後》一書中又特別是在《歷史的狡獪》一書中，魯賓斯坦引用了鄂蘭的作品。鄂蘭《極權主義的起源》（*The Origins of Totalitarianism*）一書對當代歐洲歷史的詳盡分析和在這歷史裡面找到的價值危機，都是魯賓斯坦的政治論證和結論所極為仰仗的。鄂蘭指出，整個西方文明已經「在我們頭上傾倒」，而我們世紀的教訓就是社會的邊緣人會被宣佈為多餘和該死的。魯賓斯坦把這些論點接收過來，加以發揮。作為一個神學家，他也追究了上帝與神學在歐洲猶太人災難裡的過失。然而，鄂蘭在《極權主義的起源》裡所期許的社會與道德重建，在魯賓斯坦的書中卻是看不見的。

看起來，魯賓斯坦對上帝和人性的缺席幾乎是念念不忘的。因為上帝的缺席，權力的循環只能在命定的路上繼續下去。鄂蘭是一個來自歐洲的難民，她分析了大屠殺的恐怖，然後又構思怎樣去重建那些被大屠殺嚴重侵犯的價值觀。但魯賓斯坦卻沒有這樣的興趣。會有這種差異，可能是因爲魯賓斯坦承擔得起如此決絕的一個決裂，而鄂蘭卻承擔不起。既然是難民而不是美國人，鄂蘭就非得在異域爲自己建構一個世界不可。⑨

這就不奇怪，寬恕的可能性是存在於鄂蘭的作品裡的，儘管它與上帝的問題只有邊緣性的關連。鄂蘭極少談上帝，她主要的關心是在一個集中營死灰復燃猶可想像和冷戰方興未艾的世界裡從事社會與哲學的重建。哪怕談到拿撒勒人耶穌是「在人類事務領域中發現寬恕的人」時，她用的還是非宗教性的語言。因爲鄂蘭認爲，太多宗教思想家與行動者的洞見都因使用宗教語言而被忽略。她的觀點是，即使寬恕這一類問題是有宗教特質的，但略過這些方面，寬恕的問題一樣是可以談的，而且一樣會對納粹恐怖暴行之後的公共領域重建有所幫助。⑩

鄂蘭所說的寬恕意義爲何？它能在個人和公共事務上扮演什麼角色？首先，寬恕和承諾是有關連的，兩者都可以有助創造和保障一個穩定的公共領域。儘管寬恕和承諾常常被認爲是屬於私領域的事情，但在鄂蘭看來，它們具有公共的性質。

對公共領域來說更要緊的觀念是「尊重」而不是「愛」。在私人領域，愛的作用也許綽綽有餘，但在公共領域，它卻必須被超越。鄂蘭認爲，「尊重」的最好定義是亞里士多德所說的「政治友誼」（*philia politike*）：一種沒有親密性或密切性的友誼，一種「站在世界加諸我們之間的距離外對另一個人的尊重，而這種尊重，無關乎一些我們或許會仰慕的素質，也無關乎一些我們或許會高度敬佩的成就。」相反地，「愛」雖然常常被認爲是基督宗教寬恕概念的一部份，但如果放入公共領域裡，卻是危險的。「愛，就其本質來說是非世間的，」鄂蘭寫道，「正是因爲這個理由而不是因爲愛的稀少，讓愛不但是非政治的，而且是反政治的，大概也是所有反政治的人類力量中最強有力的一種。」⑪

如果說寬恕是公共性的，是因爲它劃出距離而讓人們可以在公共領域活動，那承諾同樣是公共性的，因爲它可讓意義與穩定性在一個意義和穩定性皆非自明的世界裡變得可能。人類事務的不可預測性和人類的不可靠性在在使「承諾」成爲必要，因爲它可以在人類事務中「投入若干個可預測性的小島和豎立起若干根可靠性的路標。」

寬恕與承諾需要相伴而行，因爲少了其中一者，有限的動態性與對意義和一貫性的尋求就會塌陷。儘管寬恕與承諾兩者從來都不是有保證的，但如果我們不想迷失在侵犯或不確定中，寬恕和承諾便不可或缺。

建造秩序的目的是讓人與制度超越向內性與自私的自然傾向。這是個不斷試誤（trial and error）的過程，因爲人在這個世界的行動後果是不可預測的。只有在願意冒險、願意承諾的情況下，未來才會是可憧憬的。但只有在願意寬恕的情況下，人才會願意再次甘冒風險。

由於侵犯是每日都可能發生的，而且是直接關連於一個更寬闊網絡中的新關係建置，所以侵犯「需要寬恕，以便透過不斷把人從他們不知不覺做過的事情中釋放，讓生活可能繼續下去。」在鄂蘭看來，懲罰的角色可以跟寬恕和承諾這種動態性放在一起來看，因為作為公共領域裡的行動，它們可以提醒個人和社群人類事業的脆弱性，以及人重新進入支撐生活的過程的能力。⑫

在鄂蘭的思想系統裡，寬恕和承諾的互動乃是為了回應與確保人類活動的本質：新的起點。所有行動本身都是一些起點，而寬恕和承諾這些行動與另一些行動的互動結果因為是無法預測的，因此也是一些起點。我們的行動很快就會擁有自己的生命，更精確地說是在與其他行動交會時會有不同的生命。

行動與語言的連鎖是會演化的，而因為這兩者會決定身份認同，因此，身份認同也總是處於不斷的形成與解體中。這就是為什麼這三個元素的互動會起如此關鍵的作用。以色列歷史學家暨哲學家奧菲爾（Adi Ophir）這樣解釋鄂蘭的觀點：

遺忘的人沒有寬恕的能力，但寬恕的人（或被寬恕的人）卻有遺忘的自由；寬恕是有連結作用的。相似地，兌現承諾的人有自由讓他的記憶鬆開，讓該承諾所綁的結給解開。在寬恕以前，或在承諾兌現以前，遺忘就像網絡的病毒：它會防止一個舊糾結的解開，又會把一些對行動者彼此間的成功協調來說不可少的結給鬆開。但在寬恕落實或承諾兌現後，會成為病毒的卻是記憶：它會用一些不必要的結來感染網絡，阻礙新起點的出現；它會扭曲身份認同；它會加重過去對不能遺忘的行動者所形成的負擔。

鄂蘭有關寬恕、承諾和新起點的觀點與她對人類行動及公共領域的結構元素的觀點是一致的。奧菲爾以這種方式描述鄂蘭的視觀：「負數性，新起點，開放性，不確定性，有彈性和結構鬆動的互聯網絡（體現爲相互可見的空間）會一再編織和解編織——在其中，身份認同從不是固定的，也沒有先存在的神學。」⑬

寬恕的問題就像承諾的問題一樣，縈繞著當代世界。鄂蘭相信，寬恕—承諾這個孿生複合體讓新起點在一個脆弱和由人建構的意義世界裡變得可能。在她的所有作品裡，都強調生命的侷限性，把神學帶入公共領域則被她視爲是極權主義出現的前兆。她強調的是複數性、互聯性和可見性。新起點意味著舊的東西既不會被掃走也不會被保存，而傳統會不斷被改造，哪怕它們被人宣稱是永恆的。她的關鍵字是自由——一種由承擔義務與接受拘束而來的自由；而記憶就像承擔義務一樣，是會演化的。

記憶的錨，特別是對暴力和苦難的記憶，等待著被帶向與更寬闊的公共領域形成一種新的關係。只有放鬆對這種記憶的執著，只有透過接受一個新承諾而作出寬恕，一個人的地平線才能重新打開。相反地，凍結記憶，無能於作出寬恕和接受新承諾，將會背叛社會性存在（social existence）的本質結構。但更要命的是它會背叛生命的應許，因爲沒有寬恕與承諾，就不會有未來。

與此同時，鄂蘭顯然相信，某些行爲會讓人被拋出這個結構之外，因而沒資格再參與到公共領域之中去。納粹劊子手之一的艾克曼就是一個例子。鄂蘭相信，他的行爲已經斬斷他與其他人類的關係。正如奧菲爾指出的，鄂蘭相信，超過一個極限以後，寬恕就是不可能的，「因爲一個人的所作所爲會摧毀任何讓他還值得受尊重的成份」。

這裡我們遇見的是一種極端的惡，一種只能以暴力去迎擊的惡。這種惡在現代國家裡變得例行性和有合法性，因此，爲了與之鬥爭，我們必須把它定位爲**一種反人類與反未來的罪行**。極端的惡發生在世界之內，但它同時是發生在可以支持意義與生命的論述和行動世界之外。

用過去經歷的極端之惡去界定未來，就會壓縮掉新起點的可能性。那是對寬恕和承諾的可能性的一種埋葬，沒有寬恕與承諾，靜態的和舊的東西就無法被釋放出來。走出這些記憶的方法不是寬恕作惡者或對他窮追猛打，而毋寧是接受生活不是只有極端之惡，是相信公共領域裡的人可以透過奮鬥和妥協，創造出一個超越於該惡的未來。⑭

在這裡，鄂蘭和卡妲的各自分析找到了會合點。只有在承諾是信實的前提下，新起點才是可能的。儘管未來是沒有保障的，但向前走的能力——一種把不義的記憶轉化為對自由的呼號的能力——還是得仰賴於人是否願意承擔超越過去冒犯與罪行的責任。當個人或社群因為罪而失去參與公共領域的能力時，我們還是必須去找到那些可以把公共領域耕耘下去的人。哪怕是在最黑暗的時刻，還是會有拒絕不義和懺悔過去不義的人。那些被侵犯過的人也必須要認識到其前迫害者具有新開始的可能性。

要打破暴力和記憶的循環，雙方都必須參與到寬恕和承諾中。當然，風險是一定有的，沒有人可以保證繼起的新形構是沒有宰制性的。而正如奧菲爾所指出，他對鄂蘭思想的分析是具有當代意義的，是與以色列的猶太人連在一起的。談過鄂蘭爲反極權主義的畢生奮鬥和當代生活顯現的一些極權主義元素之後，奧菲爾引述了一段鄂蘭的話，並加上自己一個發人深思的評論：「『極權主義傾向說不定可以在極權主義政體垮台之後仍好好地活著……』一點都沒錯，它們是存活下來了，甚至還存活在倖存者的國家（the State of the survivors）⑮。」⑯

所以，革命性寬恕總會被反撲的不義、流產的承諾以及拒絕冒險的記憶所困擾。所以革命性寬恕總是暫時性的，易於向出人意表的方向運動，充滿希望與危險，又會挑戰一些常常被認爲是不可改變的身份認同與神學。

革命性寬恕之所以是革命性的，是因爲它容許新起點的出現，但在它不斷演化的狀態中，它會拒絕極權主義的衝動，或是說會不斷與極權主義的衝動戰鬥，哪怕有這種衝動的人換成是前受害者。新起點總會籠罩在上一個極權主義政權所殘餘下來的極權主義陰影中。

這個分析與信仰和信仰社群的問題有什麼關係呢？革命性寬恕是要仰仗信仰的嗎，還是用不著？寬恕和承諾有可能是發自世俗化還是宗教性的社群？新的開始是信仰的展示嗎，還是它的悖反？某些特定的世俗或宗教社群會更傾向於寬恕與承諾，傾向於開放的神學和新的身份認同嗎？

顯然，我們前面提過和分析過的人，有些是來自基督宗教社群（如那位天主教修女、那位蘇丹神父和卡妲），有些是來自猶太社群（魯賓斯坦、鄂蘭和奧菲爾），他們無論在觀點、信仰與方向上都是各式其色的。然而，他們又都是跨越邊界者。

例如，身爲基督徒的卡妲不是和世俗猶太人鄂蘭一樣，幫助我們看到有一種寬恕是可能通向正義的嗎？難道後大屠殺時代最令人難忘的一個宗教大和解的呼籲，出自深受法蘭克福學派（Frankfurt School）世俗猶太思想家影響的德國天主教神學家梅茨（Johannes Baptist Metz）之口，是純粹偶然嗎？梅茨這樣爲基督宗教指出一個新的起點：「我們基督徒絕不能回到奧斯威辛之前去。但要超越奧斯威辛，單靠我們自己又是不可能的。只有與奧斯威辛的受害者攜手一道，這超越才是可能的。」⑰

梅茨稱這種攜手一道爲「救贖的聯盟」（saving alliance），並把它的起源追溯到基督宗教出現之初，當猶太人和基督徒都還是羅馬帝國的「局外人」的時代。然而，當今天有那麼多的猶太人和基督徒是帝國的「局內人」時，這種聯盟還是可能的嗎？會不會，哪怕是在有信仰的猶太人和基督徒之間，或世俗取向的人之間，他們的態度也常常是分歧的，有些人是站在帝國之內而另一些站在帝國之外？

顯然，宗教上的身份認同（不管是猶太人或基督徒的身份還是世俗者、不可知論者或無神論者的身份）並沒有告訴我們個人對革命性寬恕所抱持的態度。正如奧菲爾指出的，極權主義傾向是可以存活在倖存者之間的，而我在愛爾蘭的遭遇也告訴了我，暴力語言是可以從一個以寬恕為信仰核心的人嘴中說出來的。像魯賓斯坦這樣的神學家可以否定一個新起點的可能性，而鄂蘭這樣的世俗哲學家則把它置於其哲學思想的中心。

跨越邊界之舉常常被視為迷人的投入和（或）矛盾，它們會被人討論一陣子，然後就被遺忘了。接著，猶太人和基督徒之間的界線，或是世俗和宗教的界線，就會重新調整，把這一類的洞察整合進去，**俾使它們的源頭和意義消失不見**。例如，當一種十字架神學（theology of cross）經過闡釋，其跨越邊界的性格就會隱晦不明；猶太人在強調猶太特殊性的時候，犯的是同樣的錯誤。

誰還記得尼布爾（Reinhold Niebuhr）⑱對赫伯格（Will Herberg）⑲、赫雪爾和葛林伯格的巨大影響力？誰還記得巴特（Karl Barth）⑳對維紹哥特（Michael Wyschogrod）㉑的巨大影響力？宗教和世俗的二分法同樣是勉強的，因為解放神學和振興神學何嘗沒有受到過世俗思想與正義運動的重大影響。說到這個，我們會想起馬克思主義對祕魯解放神學家古提雷茲最初一些作品的影響，想起黑權運動對美國黑人神學家貢恩的影響，想起民權運動對瓦斯科和勒納這些猶太振興派領袖的影響。

這種宗教與世俗思想互相依賴的現象，這種猶太神學與基督宗教神學互相滲透的現象在在要求我們重新釐清這些問題：何謂受造（to be created）、何謂人、何謂寬恕和承諾，簡言之是何謂參與到革命性寬恕中去？這麼說，跨越邊界的現象有引起上帝的問題嗎？

體現在放逐的猶太見證

我們稍早引用過莎拉・羅伊對巴拉克和平建議的分析和她對巴勒斯坦人生活悲慘情況的目擊報導。而在二〇〇二年，隨著阿克薩抗暴運動的持續，莎拉又寫了一篇題爲〈報復必須停止〉（The Revenge Must Stop）的短文，投給一份地方性的報紙。報社以文章「太私人性」爲由婉拒接受，至今沒有被登出來過，但莎拉的文章卻見證了以巴問題對猶太人的複雜性。

身爲大屠殺倖存者的子女，莎拉在文中說了一個她媽媽和阿姨在集中營被蘇聯軍隊解放時的小故事。蘇軍把納粹軍官和士兵抓起來，任由猶太人愛怎樣就怎樣。結果，很多倖存者一湧而上，把德國人打得頭破血流，甚至殺死。

莎拉的媽媽與阿姨目睹了這一幕，互相抱著對方，哭泣流淚。莎拉的阿姨因爲站不穩，死命抓住「我媽媽，就像再不會放開她似的。」她對莎拉的媽媽說：「我們不能這樣做。爸爸媽媽會說那是不對的。雖然吃過種種苦，我們仍然得堅持正義，不應該訴諸私刑報復。沒有別的出路。」

在這個動人的故事裡，莎拉以很切身的方式說出了猶太異議者需要經歷什麼樣的內心掙扎。文末莎拉點出了這個故事的意義：「以色列人想謀得和平必須有所付出：結束佔領，結束屯墾，讓一個能存活的巴勒斯坦國建國，讓耶路撒冷成爲兩個國家分享的首都，對巴勒斯坦難民問題採取一個雙方都可接受的解決方案。」莎拉指出，不此之圖的話，「暴力與報復將會繼續下去，雙方將會流更多無辜者的血。就像我阿姨許久以前說過的：『沒有別的出路。』」

暴力受害者會有報復心理是可理解的。有誰可以論斷集中營倖存者對他們從前折磨者的痛毆和殺害呢？然而，那兩個擁抱著以求身體上和心靈上直挺的女人卻是叫人肅然起敬的。只有正義而非報復才是出路。大屠殺的教訓是暴力的循環必須予以終止。沒有別的出路。

我們感受得到，作爲大屠殺倖存者的子女，作爲第二代，莎拉對暴力的循環有多麼苦惱。莎拉會追求暴力循環的終止，是不是就是想以此爲她媽媽和阿姨療傷止痛呢？因爲她們唯一的慰藉不就是知道自己受過的苦不是白受的嗎？

另一個猶太聲音是《國土報》記者阿美拉・哈斯（Amira Hass）。她是以色列唯一住在巴勒斯坦地區的記者。就像莎拉一樣，她看穿巴拉克的建議完全稱不上慷慨，因爲它讓「最大的那些以色列屯墾區和它們的連絡道路原封不動。」以色列幾十年來屯墾政策的目的在阿美拉看來一清二楚：「爲一個從地中海延伸到約旦河的單一國家創造下層結構。」㉒

阿美拉詳細列舉出這種政策的結果。「與茂綠和不斷膨脹的以色列—猶太前哨據點（它們受到以色列警察和法律的好好保護）相沿著的，是一個受到軍事統治和重重限制的巴勒斯坦社會。它的稠密人口（含住在耶路撒冷那些）被擠壓爲一小塊一小塊地區，只有一些保養差勁的道路可以使用，而且自來水供應系統不足。」就像莎拉一樣，阿美拉是佔領政策的目擊者，並提出一個業已成眞的警告：「怒火在每一個巴勒斯坦人心中鬱積——爲水的稀少憤怒，爲每一棟被破壞的房子憤怒，爲每天行動必須得到以色列官員的批准而憤怒。一小根火柴即足以引爆這股怒火，而在過去一年，它已經被引爆了。」

阿美拉與莎拉還有一個共通點：兩人都是屠殺倖存者的子女。事實上，她的性格就是被他從小自父母口中聽到那些大屠殺的故事形塑的。其中一個讓她印象特別深刻：

一九四四年一個夏日，我媽媽連同一些其他人坐在一輛牛車，被從貝爾格萊德押運到貝爾森集中營去。途中，她看到一群德國婦女，有走路的，有騎腳踏車的。這些人看到有一列奇怪的牛車隊伍經過，就放慢下來觀看，臉上是漠不關心的好奇表情。對我來說，這些婦女成了可恨的袖手旁觀者的象徵，而從早歲開始，我就下定決心不要當旁觀的路人。㉓

阿美拉最後會選擇住在巴勒斯坦人中間，不是因為「喜歡冒險或神志不清，而是因為害怕當個旁觀的路人，因為我亟需知道巴勒斯坦世界的每一個細節——就我的政治和歷史認知所知，這個世界乃是以色列一手造成的。」在阿美拉看來，巴勒斯坦地區代表了以色列建國與擴張的核心矛盾——「我們裸露的神經」。而她很快就發現她跟巴勒斯坦人和他們所住的難民營之間有著「某些獨特的聯繫」。「那裡讓我有回到家的感覺——它的暫時永恆性、附在每一粒沙子上的渴望，還有燃燒在橫街窄巷的憤怒情緒都讓我有這種感覺。」阿美拉寫道，「只有漸漸地，我開始明白（我只向住在迦薩和以色列的少數朋友解釋過這一點），為我前往迦薩地帶鋪好路的，乃是我繼承的遺產——是我從父母那裡得到的獨一無二的自傳性混合體。」

透過她們的政治分析，莎拉和阿美拉兩人還知道：過去幾十年來，作為民族國家的以色列都在使用一種不可思議的——有人會說是高明的——政治、軍事、經濟和科技方法，追求一種可以保障暴力循環持續下去的佔領與屯墾政策。儘管有間歇性的安靜、和談、停火和出現一些希望的徵兆，但它們總是會被自殺炸彈客和武裝入侵所打斷，而莎拉與阿美拉所渴望的（以色列全面撤退、一個可存活的巴勒斯坦國建國和耶路撒冷作爲聯合首都），都不大可能在她們有生之年實現。

以色列會容許一個裝門面用的巴勒斯坦國建國並非不可能，甚至是相當有可能的，而很多西方人也會接受這種解決方式，視之爲公正和值得歡呼的結果，是高明外交斡旋的精彩表現。當然，相反的可能性同樣存在：在某些情況下，以色列說不定會進一步縮減巴勒斯坦人的主權，甚至把他們成千上萬趕出巴勒斯坦地區。這是有歷史先例的，而如果以色列從一九四八年到今天的擴張給人什麼啓示的話，那就是這種可能性會發生的機率完全不亞於莎拉和阿美拉所熱望的那個未來。**有些猶太人和巴勒斯坦人主張，解決今日僵局的方法是以色列完全撤回到一九六七年的邊界。但認為有這可能的人必須負起舉證之責，因為要是一個健全的巴勒斯坦國可在未來五十年內建國的話，將不啻是過去五十年來歷史的一大逆轉。**

這是不是就是猶太異議者的宿命呢？是不是他們雖然聲嘶力竭呼籲把正義放在猶太生活的中心，呼籲正義才應該是對大屠殺的個人與集體回應，卻注定徒勞，因爲作爲一個民族國家，以色列並不異於其他民族國家——總是一心追求權力，一心擴張邊界和影響力，對任何擋路的人加以詆毀？

很多猶太異議者都陷於這種苦惱中。就像莎拉的媽媽和阿姨一樣，就像阿美拉的父母一樣，很多猶太人都希望有別的路。讓這種苦惱更加難解的是猶太人的歷史處境和其他人對猶太人的一些迷思：猶太人是不原諒別人的，是控制著全球經濟或美國政府、媒體和聯邦儲備系統的。

作爲一個到世界各地走過而不只在亞洲、非洲、拉丁美洲富裕首都待過的人，我曉得猶太人在世人眼中的形象是偏激的和叫人困惑的。在這種情況下，猶太人想要向別人談巴勒斯坦人怎樣受到以色列掌權者的持續迫害，談以色列是怎樣受到美國有權勢猶太人的幫助和煽動，是很困難的。簡言之，那些熟悉猶太生活細節（包括大屠殺和以色列對巴勒斯坦人所做的事）的猶太人，會發現自己很難否認猶太人已大權在握的事實。身爲猶太人，我們必須承認，我們就像其他人和其他民族國家一樣，利用權力去追逐不義。

然而，有一股重要力量仍然存在，它相當程度上可以超越環繞猶太人與猶太生活的苦惱與迷思。作爲一個民族國家，以色列的出現也已改變了猶太生活的內涵。從此以後，猶太特性只能在君士坦丁式猶太教之內以一種盼望和見證的形式而存在，只能在美國和以色列帝國裡以共同體方式而存在。莎拉、阿美拉、艾蓮娜、杭士基和沙哈克這些有良知的猶太人都屬於這個共同體。一方面，它將會存活下去，甚至成長，另一方面卻會以與猶太教和猶太生活主流愈來愈切斷關係的餘民身份而存在。

這些餘民儘管看起來是現代的產物，與猶太教的宗教傳統了無關係，但卻弔詭地體現著最古代的猶太傳統：拒絕拜偶像。透過作出個人犧牲去抗議不義，透過在歷史中見證寬恕與和解的可能性，透過尋求足以對抗帝國的共同體，這群餘民在在體現了古代先知與聖約傳統——沒有這種傳統，猶太教或猶太品性都是不可能的。雖然不使用宗教話語，或甚至排斥宗教話語，但這個異議傳統卻在猶太生活的地圖（即大屠殺與以色列）之後，開啓了宗教生活更新（renewal）的可能性。

正是在這一點上，上帝的問題再次變得重要。在這個異議者傳統裡，馬格內斯和布伯兩位都是宗教信徒（儘管是有創造性而非墨守成規的信徒），而他們身處在一個本質上屬於非宗教甚至反宗教的共同體這一點，讓宗教情感是在一個更廣闊的實踐架構裡有一席之位，也可以提醒有良知的猶太人其歷史有一個更寬廣的輪廓，這樣，他們就不會壟斷發言，或把其他猶太人放在一個不是自己承認的脈絡。重點不是要維護上帝或猶太教或猶太品性，而是要讓一種演化中的實踐（以良知和正義爲核心的實踐）包容不同的觀點與角度。

這就是沙哈克所說的「沒有盡頭的辯論」的精義，作爲一種實踐，它可以對歷史和政治、對更深層的反省和人性提出一些更進一步的問題。當沙哈克把那些用宗教語言來掩飾不義的人稱作「愛國的騙子」時，他是對的；而當布伯指出下面的見解時，他也是充滿洞察的：先知的歷史有其隱而不顯的一面，那就是它用一連串的失敗來為歷史開啓不同的道路，以及把抵抗奠基在一些可以哺育和支撐抵抗者的生活模式。

在我們**所繼承的**那個猶太歷史邁向終結的今天，有哪個為良知說話的猶太人在力量和資源上是不需要仰賴猶太傳統，和猶太教之外那個更廣大的信仰與奮鬥傳統呢？而哪個追求良知與正義的猶太人是不因為猶太傳統讓這種見證具有鮮明猶太色彩而受惠？

事實上，透過追求良知和正義，這個群體不但在二十世紀更新和體現了古代拒絕拜偶像的傳統，也突出了另一個古代猶太歷史的主題：放逐。顯然，那些追求良知和正義的猶太人是受到猶太社群與世界的放逐的。這種身處放逐中的存在方式要求一種更深入的修行，我們也許可以稱之為放逐的修行。㉔

放逐的修行就像拒絕拜偶像的修行一樣，既古老，又當代，而今天，它們是融合在一起的。拒絕拜偶像會帶來放逐，而被放逐者——至少是那些不太有希望回返的人——假以時日就不得不發展出一種新的生活方式。拒絕拜偶像會帶來很多後果，而要眞正把這種拒絕活出來，意味著一個人必須把一個斬釘截鐵和中介性的否定轉化爲一種肯定。正是這種否定與肯定帶來了放逐的修行。修行放逐就是要肯定一個未來是可能的：這個未來是超越暴力循環的，是超越那個假猶太歷史與民族之名橫行霸道的帝國的，是超越用自身苦難作爲作賤別人口實的，是超越把猶太人與巴勒斯坦人的苦難不當一回事的。

這種見證在我們的時代是注定失敗的，所以放逐的修行所代表的是忠誠於過去與未來體現在這個世界的良知與正義。有良知的猶太人會在放逐的路上把聖約帶在身邊。這些猶太人在面對失敗和源源不斷而來的嘲笑時會怎麼表現？他們在這個旅途上會怎樣彼此對待？他們會怎樣把這個見證傳給下一代？一方面，放逐的修行有可能最終會讓所謂的猶太特殊性失去任何實質意義，另一方面，它也許會產生一種更新過的猶太特殊性，是可以對猶太人和世界發聲的。

這些問題的答案只能得自未來。在有良知的猶太人看來，只有實踐放逐以作爲在歷史中的見證，可以開啓正義與治癒的可能性。

這是一場沒有盡頭的辯論？是的，而且絕不僅止於此。猶太特性會存活下去嗎？大概會。

註釋

①Shahak, *Jewish History, Jewish Religion*（Pluto Press: 1994）.

②〔譯註〕荷蘭歷史學家，他曾說「歷史是一場沒有盡頭的辯論」。

③同上書，p.22.

④同上書，p.29.

⑤Emmanuel Levinas, *Difficult Freedom: Essays on Judaism*（Baltimore: Johns Hopkins University Press, 1990），p.199.

⑥這時期我寫成了 *Toward a Jewish Theology of Liberation*（Maryknoll: Orbis, 1987），繼之以是兩本處理猶太身份認同面對的困難的作品：*Beyond Innocence and Redemption: Confronting the Holocaust and Israeli Power*（San Francisco Francisco: HarperCollins, 1900）和 *Ending Auschwitz: The Future of Jewish and Christian Life*（Louisville: Westminster/John Knox, 1994）.

⑦Carter Heyward and Anne Gilson, *Revolutionary Forgiveness: Feminist Reflections on Nicaragua*（Maryknoll: Orbis, 1987）,p. 108.

⑧Richard Rubenstein, *After Auschwitz: Radical Theology and Contemporary Judaism*（Indianapolis: Bobbs-Merril, 1966）。另見此書的強調重點有點改變的第二版：*After Auschwitz: History, Theology and Contemporary Judaism*（Baltimore: John Hopkins University Press, 1992）.

⑨Richard Rubenstein, *The Cunning of History: Mass Death and the American Future*（New York: Harper & Row, 1975）. Also see Hannah Arendt, *The Origins of Totalitarianism*（New York: Harcourt Brace, 1951）.

⑩Hannah Arendt, *The Human Condition: A Study of the Central Dilemmas Facing Modern Man*（Garden City, NY: Doubleday, 1959）, pp. 214-15.

⑪同上書，p.218。

⑫同上書，pp.220, 216。

⑬Adi Ophir, `Between Eichmann and Kant: Thinking on Evil after Arendt', *History and Memory: Studies in Representation of the Past 8*（Fall 1996）, pp. 96, 93.

⑭同上書，p.9。

⑮〔譯註〕「倖存者的國家」指以色列。

⑯同上書，pp.126-7。

⑰Johannes Baptist Metz, *The Emergent Church: The Future of Christianity in a Post-Bourgeois World*（New York: Crossroad, 1981）, p.19.

⑱〔譯註〕美國基督宗教神學家。

⑲〔譯註〕美國當代哲學家。

⑳〔譯註〕瑞士基督宗教神學家。

㉑〔譯註〕美國猶裔神學、哲學家。

㉒Amira Hass, 'Separate and Unequal on the West Bank', *New York Times*, September 2, 2001.

㉓Ibid., *Drinking the Sea at Gaza: Days and Nights In a Land Under Siege*（New York: Henry Holt, 1996）, pp. 6, 7.

㉔我在下書中詳盡地討論了「修行放逐」這個課題：*Practicing Exile: The Religious Odyssey of an American Jew*（Minneapolis, Fortress. 2002）.

結語

走出灰燼

Out of the Ashes

ISRAEL AND PALESTINE
OUT OF THE ASHES
MARC H. ELLIS

．我可以選擇恨，把大屠殺當成拳頭一樣向世界揮舞，把以色列當成武器，護衛一種不容許質疑的猶太身份認同。但這對我作為一個猶太人和一個人來說有什麼意義呢？我怎麼能把這種情感當成界定猶太生活的方式傳給我的子女呢？

我對「餘民」（remnant）這個觀念一向反感，它指的是猶太人中間有少數人出於某種原因，道德操守要高於其他人。「先知」或「拉比」這些頭銜給我的觀感亦復如此，因為它們意味著我或其他某些人的道德情操或領導素質要高人一等。我寧願視自己為其他人之中的一員；我無疑有自己獨特的觀點，但它們仍然是猶太歷史長河的一部份推衍。

同樣地，並無社群沒有自以為是的傾向，也無社群沒有想發展為帝國的心態。但成為霸權的憧憬總是挾帶著自我欺騙。以色列和美國兩地的猶太建制都正在向國家與權力同化，而猶太人左翼雖然希望恢復猶太人的清白無辜，但他們卻常常擺出要取代現有猶太建制的姿態，以致於在實際行為上與他們努力想去取代的建制多有相似之處。

有鑑於猶太人曾受基督宗教權力宰割的歷史，我不敢自信滿滿地辯稱猶太人的握權是不必要的。世界上沒有民族或社群是可以在沒有實施暴力與征服的情況下達到握權的。那些批評以色列採用不當方法達成握權的猶太人不應該假裝自己是清白的。猶太教和猶太生活從不是純潔無瑕的，那些反抗以色列政策的人也不應自以為純潔無瑕。也許生命本身自始至終都是一場戰爭，必須為自身和社群的存在而與新來者戰鬥。

顯然，爲尊嚴、良知和正義而戰的掙扎只能在侷限性、失敗和自我中心內進行。沒有人或社群是可以離開這掙扎的其中一邊，因爲這種掙扎就是我們所知道的生命的本質。不過到頭來，我們是透過參與這個掙扎和所選的邊而得以界定的。如鄂蘭所指出的，新的起點意味著人的精神的冒險。我們所選擇和所拒絕的事情界定了我們對這冒險的參與程度。

布伯把鄂蘭的觀點加以引申，指出我們應該爲之負責的是我們自己的起點，而非事物的終點。因爲事物的終點不會在我們有生之年來到；而在我們的有生之年，每一個終點同時也是一個起點。以這個角度看，失敗就不是失敗；如果把良知與正義擺到最前面，那看起來是失敗的事情就是一種見證。而見證這回事雖然有時會被別人注意甚至肯定，但長遠來說，它都是被隱藏和指爲有瑕疵的，有時甚至會被你最親近的人所嘲笑與誤解。

「尋常禮節的修補」是微小和不足道的修復。漂亮的理論並不少見，而雖然它們會對別人帶來啓發，但卻往往被提出理論的本人所違背。①信仰和忠誠的核心與其說是確定性與純潔性，不如說是人自身的敞開，對歷史敞開，願意接受一個新的、出人意表的，甚至奇蹟似的未來。信仰與忠誠的核心不外如是：相信歷史是開放的，相信共同體是可能的，相信帝國並不握有最後決定權。

這種看法有別於一般人對歷史的理解，也有別於一般人對何謂在世間謹慎的看法。那是一種耐性的非暴力立場，常常會在思想與行動中被侵犯，極少是合時宜的或可發生效用的。如果所謂忠誠就是在世界裡採取一種有別於世俗常識和群體意見的立場，那麼一個人所認同的歷史就會是世界所不能認識的。換言之，忠誠乃是一種個體和集體意義的放逐。

人有可能過沒有上帝的放逐生活嗎？薩依德的奮鬥之旅——他是一個公然宣稱不相信上帝的巴勒斯坦浪遊者——曾經引起我對這個問題的深思。我碰過最南轅北轍的立場：在愛爾蘭碰過一個天主教修女，她認為猶太人缺乏寬恕的能力，也因此是不可能有新起點的；在基督城則碰過一個猶太人赤裸裸的強詞奪理，訴諸的盡是暴力和仇恨的語言。在這種情況下，想保持方向感是很困難的。那麼，想要反省、自我矯正、參與反抗不正義和尋求一個不同的未來，我們的資源又要從何而來？

在愛爾蘭和紐西蘭這兩個看來最不可能釐清何謂猶太品性和猶太歷史的地方，我再一次與我的選擇面對面，換言之是與我的自由面對面。我可以選擇恨，把大屠殺當成拳頭一樣向世界揮舞，把以色列當成武器，護衛一種不容許質疑的猶太身份認同。但這對我作為一個猶太人和一個人來說有什麼意義呢？我怎麼能把這種情感當成界定猶太生活的方式傳給我的子女呢？

說到底，在檢視過神學與地圖之後，在檢視過指控與問題之後，我就是無法把一種置暴力和兇殘於核心的猶太歷史留贈給子女，無法對他們說得出口：猶太見證的肩負者是武裝直昇機，猶太聖約是由流離失所和死亡來實現的。

我常常問自己，在巴勒斯坦人的起義、以色列人的侵略與自殺炸彈客這些事情上學到什麼？是不是學到了，沒有一個人（包括我自己）是清白的？是不是學到了，到頭來我們都會被制度、民族國家、信仰社群所出賣？

選擇犬儒主義的誘惑總是擺在我們面前。我們會想，沒有勝利是永恆或沒有意想不到的結果的，也沒有失敗者只能被握有權勢者玩弄於股掌之間。終點總是近在咫尺。到了終點自然就會有一個起點。

但這樣的起點永遠不會是一個重返，而重返的口號總是摻雜著義憤，通向的往往是暴力。我們看來總是處於重新出現的狀態，在邊緣上尋找進入點：站在外面的人往裡頭望，站在外頭的人往裡面望。在沒有未來的地方，未來就寄寓在其中。我們也許是站在兩者之間，身處一片漆黑，卻知道哪裡一定有光，只是難以找到。

學習就是那光，包括個人性和群體性的學習。如果學習被定義爲一種進步的話，那就總是有人走在前頭，有人走在後頭。如果學習是一個過程，那猶太人就是以曲線的方式在學習，史無前例的大屠殺以後尤其如此。從集中營裡數百萬無助猶太人只能任由納粹凌遲，到以色列軍隊可以懲罰任何冒犯者，只是猶太人的其中一個（哪怕是重大的）邁進。

華盛頓的美國大屠殺紀念館是另一個邁進。它是由威塞爾和柯林頓總統共同揭幕的：一個奧斯威辛的倖存者竟可以自由人的身份站在世界上最強大國家的領袖身旁，這種事情在幾十年前是難以想像的。副總統候選人李伯曼參議員（Joseph Lieber-mann）是猶太人握權的另一個象徵——她太太也是，因為其雙親都是大屠殺的倖存者。

這個故事展開著，而學習也繼續著。因為我們現已明白，握權本身雖是一種福祐，但它也可以把我們帶回到那個我們前不久才脫離的灰燼。暴力循環的受害者最終竟有能力把別人丟進這個循環，並不值得可喜，因為這樣做，他離再次成為受害者只有一步之遙——或者說是以另一種方式成為受害者。

我們學到的一課是，被化約為灰燼並不能使一個民族高貴；另一課是，把其他人放在灰燼的位置並不能療癒我們先前的創傷。相反地，這樣做只會讓我們的創傷加劇，因為它會讓我們原先在逆境中仍能奮發求存的那些內在資源喪失殆盡。有可能，沒有尊嚴的存續只是一種沒有意義的存續。後來世代將會發現這種存續的無意義，開始尋求他們自己對歷史的批判性評估，對走在他們前面的人施以嚴厲的判斷。

生命的一個可悲處是目的與意義的恢復常常都來得太晚。已經做過錯事讓修補的可能性遙不可及。美國印第安人就是明顯例子，在大屠殺以後想要與猶太人修復關係的德國人也是如此。因爲他們現在能下工夫的對象只有住在遙遠以色列的猶太人，而且是用一種造作的方式。

眞正能讓他們洗贖前愆的只有德國的猶太人，但因爲希特勒做得太「成功」，這個可能已不復存在。反觀猶太人和巴勒斯坦人的和解還是可能的，因爲他們以幾乎相同的數目住在同一塊土地。不此之思，才是最令人難以接受的。歷史呼號著這個和解，但到了今天，和解的可能性卻只變得比十幾年前更遙遠。

猶太人從以色列的握權學到了些什麼？巴勒斯坦人學到了些什麼？猶太人和巴勒斯坦人有可能一起學習嗎？當還有那麼多的人受苦，而這種情況將會延續到可見未來的情況下，學習有什麼重要性呢？

顯然猶太人和巴勒斯坦人都是正在學習民族主義的侷限性，學習假裝清白無辜只是枉然，學習到握權的夢想在現實中往往會變爲夢魘。猶太人和巴勒斯坦人兩者都自視爲獨一無二的民族，有著自己不同於其他民族的特殊命運。過去幾十年來的局勢強化了雙方這種感情。當獨一性只是用橫幅和口號來呼喊時，它離墳墓只有一步之遙，離灰燼只有一步之遙。在灰燼中，尋常就是希望，甚至就是不尋常。要走出灰燼，就是要不尋常地重建那作為生活最基本面的尋常。

這就是為什麼耶路撒冷必須要作為以巴的「破碎中線」而被分享。不去為雙方對國家與國旗的主張辯護，不去為猶太人和巴勒斯坦人的傲慢懲罰他們，分享的耶路撒冷象徵的是一種鍛鑄中的正常性，在這種正常性中，差異可以得到尊揚與架接，而政治和宗教的憧憬則受到必須互相讓步的現實所規範。在作為「破碎中線」的耶路撒冷，死者將會得到埋葬與哀悼，而以色列和巴勒斯坦人的意識形態與這兩個民族的命運將會有不同的轉折。

世界是沒有終局的，而一個分享的耶路撒冷會強化這種侷限性。這是另一種學習，大概也是最難的一種：權力和認同的中心總是必須受到「他者」的節制，但這個「他者」不是別人，而是與你分享一種共同人性和一種總是在發展中的獨特身份認同的人。猶太人和巴勒斯坦人之所以害怕分享耶路撒冷，是不是就是因為害怕這樣的進化，害怕猶太人和巴勒斯坦人的身份認同將會被擁抱和超越？

身為猶太人，我們是來自於大屠殺和以色列的建國之後的。發生在戴爾・亞辛村（Deir Yassin）①或更近期的傑寧（Jenin）的屠殺是不可遺忘和超越的，不能當事情像是沒發生過。有些有良知的猶太人接受這個責備，但他們開始明白，接受了並不是回到清白無辜，甚至不是為一個新以色列揭開序幕。

現在，分享耶路撒冷的可能已經變得更遙遠了，而且就像終止佔領和建立一個巴勒斯坦國的呼籲一樣，變成一個本質上只是謊言的口號。如今我已明白到，佔領將不會有盡期，而在我有生之年也不會看到一個巴勒斯坦國的建立，除非是「佔領」或「巴勒斯坦國」這兩個詞被操弄得與我們時下的一般理解不同。即使有某種程度的巴勒斯坦人自治，它也勢必是存在於佔領的框架內。自以色列入侵拉姆安拉（Ramallah）、伯利恆和傑寧以後，還會有人對它永恆佔領的決心感到懷疑嗎？

有人說永恆佔領是不務實的、維持不住的，甚至對以色列來說是一種自殺行爲。其他人則指出很多看來永久的東西都不永久：鐵幕在歐洲的崩潰和黑白種族隔離政策在南非的垮台都可以爲證。長遠來說也許是如此，我是指一百年後。我會把這個問題留給下一代去討論。

但我卻敢肯定這樣的討論一定會出現在下一代，因爲我們所期望的約束將不會是在短期間可以實現的，一如它沒有在比我們早的世代裡實現。這些年來，我們看到的只是以色列的權力與佔領穩步擴大，而巴勒斯坦人的土地和機會則不斷縮小。只有那些淨會喊口號的人會認爲這種歷史軌跡是正在朝以巴衝突的一個正義解決趨近。

我們學到的另一課是，修辭、論述和權力有可能爲我們預備一場貌似勝利的失敗。「兩國家解決方案」——承認以色列佔領的七八%土地，讓巴勒斯坦人在剩餘的二二%土地上建國——本身就是不義的，就是一種失敗。巴拉克的「慷慨」建議則是整場災難中一個更大的失敗。在可預見的未來，以色列提出的條件只會更苛而不是更慷慨，儘管如此，那仍然不失為一個走出僵局的途徑，是應該去掌握而不是去拒棄的。

與此同時，我們應該警惕的是，看似谷底之處不一定就是谷底。一些看來壞得無可再壞的社會、政治、經濟情勢其實是有可能再壞下去的，這樣的例子不少。也許有朝一日數百萬的巴勒斯坦人會無法再忍受目前的處境，大舉爆發，讓歷史的風向朝對他們有利的方向轉。不過，這個衝突的歷史也是對其他的可能性開放的。我不是要預言巴勒斯坦人最終會被全數趕出耶路撒冷和約旦河西岸，但這樣的可能性卻是在以色列一邊被考慮過的，而也許在某些情況下，住在以色列以外的猶太人也會認眞考慮這種方案。

對那些尚未表態的猶太人，有什麼事情會讓他們站出來？我們知道，在傑寧受到入侵和系統性的摧毀時，來自猶太社團的呼籲是猶太人應該團結起來。當坦克包圍阿拉法特在拉姆安拉的總部而一般市民受到幾乎完全的禁足時，來自猶太社團的呼籲是猶太人應該進一步支持以色列。伯利恆和希伯倫遭攻擊時，猶太人組織的反應如出一轍。那麼，當巴勒斯坦人遭到大規模驅逐時，猶太社團難道不會是一樣反應，並對「恐怖份子巢穴」終於被清乾淨感到滿意？

顯然，猶太教的君士坦丁階段現已牢牢站穩。就像佔領不可能終結和巴勒斯坦人不可能自治一樣，這也是未來的一部份。那天「基督城的蠻牛」無論在修辭上或坦白上都是極致的，因爲換成其他猶太人，就會用一些堂皇的理由來掩飾巴勒斯坦人受到殘酷鎮壓的現實，例如用上帝的應許和大屠殺來自證立場——現在更是可以加上終結恐怖主義這一項。沒有正義與和解，猶太教和猶太生活是站不住腳的，但因爲目前的猶太社群的行爲恰恰與此背道而馳，所以他們只能設計一套以正義爲訴求而實質上沒有正義的論述來自圓其說。

在這個意義下，我們從基督宗教那裡學到另一課：滿口仁義道德，行爲又是另一回事。要不就是把不義和野蠻說成是正義和憐憫。有權勢者徵引差異和正統並存的需要，把他們的折衷主義妝點爲普世主義。在歷史的現階段，主流猶太教與主流基督宗教殊少差異。撇開象徵系統不論，它們在所有實踐上已經成了同一個宗教。

有良知的猶太人是獨立的，而讓人驚訝的是（給人的驚訝程度不亞於猶太建制的沈默），過去這些年來他們的聲音是大膽和豐沛的。這裡又是一課：總是有猶太人敢於向權力說眞話。總是有猶太人敢於對不義說不。總是有猶太人拒絕沈默，寧願選擇放逐而不是在不義之中當幫兇。

這樣的猶太人既獨立但又不完全孤單。因爲環顧全世界，在每一個文化和地域，甚至在每一種宗教，都有一些拒絕沈默的人。正當猶太社群同化於國家與權力的同時，先知聲音不只從繼承它的人嘴巴裡說出來，也從那些受惠於猶太傳統而現在參與到其擴大中的人的嘴巴裡說出來。正是在這個意義下，世界的猶太教徒正在增加，哪怕大多數猶太人都已經同化於其他宗教。

而對未來的希望就寄寓於此。有良知的猶太人雖然身處放逐，但在其他人的協助下，將會繼續致力於規劃出一條替代性道路。至於住在以巴地區的猶太人和巴勒斯坦人，該做的是視以色列人和巴勒斯坦人的分野並不存在，而把聲援彼此當成一種規範。

因爲有數以百萬計的猶太人和巴勒斯坦人生活在同一片土地，他們的任務乃是在個人、文化、經濟和政治的領域朝強調一種包容的生活邁進。沒有錯，在接下來的年月，政治上的邊界只會變得更嚴格而不是更鬆動，但對包容的渴望終將成爲影響政治的因素。假以時日，一種有關以色列的起源與歷史的新論述將會發展出來，而種族分離的基礎將會失去它的倫理與規範力量。軍事力量可以封鎖邊界，但這些邊界卻可以為論述所跨過，因此是可滲透的，大概有朝一日只會剩下不重要的形式意義。

以色列的軍事勝利現在是屹立不搖的了。但先知的聲音將會繼續留在這片土地以及離散地。一些關鍵性的工作已經在猶太人和巴勒斯坦人的離散地（特別是歐洲和美國）完成。在這些地方，團結性已經生根了一段日子。一些左翼猶太人在最近巴勒斯坦人起義時放棄立場的做法，只是讓有良知的猶太人和巴勒斯坦人之間的紐帶更形固結。他們有一種憂戚相關感，這不只是因為他們同處於失望哀愁中，也是因為他們同樣懷抱著一個大盼望。

正是在這個終點處有了新的起點。從灰燼中可以生出一種學習，而那是可以適用於邊界內部或邊界之間兩側的人類關係的。政治上，至少是剛開始的時候，我們必須忍受一個弱點，而那也可以說是一種特殊的苦。這個苦就是，我們不能希望獲得復興或正義（因為兩者都是被禁止的），而只能希望透過不懈的堅持，在帝國裡建立一個共同體，並希望假以一段長時間之後，這共同體可以獲得一個合法的地位。但要逆轉是不可能的，因為共同體是不可能戰勝帝國的，它只能在帝國裡存續，甚至繁榮。

世界不就是這個樣子的嗎？所以為什麼猶太人和巴勒斯坦人應該豁免於這個兩

難式？目前帝國的一方固然是以色列，但如果當初的勝利者是巴勒斯坦人的話，他們大概也會選擇當帝國。猶太人和巴勒斯坦人都沒有什麼理由好假裝自己是清白的。浪漫化猶太或巴勒斯坦民族主義的結果，只會讓兩個民族落得幻滅，爲各自的領導者與旗幟所遺棄。在灰燼中，共同體的力量必須放眼在國家主義之外，哪怕每一個共同體都有部份力量在猛烈追求民族主義。

民族和國家是有一些理由值得追求的。但到頭來，受惠的只是菁英階層和關係良好的人，而其他大部份人只有自生自滅的份。這個，有誰比那些爲屯墾區戰爭犧牲生命的以色列士兵知道得更清楚，有誰比那些被自殺炸彈客炸死的猶太人知道得更清楚？

以色列的領導人深知爲確保一個大以色列的安全，將需要犧牲許多猶太人的生命。他們認爲，基於猶太民族歷史和命運的要求，這個數目的犧牲是可以接受的。但爲了實現把以色列國土從台拉維夫延伸到約旦河的夢想而犧牲年輕人和無辜者的生命眞是值得的嗎？而如果沒有奴役巴勒斯坦人或把他們全部趕走，這種犧牲會有盡頭嗎？再來，我們又要把我們所繼承的傳統置之何地？爲了奴役或消滅一個原住民族而犧牲以色列士兵的生命，這說得過去嗎？

因此，即使摧毀會持續下去，那些追求共同體的人必須致力於準備一個值得留傳給我們子孫的未來。那些尋求透過動員和口號而進行反對的人應該改弦易轍，因爲在今日，政治上的勝利已屬不可能。哪怕是那些對局勢演變懷抱更悲觀見解的人或許也會參加到這個運動裡去。但這樣的參與也必然是半心半意和時歇時續的。因爲可預見未來的邊界已經或多或少被封起了。我們必須培育一個超出這種封閉的遠景。

說來奇怪，猶太世界今日的強大、富裕和地位竟然會爲它帶來一個黑暗時代。當代猶太生活的能量和活力怎麼會同時也是一個黑暗時代？今天的猶太會堂就像歐洲的大教堂，是一些失去了方向的權力紀念碑。將來的猶太會堂會不會就像現在歐洲的大教堂一樣，只是一些觀光景點，供人緬懷它們因爲信徒的劣行而失色了的輝煌？

就像基督宗教一樣，我們也被一個問題縈繞：何謂猶太的（Jewish）？就像任何宗教一樣，它的定義總是隨脈絡而變動，要透過對正典的一些基本主題的解釋和再解釋而獲得。歷史也是如此。因爲一個民族的旅程就是一趟學習之旅，一種與啓示和現實的深刻結算。這就是律法的本質：在世界中爲理念領航。

律法的目的與其說是讓人的信仰與動機臻於完美，不如說是爲了讓誡律可以繼續在一個分崩的世界中作用，使之趨近於整全；是爲了面對流離與摧毀時追求尋常性，讓流離與摧毀不會成爲規範。它是要在一些把不義與苦難視爲常態的處境中爲理性與人性力爭。

今天，有良知的猶太人在世界裡攜負著律法：他們在放逐的路上體現著聖約。他們選擇離開現代猶太生活的大教堂——也就是猶太會堂和大屠殺紀念館——是爲了防止這些猶太教的制度性代表可以自稱是古老傳統的心臟。以這種方式，有良知的猶太人就像是古代雅夫尼（Yavneh）的拉比們，面對羅馬的權勢時選擇撤退，以重新省思猶太教的傳統與未來。諷刺的是，這些拉比是在羅馬人征服耶路撒冷時撤退的，反觀今天，有良知的猶太人卻是因爲耶路撒冷牢牢掌握在猶太權勢手裡而選擇出走。

這種放逐是一種走向弱勢之旅嗎？它是拒絕承擔當面指斥權力的責任嗎？它是不是不經一戰就把權力拱手讓給了以色列和美國兩地的猶太人建制？它是出於不願弄髒雙手的潔癖嗎？因爲選擇撤退，他們對猶太教和猶太生活的理解會不會是未來世代不可即的？自我放逐者的兒女仍會是猶太人嗎，他們要怎樣界定自己的猶太品性？這會是猶太歷史的最後一次放逐嗎？

就像大部份的人生問題一樣，這些問題的答案是複雜的，不是一個人甚至一代人的有生之年可以求得。再說，對一代人來說理所當然的東西往往是下一代人反叛的對象，不過，這種反叛到了再下一代又往往會受到狐疑。但無法找到放諸任何時代皆準的眞理並不減少每一代人有爲自己找路的需要，有把自己——不管是作爲群體一份子或作爲個人——投入於測試的需要。

在不同的時代，擔負先知事工的可以是群體，可以是個人；有時群體會分裂，按照它們對何謂擔當和何謂忠誠的理解重塑自己。人們總把傳統的連續性說成大過不連續性：站在「現在」看到的歷史總是打磨過的，這種回顧性的目光總是無視歷史在掙扎說出自己聲音的過程中所出現的稜稜角角。

一定總有猶太人在灰燼中說出先知的聲音和活出先知的榜樣。西奈山和奧斯威辛的敦促之聲對我們的要求並未減少，而且只會在這裡被聽到：在終止暴力循環的可見奮鬥中。這個暴力循環過去一直在吞噬猶太民族，而現在更是把他們與巴勒斯坦人不可逆轉地綁在了一起。我們該渴望的與其是拯救或復活一個正從世界上消失中的猶太教，不如說是拯救過去和今天暴力受害者的生活免於受到遺忘。

這個拯救就是我們的使命。它也是我們的失敗。除了堅持對抗不平等和對抗世俗常識以外，我們別無選擇。世俗常識告訴我們，擴張與權力以外的選項只是灰燼，然而，某種意義下，我們業已身在灰燼之中，正在呼喊。

註釋

①〔譯註〕指法根海姆。

②〔譯註〕一九四八年四月十日，錫安份子襲擊耶路撒冷附近的戴爾・亞辛村，殺死了二百五十多名阿拉伯人。

國家圖書館出版品預行編目(CIP)資料

一個猶太人的反省：以色列與巴勒斯坦烽火/馬克・艾里斯
(Marc H. Ellis)著；梁永安譯 -- 三版 -- 新北市:立緒文化事業有限公司,
民112.11
336 面；14.8×21 公分. --（世界公民叢書）
譯自：Israel and Palestine: Out of the Ashes

ISBN 978-986-360-219-4（平裝）

1. 猶太民族 2. 國際衝突 3. 中東

735 112019925

一個猶太人的反省：以色列與巴勒斯坦烽火（原書名：遠離煙硝）

Israel and Palestine: Out of the Ashes

出版 — 立緒文化事業有限公司（於中華民國 84 年元月由郝碧蓮、鍾惠民創辦）
作者 — 馬克・艾里斯（Marc H. Ellis）
譯者 — 梁永安

發行人 — 郝碧蓮
顧問 — 鍾惠民

地址 — 新北市新店區中央六街 62 號 1 樓
電話 — (02) 2219-2173
傳真 — (02) 2219-4998
E-mail Address — service@ncp.com.tw
劃撥帳號 — 1839142-0 號 立緒文化事業有限公司帳戶
行政院新聞局局版臺業字第 6426 號

總經銷 — 大和書報圖書股份有限公司
電話 — (02) 8990-2588
傳真 — (02) 2290-1658
地址 — 新北市新莊區五工五路 2 號
排版 — 伊甸社會福利基金會附設電腦排版
印刷 — 尖端數位印刷股份有限公司

法律顧問 — 敦旭法律事務所吳展旭律師

分類號碼 —735
ISBN— 978-986-360-219-4
出版日期 — 中華民國 94 年 6 月初版 一刷（1 ～ 3,000）
中華民國 104 年 2 月二版 一刷（1 ～ 500）
中華民國 112 年 11 月三版 一刷（1 ～ 700）

Israel and Palestine: Out of the Ashes - The Search for Jewish Identity in the Twenty-First Century

First published by Pluto Press, London. www.plutobooks.com

定價◎ 360 元（平裝）

薩依德精選Edward W. Said

當代最傑出的文化評論家
西方學術界卓然特立的知識份子典型
以東方學論述開啓二十世紀末葉後殖民思潮

文化與抵抗

沒有種族能獨占美、智與力，
在勝利的集合點上，
所有種族都會有一席之地。

聯合報讀書人最佳書獎
讀書人版、誠品好讀書評推薦
ISBN: 978-986-360-195-1
定價：350元

鄉關何處

薩依德的流離告白

美國紐約客雜誌年度最佳書獎
2000年紐約書獎
安尼斯菲爾德一伍夫書獎。

聯合報讀書人最佳書獎、中時開卷版、誠品好讀、自由時報副刊書評推薦
ISBN: 978-986-360-032-9
定價：420元

遮蔽的伊斯蘭

西方媒體眼中的穆斯林世界

任何人若想要知道西方與去殖民化
世界之關係，就不能不讀本書。
──《紐約時報書評》

聯合報讀書人最佳書獎、讀書人版、開卷版、誠品好讀書評推薦
ISBN: 978-986-360-160-9
定價：380元

文化與帝國主義

這本百科全書式的作品，極實際地觸及歐洲現代史的每件重大帝國冒險行動，以史無前例的細膩探討19世紀法國、英國殖民系統的謀略，橫跨小說、詩歌、歌劇至當代大眾媒體的文化生產領域。
──London Review of Books

聯合報讀書人最佳書獎
中時開卷版書評推薦
ISBN: 978-986-360-209-5
定價：520元

東方主義

後殖民主義是20、21世紀之交影，
全球的社會人文領域裡，
最普遍與最深遠的一股思潮
本書是知識份子與一般讀者必讀的經典。

聯合報讀書人最佳書獎、中時開卷版、誠品好讀書評推薦
ISBN: 978-986-360-205-7
定價：500元

21世紀重要知識份子

杭士基Noam Chomsky

我有一艘小船，所以被稱為海盜；
你有一支海軍，所以被稱為皇帝。

海盜與皇帝

中時開卷版、誠品好讀書評推薦
ISBN: 978-986-6513-35-0
定價：350元

世界上有許多恐怖主義國家，
但是美國特殊之處在於，
官方正式地從事國際恐怖主義，
規模之大讓對手相形見絀。

年度好書在立緒

文化與抵抗
- 2004年聯合報讀書人最佳書獎

威瑪文化
- 2003年聯合報讀書人最佳書獎

在文學徬徨的年代
- 2002年中央日報十大好書獎

上癮五百年
- 2002年中央日報十大好書獎

遮蔽的伊斯蘭
- 2002年聯合報讀書人最佳書獎
- News98張大春泡新聞2002年好書推薦

弗洛依德傳
（弗洛依德傳共三冊）
- 2002年聯合報讀書人最佳書獎

以撒・柏林傳
- 2001年中央日報十大好書獎

宗教經驗之種種
- 2001年博客來網路書店年度十大選書

文化與帝國主義
- 2001年聯合報讀書人最佳書獎

鄉關何處
- 2000年聯合報讀書人最佳書獎
- 2000年中央日報十大好書獎

東方主義
- 1999年聯合報讀書人最佳書獎

航向愛爾蘭
- 1999年聯合報讀書人最佳書獎
- 1999年中央日報十大好書獎

深河(第二版)
- 1999年中國時報開卷十大好書獎

田野圖像
- 1999年聯合報讀書人最佳書獎
- 1999年中央日報十大好書獎

西方正典(全二冊)
- 1998年聯合報讀書人最佳書獎

神話的力量
- 1995年聯合報讀書人最佳書獎

大都文化 閱讀卡

姓　名：

地　址：□□□

電　話：(　　)　　　　傳 真：(　　)

E-mail:

您購買的書名：________________

購書書店：__________市（縣）__________書店

■您習慣以何種方式購書？

□逛書店 □劃撥郵購 □電話訂購 □傳真訂購 □銷售人員推薦
□團體訂購 □網路訂購 □讀書會 □演講活動 □其他________

■您從何處得知本書消息？

□書店 □報章雜誌 □廣播節目 □電視節目 □銷售人員推薦
□師友介紹 □廣告信函 □書訊 □網路 □其他________

■您的基本資料：

性別：□男 □女　婚姻：□已婚 □未婚　年齡：民國______年次

職業：□製造業 □銷售業 □金融業 □資訊業 □學生
□大眾傳播 □自由業 □服務業 □軍警 □公 □教 □家管
□其他________________

教育程度：□高中以下 □專科 □大學 □研究所及以上

建議事項：

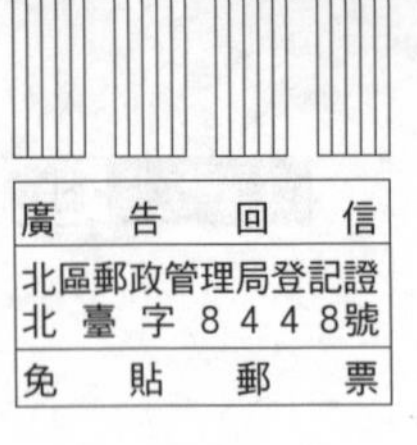

立緒文化事業有限公司 收

新北市 2 3 1

新店區中央六街62號一樓

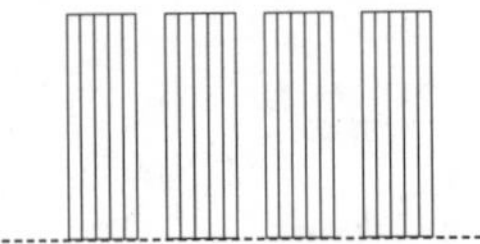

請沿虛線摺下裝訂，謝謝！

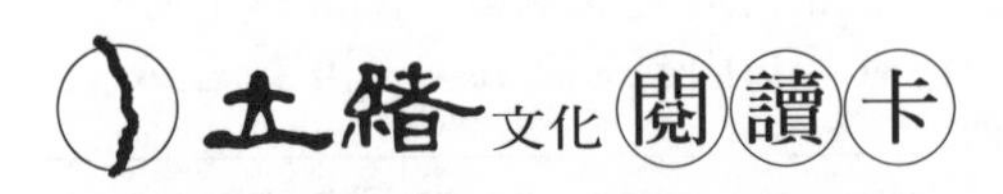

感謝您購買立緒文化的書籍

為提供讀者更好的服務，現在填妥各項資訊，寄回閱讀卡（免貼郵票），或者歡迎上網http://www.facebook.com/ncp231即可收到最新書訊及不定期優惠訊息。